数字自贸区建设的理论与实践研究

万涛 著

中国纺织出版社有限公司

内 容 提 要

目前学者对于自贸区的定义、影响以及自贸区类型的研究都比较充分，涉及的方面较全，对于数字经济方面的研究也比较充分。然而，由于数字自贸区出现的时间较短，目前的研究还不够充分。因此本书从数字自贸区背后发展的理论基础进行研究，首先从数字经济理论、自贸区相关理论和流空间理论的相关解释入手，结合数字自贸区的建设特征总结出数字自贸区的定义。随后以典型地区数字自贸区为例分析归纳数字自贸区建设的要素禀赋、特征和建设现状。

图书在版编目(CIP)数据

数字自贸区建设的理论与实践研究 / 万涛著．-- 北京：中国纺织出版社有限公司，2022.7
ISBN 978-7-5180-9726-5

Ⅰ．①数… Ⅱ．①万… Ⅲ．①自由贸易区—信息经济—经济建设—研究—中国 Ⅳ．①F752

中国版本图书馆CIP数据核字(2022)第134612号

责任编辑：张　宏　　责任校对：高　涵　　责任印制：储志伟

中国纺织出版社有限公司出版发行
地址：北京市朝阳区百子湾东里A407号楼　邮政编码：100124
销售电话：010—67004422　传真：010—87155801
http://www.c-textilep.com
中国纺织出版社天猫旗舰店
官方微博http://weibo.com/2119887771
北京通天印刷有限责任公司印刷　各地新华书店经销
2022年7月第1版第1次印刷
开本：787×1092　1/16　印张：10.5
字数：220千字　定价：88.00元

凡购本书，如有缺页、倒页、脱页，由本社图书营销中心调换

前言 / PREFACE

  21世纪，随着互联网、大数据技术的日益成熟，数字化建设正深入社会经济的方方面面。数字经济成了促进社会经济迅速发展的重要推动力量，尤其是近年来在全球产业升级浪潮中数字经济起到了很强的作用，成为全球经济升级转型的新动能。数字经济和自贸区碰撞，产生了数字自贸区这个新形态。数字经济给自贸区的建设带来了新的机遇，不断地丰富着自贸区的内涵，拓展着自贸区的外延。数字自贸区能够借助数字经济的力量，对所在国的进出口贸易产生巨大的正向促进作用，同时通过高效的反馈、智能化生产缩短整个贸易的周期和环节，节省大量的成本。数字自贸区是自贸区发展史上的新变革，因此，探索数字经济与自贸区的结合——数字自贸区具有重要的现实意义。

  目前学者对于自贸区的定义、影响以及自贸区类型的研究都比较充分，涉及的范围较广，对于数字经济方面的研究也比较充分。然而，因为数字自贸区出现的时间较短，目前的研究还不够充分。因此，本书从数字自贸区背后发展的理论基础进行研究，首先从数字经济理论、自贸区相关理论和流空间理论的相关解释入手，结合数字自贸区的建设特征总结出数字自贸区的定义，随后以典型地区数字自贸区为例分析归纳数字自贸区建设的要素禀赋、特征和建设现状。

  由于编写时间和水平有限，尽管著者尽心尽力，反复推敲核实，但难免有疏漏及不妥之处，恳请广大读者批评、指正，以便做进一步的修改和完善。

万　涛
2022 年 2 月

目录 / CONTENTS

第一章 导论 ··· 1
 第一节 研究背景 ·· 1
 第二节 研究综述 ·· 3

第二章 数字自贸区的概念及相关理论 ··· 9
 第一节 数字经济概念及相关理论 ··· 9
 第二节 自由贸易区概念及相关理论 ······································· 20
 第三节 数字自贸区概念界定 ·· 34

第三章 数字自贸区的现状与特征分析 ·· 36
 第一节 数字自贸区的现状 ··· 36
 第二节 数字自贸区的特征 ··· 43

第四章 数字自贸区建设存在的问题 ··· 51
 第一节 人才体系不匹配 ·· 51
 第二节 数字技术与文化融合程度不够 ···································· 58
 第三节 监管方式落后 ··· 70

第五章 数字自贸区建设的路径选择 ··· 74
 第一节 数字自贸区的基础设施建设 ······································· 74
 第二节 以 5G 网络为核心的新型基建设施 ······························ 78
 第三节 数字化电商平台建设 ·· 85
 第四节 金融科技服务设施建设 ··· 98

第五节 与大数据采集、存储和交易相关的基础设施建设 …… 107

第六章 数字自贸区建设的典型案例 …… 112
第一节 上海数字自贸区 …… 112

第二节 福建数字自贸区 …… 120

第三节 浙江数字自贸区 …… 130

第四节 海南自贸港数据跨境 …… 143

第五节 北京数字自贸区 …… 154

参考文献 …… 158

第一章 导论

第一节 研究背景

一、世界经济面临深刻转型

当前的世界经济变化迅速且面临深刻转型,这主要体现在两个方面。一方面,世界经济发展日益多样化,加剧了经济风险的不确定性,使发展和挑战更加严峻。另一方面,随着区块链、物联网、跨境电商、数字经济等新型商业模式和技术的进步,全球经济正在朝着以互联网为核心的信息化方向发展。世界经济转型的特点可总结为以下三点。

第一,"逆全球化"思潮兴起,新全球化出现新机遇。在全球贫富差距扩大、失业率居高不下、发达经济体遭遇"平台期"的背景下,国际上的部分国家开始主张"逆全球化"甚至是"去全球化"。欠发达的国家和地区由于处于全球价值链和国际分工的底层,处于被剥削的地位,并未享受到国际化分工带来的红利,因此也开始"逆全球化"。发达的国际和地区多拥有成熟完善的工业体系,其传统生产要素的比较优势在不断丧失,导致传统产业外移,国内产业空洞化,同时国内的失业问题、难民问题也被发达国家归咎于经济全球化。

第二,世界经济发展呈现出数字化趋势。21世纪以来,互联网的渗透率不断提高。互联网的飞速发展无疑是经济增长的重要推动力。2020年,全球数字经济规模达到32.6万亿美元,同比名义增长3.0%,占GDP比重为43.7%。发达国家数字经济规模大、占比高,2020年其规模达到24.4万亿美元,占GDP比重为54.3%,发展中国家数字经济增速更快,2020年其增速达到3.1%。美国数字经济蝉联世界第一,规模达到13.6万亿美元,中国位居世界第二,规模为5.4万亿美元。同时根据相关预测,数字经济对全球GDP的贡献有望超过50%,这意味着依托互联网的数字经济将成为推动经济发展的首要推动力,当前一些发达国家的数字经济对GDP的贡献已经接近或者超过这一水平。由此可见,数字经济正在成为各个国家和地区谋求经济发展的突破点,也是实现产业转型升级、提高全球竞争力的制胜法宝。

第三,世界经济多极化趋势明显,国际规则亟须重塑。在经济全球化不断深入的背景下,各国之间的经济融合更加明显,各个国家和地区的经济水平整体上升,其中发展中国家和地区的发展势头更加强劲。世界经济正在向多极化转变，逐渐形成美国、欧盟、新兴经济体三足鼎立的局势。然而，随着新兴经济体的国际参与度和竞争力不断提升，其在全球经济治理和贸易规则制定中必然发挥更大的作用。

二、国际贸易规则成为竞争制高点

在"逆全球化"思潮兴起，新全球化出现机遇，多极化趋势明显的大背景下，多边经济合作发展迟缓，但区域经济一体化颇有成果。例如，多哈回合历经多年谈判至今仍无重大突破，创新成果少，致使以 WTO 为代表的多边主义备受打击，这与 WTO 中的 158 个成员国纷纷积极参与区域经济一体化形成鲜明对比。在区域经济一体化中，《跨太平洋伙伴关系协定》（TPP）和《跨大西洋贸易与投资伙伴协议》（TTIP）等协定被公认为意义最深远的自贸协定，尤其是 TPP 协定，是国际最高标准贸易规则的模板。如表 1-1 所示为 WTO 协议与 TPP 协定的规则对比。

表 1-1 WTO 协议与 TPP 协定的规则对比

衡量维度	重要议题	WTO 协议	TPP 协定
覆盖范围	关税削减	主要涉及货物贸易、贸易投资、服务贸易、贸易便利化和知识产权等	在包含 WTO 协议领域的基础上增加了金融服务、电子商务、劳工、环境、电信、监管一致性、透明度和反腐等内容，涉及了内部市场的竞争环境
		发达国家的工业品关税为 3.8%，欠发达国家的工业品关税为 14.4%	98% 的关税将被陆续取消，协议生效时接近 65% 的关税立刻免除
	对外投资	投资仅被定义为"与贸易相关的投资措施，采用正面清单管理模式，投资壁垒较高"	对投资的界定更加广泛，采取负面清单管理模式，在 WTO 的基础上又消除了部分壁垒
共同领域	服务贸易	国民待遇不是一般义务，GATS 规定了最惠国待遇义务的豁免和例外	不仅包含最惠国待遇和透明度原则，还包括准入前和准入后的国民待遇，并在市场准入方面禁止设定 5 个限制
	知识产权	通过 TRIPs 和《与贸易有关的知识产权协定》保护	既规定了保护的实体内容，也规定了程序规范，在地理标准、专利保护、版权保护、药品定价等多个方面皆有突破
	政府采购	GPA 约束能力有限，遵循自愿参加的原则	GPA 涉及范围更广，且要求国有企业竞争中立，提倡政府采购的公平竞争
	发展援助	以对最不发达的国家和地区提供贸易援助为主	以经济增长为核心，涵盖教育、科技、创新、妇女等方面，更注重发展能力的建设

第二节 研究综述

一、自贸区建设的相关论述

（一）自贸区界定及内涵的相关论述

学界一般认为自贸区的定义主要来自1973年《京都公约》中的相关定义："一国的部分领土，在这部分领土内运入的任何货物就进口关税及其他各税而言，被认为在关境以外，并免于实施惯常的海关监管制度。"我国如今所开展的各地自贸区即是狭义的自贸区。

李浩丹、陈永燊认为，自贸区在实践中有多种形式，其中自由贸易试验区是我国根据自身实际和需要为对内改革、对外开放提供新的途径和总结经验，是一种单方为实施主体的对外开放政策，以试点和政策试验等推广成功制度经验，促进对外开放。

关于自贸区的功能作用，Kaliappa认为，自贸区可以提升国家或地区的对外贸易水平，提升对外开放质量。Bouet发现，自贸区具有推进区域经济一体化的作用。Rodriguez等认为，自贸区能够对周边区域产生辐射效应。Mario认为，不同经济体之间的自贸区具有共同抵御全球金融危机的作用。Miyagiwa发现，自贸区通过政府发布的优惠政策，增强社会福利和生产要素的集聚度。Madani认为，管理模式优化和贸易投资壁垒减少是自贸区发挥作用的前提。Chauffour and Maur认为，自贸区对生产要素具有降低贸易壁垒和提升流动性的重要功能。

（二）中国自贸区建设的相关论述

目前关于中国自贸区建设存在诸多论述，但在总体框架上达成了共识，自贸区的重要意义在于拓展中国对外开放的深度和质量。DechunHuang等通过对上海自贸区的实证研究，得出了中国自贸区"制度效应区"的概念，肯定了在自贸区中制度的重要作用。胡加祥认为，自贸区的使命是"制度创新、先行先试"。杨帆认为，自贸区就是以开放促改革的最新前沿试验场。杨帅认为，自贸区通过不断深化"贸易便利化"理念，实现我国微观利益目标和宏观方面的区域发展。陈爱贞、刘志彪认为，自贸区有助于中国开放型经济实现"单边开放"和要素市场开放、内部"减权"改革、服务业全球化。赵逖认为，自贸区建设的重要意义在于通过对外贸易提高对外开放水平，提升地区竞争力，促进开放经济发展和资源要素配置。李朝阳认为，中国自贸区战略的关键在于对接国际规则，主动营造有利于中国对外开放的国际经济环境。

近年来，内陆自贸区的发展越来越成为亮点和重点，学界也形成了一定成果。孙久文、唐泽地认为，内陆自贸区自身的经济发展规律和区位条件决定了沿边省会城市布局、沿边口岸布局以及省会与口岸联合布局的形式是最佳的布局形式。白桦、谭德庆认为，内陆自贸区的发展有利于内陆国家中心城市的发展和相互联结，形成内陆中心城市群，推动区域均衡发展。方磊、宗刚等认为，内陆自贸区的发展趋势是由出口加工或转口集散型向综合型转变。

二、自贸区建设的制度安排

中国自贸区建设开始以来，由于各自的基础条件、社会经济环境、地方政府治理水平、管理制度等不同，不同的自贸区涌现出不同的制度安排。学界开始探讨自贸区不同制度安排的目的、影响因素，分析各种制度安排存在的问题与对策建议。Christorher 认为，基础设施、治理环境和政治环境是自贸区成功运行的重要条件。学者们主要在制度层面对自贸区的制度建设进行了比较与分析。

（一）投资管理及市场准入制度方面

Choe 通过实证研究证实，外商直接投资与国家生产总值之间具有因果关系，这也证明了投资管理制度的重要性。2020 年 1 月 1 日开始实行的《中华人民共和国外商投资法》（以下简称《外商投资法》），既有从自贸区的投资管理制度实践中总结的大量有益制度，也是对自贸区的投资管理制度的补充和增强。负面清单制度是我国自贸区对接国外贸易规则的重要制度实践。William Kerr 的研究指出，负面清单能推动外资进入清单内容之外的领域，达到投资发展和必要监管的平衡。Chanda 和 Gopalan 认为，负面清单的简洁性对自贸区投资管理环境完善非常重要。何芳认为，自贸区多年的投资管理制度实践通过以负面清单制度为主的外资准入制度、外资的信赖利益保护制度、外资投诉制度等在《外商投资法》中加以固定。其中，负面清单制度是自贸区重要的投资制度及市场准入的制度设计。李青认为，负面清单是我国对接国际投资规则的重要创新，具有标准模糊、产业开放限制小的特点。根据刘怡琳的相关研究，我国自贸区的负面清单制度由单一自贸区的 190 项清单拓展为 11 个自贸区同步开展的 95 项限制性措施，并于 2018 年确定了在 12 个自贸区适用的含 45 条清单条目的"说明＋列表"负面清单，进一步取消或放宽了外资准入限制。

（二）金融开放制度方面

Mattoo 认为，金融开放是金融自由化重要的外化形式，Mckinnon 认为，金融开放是以市场手段推进金融深入的有效手段，其主要内涵是政府放开金融管制。Lane 和 Milesi-Ferretti 认为，外商直接投资、资产证券组合、负债在 GDP 中占比等是金融开放的重要衡量指标，也是重要的相关制度衡量指标。王勇、王亮等认为，自贸区通过离岸金融制度创新倒逼资本组织形态和金融市场的进化，提升金融对经济发展的促进效应。王根蓓、许淑君研究发现，中国自贸区的金融创新能够引发资本的跨境转移。由于风险偏好的差异，金融创新使储蓄转化为资本积累具有不确定性，对实体经济和社会稳定可能造成强烈冲击。

（三）贸易便利化相关制度方面

目前学界对贸易便利化的评价指标主要沿用官方经济组织出台的评价体系，APEC将海关程序、电子商务、标准化和商务流动作为评价指标。

Wilson等将制度基础也作为重要的评价指标。我国自贸区制度设计中主要涉及税收、贸易监管等相关制度。郭永泉认为，自贸区的税收制度经历了税收功能拓展及特定优惠—征管程序全面创新—征管程序深层次创新—制度的全方位创新四个阶段。制度内容以流转税创新为主，强调税务与海关部门统筹协调，以程序创新为亮点。李光春对自贸区退税制度进行研究后认为，启运港退税通过简化出口退税程序，缩短退税时间，加快企业资本流动，推动国家国际航运中心形成，达到优化航运和促进对外贸易发展的目的。

Marie等认为，单一窗口是海关制度中的重要创新。

Shah和Srivastava研究海关制度体系中的单一窗口制度发现，单一窗口的效力有赖于国家法律的对接。李爽、赵亚南通过对自贸区海关制度的探究，聚焦自贸区"服务型海关"的制度创新，证实该制度有效增强了海关公共服务职能的实现。

张灿研究发现，重庆自贸区的海关制度主要围绕保税监管制度、物流枢纽建设、新兴业态发展等方面展开。

（四）行政管理制度方面

Nesadurai认为，与自贸区相适应的政府应该是政府约束尽量少的政府管理模式，力求加强贸易便利化和自由化。

John D. Kasarda认为，较为成熟的自贸区的政府管理职能必然是有限的，职能范围越窄，自贸区运行越健康。Wint认为，自贸区的政府管理要与对外开放达到一定平衡，而不是一味地减弱。

Samuelson认为，政府管理与市场调节的平衡在于效率、公平、稳定的目标实现。艾德洲认为，中国自贸区通过合署办公制度探讨以合营模式不断完善日常工作机制和机构设置，实现日常化全方位监督。

蔡莉丽、李晓刚研究厦门自贸区的"多规合一"审批制度改革后认为，该项制度极大地提高了审批效率，为自贸区的制度创新提供了实施机制参考。

刘祺、马长俊认为，自贸区的行政改革以简政放权、放管结合、优化服务为重点，以转变政府职能、提升政务服务质量、改善营商环境为主要目标。

马佳铮通过研究自贸区政府绩效第三方评估模式发现，该项制度以服务对象为选取依据，选取满足现实需求的评估模式，产生了较好的效果。在模式选择上更倾向于多种模式并举的混合策略，即选取不同机构同时承担第三方评估工作。

三、我国自贸区建设的制约因素与政策建议

自2013年上海自贸区挂牌以来，自贸区的建设发展在不同阶段都有不同的阻碍和困难，制约着自贸区的进一步发展。学界对此进行了研究并提出了相应的对策建议。

（一）自贸区面临的自身制约因素

毕玉江、唐海燕等认为，我国自贸区的发展目前面临如金融开放不足、服务体系不完善和管理体制滞后等困境。凌一文认为，自贸区的发展由于受到贸易保护与逆全球化、国内体制改革缓慢、投资领域的难度和产业发展压力加大、产业损害应对体系尚不完善的影响，面临负面清单影响、各项安全受到威胁等风险。陈爱贞、刘志彪认为，自贸区的发展面临诸多阻力，单边开放也带来一定的经济风险。因此，自贸区要与中国的经济发展形成高效互动。为此，我国自贸区需要尽快转变政府职能，完善制度基础，实现高质量发展。

（二）自贸区面临的外部制约因素

宋潇、柳明认为，从短期来看，在局部开放下受到外部资本市场冲击时，自贸区内区外的市场差异有可能导致区内企业在产品市场和劳动市场占领份额方面受到损伤。另外，在自贸区模式下，当发生外部冲击时，区内企业难以利用价格调整抵御，加剧了经济波动。因此，在承受外部冲击时，自贸区有可能出现福利损失过大的情况。

四、我国自贸区建设的制度问题与对策

目前，直接研究我国自贸区建设中的制度变迁、制度环境、制度创新、政府制度供给或制度障碍等制度问题的文献，主要集中在以下方面。

（一）制度与自贸区建设的关系

大部分学者认为制度对自贸区建设具有至关重要的作用，可以通过释放制度红利的方式促进自贸区和周边地区的经济增长、扩充财力。刘秉镰、吕程认为，自贸区显著推动了经济发展，不同自贸区的影响效果有所差别。殷华、高维和发现，上海自贸区的制度创新对GDP、投资、对外贸易等具有长期的促进效应。宋丽颖、郭敏发现，自贸区制度创新促进了产业结构、外商直接投资的发展，但在一定程度上抑制了财政支出规模，对社会消费水平产生了一定程度的负面影响。高增安、李肖萌研究发现，自贸区制度创新促进了自贸区内经济的创新发展。韩瑞栋、薄凡发现，自贸区的制度设计增强了国际资本流动的规模和效率。杨金玲则认为，自贸区政策制度有利于降低关税贸易壁垒，降低交易成本，对我国与对接地区产生正向福利。

（二）自贸区建设的正式制度问题

刘盛认为，国家层面的各项规定和自贸区的制度实践发展不成熟、监管不健全等原因而存在的各类风险和制约因素，需要自贸区针对市场准入、运作范围和程序、监管等方面进行制度创新。在准入层面，需要明确制约规则，这一阶段需要自贸区积极协调有关部

门，开展符合自身特色的制度试点；在运作层面，交易真实性、突破外汇管理和洗钱、恐怖融资等犯罪风险被进一步放大；在监管层面，各相关部门信息交流的堵塞和联动执法的缺失也是一大问题，需要自贸区获取相应的权限，构建权责明确、整体系统的网络监管格局。具体来讲，董姝玥、何芳认为，目前的投资管理制度具有负面清单制度内容不够严谨、事中事后监管体系不健全、综合监管执法体系不完善等局限，因此要加强负面清单的科学性和透明度，将法治手段与行政监管相搭配，实现多元化的监管体系。李桂花认为，自贸区的账户监管制度过多管制了企业融资和资本的跨境流动，极大限制了融资渠道，降低了资本流通速度，阻碍了对外开放的深入开展。金融监管制度创新应该完善体系建设，逐步放开管制，真正发挥自贸区的制度优势。王玮、朱安祺则发现，自贸区的税收制度缺乏创新，自身存在内部税收政策不协调、不同自贸区税制同质化、税收优惠政策冗杂等问题。刘祺、马长俊则认为，目前自贸区的行政体制改革普遍存在事权划分不合理、错位放权衔接不畅、条块分割束缚与部门本位主义阻碍、改革保障上整体设计缺失与法治滞后掣肘创新等局限。在艾德洲看来，目前自贸区自身管理体制的局限主要表现在自贸区立法及系统的法制体系改革相对滞后、行政权力过于集中、行政管理体制创新与对外开放体制不适应、监管制度滞后等方面。

（三）非正式制度方面

这方面的文献主要聚焦于党建、知识产权、企业家精神、劳动者权益保护等方面。徐留根、胡明认为，自贸区的党建工作对自贸区在高度开放下的政治引领和多元文化群体治理具有重要作用。张湧认为，知识产权、企业家精神、劳动者权益等的保护是自贸区高质量发展的关键。赵伟杰、王馨认为，人才吸收、培养、管理对自贸区发展具有重要意义。

五、文献述评

从已有文献可以看出，自贸区产生以来，与之相关的研究便不断涌现，自贸区的制度发展与制度问题引起了学术界的高度关注，主要集中在自贸区的概念、特征、作用及阻碍、困境和优化对策等方面，少数学者对自贸区建设中的制度因素进行了分析，主要是自贸区建设的制约因素和制度问题。但总体来看，相关文献对自贸区建设及其制度方面的研究尚不清晰、不系统，缺乏对内陆自贸区的制度研究，从制度层面研究内陆自贸区的发展问题远未得到应有的关注和研究。

现有文献主要研究的是自贸区的概念、作用和发展模式。学界对自贸区的概念有着较为统一的共识：中国的自贸区是一种狭义的自贸区，即自由贸易试验区，它是指先试先行地实施一系列对外开放政策，并推广成功经验形成对外贸易制度方案。有的学者从自贸区面临的外部压力出发，研究在中国面临外部国家力量遏制和内部社会矛盾、金融风险等发展困境下，中国自贸区建设如何应对全球化和区域主义的冲击和挑战，认为应该以扩大对外贸易的空间和质量为出发点。也有学者从内部建设出发，认为自贸区建设在政府职能转变、投资领域开放、对外贸易方式、金融领域开放、法治制度保障等方面作出了不同的制度设计,隔离外贸风险,强化对外贸易深度,构建要素市场开放、内部"减权"的新格局,参与到国际贸易与投资规则的制定过程中,实现全球价值链的高端攀升,从根本上提升区域竞争力,反哺国内经济发展,促进各项生产要素迸发新的活力,最终促进地区经济快速发展。而对自贸区的风险研究,主要围绕内部和外部风险等进行,认为自贸区建设在内部面临金融开放不足、服务体系不完善、管理体制滞后等问题,外部则有贸易保护与逆全球化、制度改革进程受阻等压力,面临产业结构调整、发展压力大、各方面的风险加剧等负面影响。但关于内陆自贸区建设的相关问题,则主要集中于布局方式、产业发展、管理体制等方面,但这些关于自贸区建设的研究,对内陆自贸区多是先导性和预判的研究,缺乏实际运行和制度层面的研究。

目前相关文献也从制度层面对自贸区建设的相关问题进行了研究并提出了建议。主要对自贸区的投资管理、金融开放、对外贸易、行政管理等相关制度进行分析,并证实了这些制度安排确实具有长期的经济增长效应和正向的溢出效应,但同时也具有滞后性。自2017年以来,中央批准了重庆、四川、湖北、河南、辽宁、陕西等内陆自贸区的挂牌设立,以内陆开放为核心的制度设计与创新开始涌现,制度环境、外部条件也发生了改变,自贸区建设的制度建设也涌现出新问题。但目前这类研究还比较少,能够深入分析内陆自贸区中的正式制度、非正式制度、实施机制等的文献较为少见。因此,现有文献的相关研究结论和对策可能有所局限,缺乏针对性。

从自贸区建设的制度研究来看,也存在不全面的问题。大部分文献侧重于对具体的正式制度的研究,少部分会针对非正式制度进行分析,两者兼顾的更是少之又少。在正式制度方面,大部分学者重点针对投资管理、金融开放、贸易监管、行政管理中的一项或几项做分析,缺乏系统性和连通性。而研究非正式制度的文献更少。另外,实施机制也是制度问题中重要的研究方向,而现有研究中关于实施路径、机制方面的文献不多。

第二章　数字自贸区的概念及相关理论

第一节　数字经济概念及相关理论

数字经济是人类社会发展过程中形成的第三种经济形态，也是最新的经济形态。人类最初的经济形态是农业经济，其最大的特征是以土地作为主要生产要素；第二种经济形态是在第一次工业革命时期逐渐形成的以技术和工业机器作为生产要素的工业经济，在20世纪资本逐渐渗透到工业经济中，成为主要的生产要素之一。而数字经济是21世纪以来以数据和科技作为主要生产要素的新型经济形态。对于数字经济的定位，很多学者以及组织和机构都给出了自己的概括，其中2016年G20峰会上发布的《二十国集团数字经济发展与合作倡议》中的定义得到了广泛的支持："数字经济是指以数字化的知识和信息作为关键生产要素、以现代信息网络作为重要载体、以信息通信技术的有效使用作为效率提升和经济结构优化的重要推动力的一系列经济活动。"数字经济实质上是以数据作为生产要素来进行一系列社会经济活动的总和。因此，作为数字必须在硬件、软件以及决策三个层面做总的组织工作，通过高效的诉求反馈和系统化、标准化的工作流程，最终使总体组织实现经济活动利益的最大化。数字经济由于其高度成长性，成为新旧动能转换的重要推动力量。发展数字经济已经成为目前世界上主流国家的共识。

一、数字经济概念

当前，我国正处于经济结构转型升级与新一轮科技革命和产业变革突破爆发的历史交汇期。经济发展依靠资源驱动的老路既行不通也走不远，亟待开辟新的发展路径，新旧动能接续转换的客观需求也日趋迫切。以数字技术为代表的创新多领域、群体性加速突破，实体经济利用数字经济不断扩展广度、深度，持续涌现新模式、新业态，经济成本大幅降低、效率显著提升，产业组织形态和实体经济形态得以不断重塑，数字经济方兴未艾，发展大幕开启。

（一）数字经济概念介绍

20世纪八九十年代，以微电子技术、计算机技术、通信技术为基础的现代信息技术向社会经济活动深入融合，为数字经济的到来提供了技术基础和发展条件。1995年，加拿大学者Don Tapscott最早提出"数字经济"这一概念。美国计算机科学家Nicholas Negroponte 将数字经济的发展看作人类由原子加工转变为信息加工处理的过程,1996 年,其在《数字化生存》一书中描绘了数字化给学习、生活、工作、娱乐带来的变化,由此数字化概念开始兴起。1998 年,Tapscott 在《数字经济蓝图》中强调了电子商务的重要性,并认为电子商务的发展决定了数字经济的未来。同年,美国商务部发布了《浮现中的数字经济》,公开采用"数字经济"一词,报告以数字形式揭示了信息产业给美国经济乃至世界经济带来的社会变革,成为历史上政界发布的有关数字经济的第一份报告,从此,"数字经济"一词得到了广泛认可。

在数字经济发展初期,美国作为计算机和互联网发展的原生国家,对数字经济研究较早,也彰显了领跑的姿态和前瞻的眼光。1998 年以来,美国商务部针对数字经济概念和范围的确定先后出版了《浮现中的数字经济》《新兴的数字经济》《数字经济》等报告,将数字经济范围初步定义为信息技术产业和电子商务。随后,美国统计局和人口普查局也分别对数字经济范围进行了定义,美国统计局认为数字经济可分为基础建设、电子化企业、电子商务、计算机网络四大部分,并对各部分进行了详细定义和范畴划定。美国人口普查局认为数字经济可分为基础设施、强调如何进行商务活动的电子商务流程以及在线销售商品和服务的电子商务贸易三部分。可见,美国政府部门主要是从测量角度对数字经济概念加以考量,更关注信息技术产业和电子商务,注重信息技术发展为美国带来的宏观经济影响而忽略了数字经济与其他产业的融合部分,其定义存在一定局限性。此外,1997 年 5 月,日本通产省认为数字经济是广泛的电子商务,企业和个人通过电子手段来签订合同、转移价值和积累资产,未来,信息技术将作为基础技术渗透到生产生活的各个方面。而英国数字经济小组和计算机学会对数字经济的衡量与美国的官方定义十分类似。在数字经济发展初期,各国对数字经济概念的理解大多参考美国的官方定义,将数字经济理解为可测量的信息技术和电子商务,理解范围较局限,缺乏数字经济系统研究体系。

2002 年后,光纤、电缆、人造卫星等信息技术行业的兴起,使美国商务部对数字产业的划分发生了十几处变化,一些新兴信息技术行业被列入数字产业,行业更替的剧烈变化、数字产业与传统产业的快速融合,加大了定义数字经济的难度,由此,各国对数字经济概念的理解出现了分化。经济合作与发展组织认为,数字经济是通过电子商务进行的商品服务贸易。韩国政府认为,数字经济是包括互联网在内的,所有以通信产业为媒介的经济活动,如互联网搜索、购物和电子交易等。法国认为,数字经济行业是普遍使用信息通信技术的行业。澳大利亚数字经济部将数字经济定义为由 ICT 技术形成的经济和社会活动的全球网络。英国从产出角度,将如数字技术、数字设备、数字产品和服务等数字化投入带来的经济产出总量定义为数字经济,并于 2010 年将数字技术在企业中的应用首次划入数字经济范畴等。

我国对数字经济研究起步较晚,对于数字经济的早期研究主要依靠引进和翻译外国文献,并没有形成自己的观点,例如 1998 年,姜奇平翻译的《浮现中的数字经济》为我国数字经济早期研究打开了大门,随后,黄奇翻译了《数字经济 2000》,杨冰之和朱娟根据美国商务部 2002 年和 2003 年发布的报告，翻译了《再度崛起的数字经济》。随着信息技术的发展，数字经济的范围不断扩大，数字经济由只涵盖 ICT 技术和电子商务的狭义定义，逐渐外延渗透到农业和工业等各个领域。在 2016 年的 G20 杭州峰会上，我国将数字经济范围划定为信息通信技术，以及依托信息通信技术进行的一系列经济活动。

总体来看，数字经济内涵演变大致分为三个阶段。第一个阶段是数字经济提出（20 世纪 90 年代至 21 世纪初），美国作为数字经济发展的引领者，将数字经济狭义定义为基于信息通信技术和电子商务的经济形态。个人计算机和网络技术被大众广泛接受，部分新兴产业兴起，如 1984 年成立思科、3Com，1985 年成立高通，1994 年成立搜索引擎公司，1997 年成立 Netflix 在线影片。第二个阶段是数字经济深入（21 世纪初至 2008 年），移动通信广泛普及应用，数字经济热点从 PC 端逐渐转向移动端，互联网企业大规模成立，企业面临新旧更替的关键时期，如 Facebook 和 Twitter 替代雅虎。数字经济的定义范围向产业融合应用部分转移。第三个阶段是数字经济转型（2008 年至今），3G 标准公布，Airbnb 和 Uber 等共享经济模式兴起，物联网、大数据、云计算和人工智能技术的研发应用，使数字经济发展逐渐向智能经济转化，智能家居、智慧城市、虚拟现实、智能机器人等将成为新一轮企业竞争优势，数字经济定义范围越来越广泛。

（二）数字经济相关概念及区分

1. 网络经济

网络最早源于美苏冷战时期。20 世纪 60 年代，美国为保证全国军事系统在战争中仍可以正常运行，美国国防部高级研究计划管理局开始部署 ARPAnet 网络，能让任何地点的计算机相互连接，为未来网络发展奠定了基础。随后，TCP/IP 协议的诞生，创造了真正的 Internet。2019 年 6 月，"互联网女皇"玛丽·米克尔发布的《2019 互联网报告》称全球互联网用户数已达到 38 亿，用户渗透率超过 50%。

网络经济即经济活动的网络化。20 世纪 90 年代中期，互联网迅速发展，John Flower 最先提出网络经济。1995—1998 年，美国互联网行业增速达 1.74 倍，仅 1999 年一年，美国互联网行业的销售收入就超过了 5000 亿美元，首次超过汽车、电信、民航等其他传统行业，且持续以 68% 的年增长率迅速发展，以至于许多西方媒介将 1995 年称为"互联网络年"。国内外学者对网络经济的理解大致可分为狭义和广义两种。从狭义理解来看，网络经济是通过互联网平台进行产品服务交易和资源分配的经济形式。从广义理解来看，网络经济改变了社会经济形态，单个、分散的经济形式通过网络进行整合，同时改变了人们的生活联络方式。由此可见，网络经济是以计算机、互联网为基础，以电子商务为核心，并作用于社会经济社会的一种经济形式。

2. 信息经济

20 世纪 50—60 年代，第二代晶体管电子计算机和集成电路的发明，大大提高了信息处理能力，信息技术对社会生活的影响逐渐显现，引起经济学家重视，信息经济也由此兴起。1962 年，Fritz Marchlup 发表了《美国的知识生产和分配》，提出"知识产业"，并描绘了知识产业的各个方面及规模，他认为"向市场提供信息产品或信息服务的企业"是重要经济部门。1963年，日本学者梅棹忠夫在《信息产业论》中指出，"信息将成为很重要的经济要素"，对"信息经济"的概念进行了宏观定义。20世纪70—80年代，以信息技术为主导的新兴产业不断涌现，同时信息技术向其他经济部门加速扩散，信息经济已在发达国家国民经济中占有重要地位。1973年，以石油危机为转折点，支持工业经济运行的石油资源开始衰竭，导致工业经济衰退，将发展信息经济提到战略高度。

信息经济可分为狭义和广义两种解释，其中狭义的信息经济仅指ICT部门的生产活动带来的经济增长，而广义的信息经济除了强调信息产业之外，更注重信息产业与传统产业部门的融合。1977年，波拉特撰写了《信息经济：定义与测量》，从部门经济角度出发，开创性地把国民经济中的信息部门划分为两个信息部门。1982年，未来学家奈斯比特在《大趋势》中提出"信息经济"，并认为美国正步入信息社会。随后，美国企业家保罗·霍肯提出，当社会经济活动的信息占据主导地位时，将会形成相对于"物质经济"的"信息经济"。1991年，我国经济学家乌家培在《经济信息与信息经济》中提到，信息经济是由信息部门带来的经济增长及以信息产业为主导的经济活动共同构成的。2012年，OECD发布《信息经济测度》，将信息经济范围界定为内容创建行业、内容传输行业，即ICT行业的经济活动构成。从整体来看，信息经济既包括狭义的ICT行业，又包括ICT在其他行业运用所产生的更广泛的经济影响。

（三）知识经济

知识作为人类社会经验的总结，早在16—17世纪，人们就认识到了知识的重要性。亚当·斯密、彼得·德鲁克、威廉·汤普逊等学者，纷纷在其著作中认可知识在社会生产中的重要性，并将知识作为社会发展的中心。"知识经济"一词是在人们认识到知识的重要性的基础上提出的，这一概念突出了知识，特别是科学技术对经济的特殊影响。1986年，加拿大有关研究报告率先提出"知识经济"；1990年，联合国研究机构再次提出"知识经济"的概念；1996年，OECD又将其定义为"以知识为基础的经济"。在知识经济中，教育和研发成为最重要的部门，知识型劳动者不断涌现，知识效用增加，知识逐渐成为提高生产率和促进经济增长的推动器。但需要明确的是，知识本身并不能带来经济的增长，只有通过促进技术创新和融合应用，才可将知识的带动作用显现出来。

（四）新经济

20世纪90年代，在亚欧经济增长缓慢、失业率居高不下的情况下，美国却出现了"一高三低"，即低通货膨胀率、低失业率和低财政赤字的良好经济形势，并实现了长达10年的经济增长。1996年，迈克尔·曼德尔在《新经济成就》中将这种现象概括为"新经济"。

纵观经济发展史，铁路、石油、电力、汽车等每一次重大技术的变革都会引起经济的增长，都可称为"新经济"。但20世纪90年代新经济的独特之处在于，作为主要生产要素的知识和信息均属于虚拟形式，遵循梅特卡夫定律和摩尔定律，使新经济具有规模收益递增的特征,由此出现长达10年的良好经济形势。从本质上看,20世纪90年代,互联网在美国诞生,在信息技术的快速发展以及全球化浪潮掀起的作用下,信息技术逐渐取代工业成为经济发展的主要推动力,为美国经济带来了质与量的变革,出现了前所未有的经济形态。因此,"新经济"也可定义为"由新技术推动的经济增长过程",具有周期性,会随技术的发展反复出现和消失。由此可见,"新经济"的出现需要以信息化、全球化为基础,以良好的创新氛围和宏微观经济的良性互动为前提,到目前为止,这种"新经济"状态还只是一种美国现象,并不具有全球性。

(五)相关概念区分

从已有文献来看,各界学者对网络经济、信息经济、知识经济、数字经济和新经济的关系与区别主要持以下几种观点:第一种观点认为几种名称没有本质不同,都是信息技术对经济发展的结果。其中代表学者有中国信息经济学家乌家培、郑正平和国外学者Jacek Unold;第二种观点认为这几种概念相互包含,如数字经济是其他经济形式的总和,或知识经济是其他经济形式的总和。第三种观点认为各个概念之间虽有相似之处,但也有所区别,是相伴而生、相辅相成的。例如美国商务部认为,当数字化信息占信息总量的99%以上时,信息经济可理解为数字经济。张蕊认为,网络经济为信息经济提供技术和产业基础,较信息经济的范围更小,是信息经济的基础。何枭吟认为,知识是当今世界发展变化的基础,信息和网络是催化剂,数字经济是发展的必然结果。才书训认为,新经济不等于网络经济或数字经济,网络经济和数字经济是新经济的技术层面。知识经济、网络经济、数字经济是新经济的重要基础或核心。数字经济与其他概念的区分如表2-1所示。

表2-1 数字经济与其他概念的区分

经济概念	知识经济	网络经济	信息经济	数字经济
提出时间	20世纪60—70年代	20世纪70—80年代	20世纪70—80年代	20世纪90年代
生产要素	知识	互联网	信息技术	数据
技术基础	知识、创新	互联网	ICT技术	数据处理
主体产业	非科技类但以知识为基础的产业(教育、医药、生物等)	互联网、电子商务	信息的收集传播,作用于传统信息服务业和信息技术产业	对海量数据的获取、存储、管理、分析,作用于信息技术产业和传统行业
主要活动	知识自身的生产、分配和消费	网络主体活动	网络及信息产业主体活动	信息产业活动及信息带动传统产业活动

二、数字经济发展特征

(一)数据成为新的关键生产要素

历史经验表明,每一次经济形态的重大变革,必然催生也必须依赖新的生产要素。如同农业经济时代以劳动力和土地、工业经济时代以资本和技术为新的生产要素一样,数字经济时代，数据成为新的关键生产要素。数字经济与经济社会的交汇融合，特别是互联网和物联网的发展，引发数据爆发式增长。数据每年增长50%，每两年翻一番。迅猛增长的数据已成为社会基础性战略资源，蕴藏着巨大潜力和能量。数据存储和计算处理能力飞速进步，数据的价值创造潜能大幅提升。

20世纪90年代以来，数字化技术飞速发展，如今人类95%以上的信息都以数字的形式存储、传输和使用，同时数据计算处理能力也提升了上万倍。数据开始渗透人类社会生产生活的方方面面，推动人类价值创造能力发生新的飞跃。由网络所承载的数据、由数据所萃取的信息、由信息所升华的知识，正在成为企业经营决策的新驱动、商品服务贸易的新内容、社会全面治理的新手段，带来了新的价值增值。更重要的是，相比其他生产要素，数据资源具有的可复制、可共享、无限增长和供给的禀赋，打破了传统要素有限供给对增长的制约，为持续增长和永续发展提供了基础与可能，成为数字经济发展新的关键生产要素。

（二）数字技术创新提供源源不断的动力

数字技术创新活跃，不断拓展人类认知和增长的空间，成为数字经济发展的核心驱动力。人类经济社会发展从来不是渐进的平稳过程，少数重大事件决定了历史新阶段的到来。通用目的技术的进步和变革是推动人类经济社会阶跃式发展的核心动力。数字技术的创新进步和普及应用，正是当下时代变迁的决定性力量。区别于以往的通用目的技术，数字技术进步超越了线性约束，呈现出指数级增长态势。数字技术能力提升遵循摩尔定律，每18个月综合计算能力提高一倍、存储价格下降一半、带宽价格下降一半等产业现象持续印证摩尔定律效果。联入网络的用户和设备的价值遵循梅特卡夫定律，数字经济价值呈指数级增长，这进一步推动了数字经济快速成长。近年来，大数据、物联网、移动互联网、云计算等数字技术的突破和融合发展推动数字经济快速发展。人工智能、虚拟现实、区块链等前沿技术正加速进步，产业应用生态持续完善，不断强化未来发展动力。此外，数字技术加速与制造、生物、能源等技术融合，带动群体性突破，全面拓展人类认知和增长的空间。

（三）信息产业的基础性和先导性作用突出

每一次科技变革和产业革命中，总有一些产业是基础性和先导性产业，它们率先兴起、创新活跃、发展迅速、外溢作用显著，引领带动其他产业创新发展。与交通运输产业和电力电气产业成为前两次工业革命推动产业变革的基础性和先导性产业部门类似，信息产业是数字经济时代驱动发展的基础性和先导性产业。

信息产业早期快速扩张，现今发展渐趋稳定，已成为支撑国民经济发展的战略性部门。信息产业领域创新活跃，引领带动作用强。数字技术是技术密集型产业，动态创新是其基本特点，强大的创新能力是竞争力的根本保证。受此驱动，信息产业成为研发投入重要领域。

（四）产业融合是推动数字经济发展的主引擎

纵观历史，先导性产业部门占经济总量的比重日趋减小，通用目的技术与产业融合越来越成为经济发展的主引擎。在第一次工业革命时期，英国的纺织等先导性产业占经济总量的比重一度超过40%，到了第二次工业革命时期，美国的化工等先导性产业占经济总量的比重下降到20%左右，如今在数字经济革命阶段，主要国家信息产业等先导性产业占经济总量的比重稳定在6%左右。

数字经济在其他产业领域的应用带来的效率增长和产出增加已成为推动经济发展的主引擎。近年来，数字经济正在加快向其他产业融合渗透，提升经济发展空间。一方面，数字经济加速向传统产业渗透，不断从消费向生产、从线上向线下拓展，催生O2O、分享经济等新模式新业态持续涌现，提升消费体验和资源利用效率。另一方面，传统产业数字化、网络化、智能化转型步伐加快，新技术带来的全要素效率提升，加快改造传统动能，推动新旧动能接续转换。传统产业利用数字经济带来的产出增长，构成数字经济的主要部分，成为驱动数字经济发展的主引擎。

（五）平台化和生态化成为产业组织的显著特征

平台成为数字经济时代协调和配置资源的基本经济组织，是价值创造和价值汇聚的核心。互联网平台新主体快速涌现。商贸、生活、交通、工业等垂直细分领域平台企业发展迅猛。

平台推动产业组织关系从线性竞争向生态共赢转变。工业经济时代，作为价值创造的主体，传统企业从上游购买原材料，加工后再向下游出售产成品，是线性价值创造模式。企业的经营目标是消灭竞争对手，并从上下游企业中获取更多利润。在平台中，价值创造不再强调竞争，而是通过整合产品和服务供给者，并促成它们之间的交易协作和适度竞争，共同创造价值，以应对外部环境的变化。这表明，平台在本质上是共建共赢的生态系统。不论是新兴平台企业还是传统转型企业，在发展中都广泛采取开放平台策略，打造生态系统，以提高平台的吸引力和竞争力。

（六）线上线下一体化成为产业发展的新方向

数字经济时代，数字经济不断从网络空间向实体空间扩展，传统行业加快数字化、网络化转型。

一方面，互联网巨头积极开辟线下新领地。面对科技革命和产业变革大趋势，全球信息网络巨头正在加快战略布局，大规模向实体经济扩展。

另一方面，传统行业加快从线下向线上延伸，获得发展新生机。制造业领域的巨头企业，正在基于网络再造公司，通过建立平台生态系统，加快数字化、网络化转型，拓展在新时期的生存和发展空间。线上线下融合发展聚合虚拟与实体两种优势，升级价值创造和市场竞争维度。工业经济时代，价值创造和市场竞争都在实体空间完成，易受到物理空间和地理环境的限制。

数字技术给人类社会带来的重大变革是创造了一个新世界：赛博空间（Cyberspace）。

它为价值创造和市场竞争开辟了一个新的维度。在制造领域，虚拟实体融合重塑制造流程，提升制造效率。依托日益成熟的网络物理系统技术，越来越多的企业在赛博空间构建起虚拟产线、虚拟车间和虚拟工厂，使产品设计、仿真、试验、工艺、制造等活动全部在数字空间完成，重建制造新体系，持续提升制造效率。制造业数字化、网络化、智能化转型就是虚拟实体融合制造的典型应用。

在流通领域，线上线下融合丰富市场竞争手段，重塑零售模式，提高零售效率。线上交易消除时空界限，释放长尾需求，线下交易丰富用户感知，提升购物体验，线上线下融合的新零售聚合了两种优势，能满足用户的多样化多层次需求。

（七）多元共治成为数字经济的核心治理方式

数字经济时代，社会治理模式发生了深刻变革，过去政府单纯监管的治理模式加速向多元主体协同共治方式转变。数字经济是一个复杂生态系统，海量主体参与市场竞争，线上线下融合成为发展常态，跨行业跨地域竞争日趋激烈，导致新问题层出不穷，老问题在线上被放大，新老问题交织汇聚，仅仅依靠政府监管难以应对。将平台、企业、用户和消费者等数字经济生态的重要参与主体纳入治理体系，发挥各主体在治理方面的比较优势，构建多元协同治理方式，已成为政府治理创新的新方向。平台成为数字经济时代协调和配置资源的基本单元，对平台上出现的各类经济问题，平台有治理责任和义务，也有治理优势。将平台纳入治理体系，赋予其一定的治理职责，并明确其责任边界，已经成为社会各界的共识。数字经济时代，激发用户和消费者参与治理的能动性，形成遍布全网的市场化内生治理方式，可有效应对数字经济中分散化、海量化的治理问题。

三、数字经济发展机制

（一）数字经济运行机理

数字经济能够降低实体经济成本，提升效率，促进供需精准匹配，使现存经济活动费用更低，并激发新业态新模式，使传统经济条件下不可能发生的经济活动变为可能，推动经济向形态更高级、分工更精准、结构更合理、空间更广阔的阶段演进。

1. 经济运行成本大幅降低

（1）大幅降低信息获取成本

数字经济改变了传统获取信息的手段和方式，大幅降低了经济主体获取相关信息的费用。

（2）大幅降低资源匹配成本

数字经济打通了线上线下两个空间，大幅降低了资源发现、契约签订、监督实施的费用，并解决了主体间信息不对称的问题。

（3）大幅降低资本专用性成本

数字经济有效解决了企业固定资产或人力资本用于特定方面后，不能经济性用于其他方面的问题。

（4）有效降低制度性交易成本

数字经济为降低企业因遵循政府各种制度、规章而需付出的成本提供了有效手段和可行途径。

2. 经济运行效率显著提升

（1）不断深化产业专业化分工

专业化带来的效率改进与由此引发的交易费用决定了专业化分工程度。数字经济大幅降低了交易成本，导致专业化分工日趋精细化、精准化，产业分工、产品分工、模块分工日趋深化。"众包"改变了以前只有大型物件，如飞机、汽车等才能实现生产分工的情况，把更多过去由企业内部执行的工作任务，以自由自愿形式外包给非特定大众网络，让专业的人做专业的事，通过专业化分工提升运行效率。

（2）提升企业间生产协同水平

实体经济利用数字经济，将分散生产的实体组织在一起，相互配合、协调一致地工作，以完成单一实体不能完成或不经济的任务，使其总体效益优于单独效益之和。

（3）助力实现供需精准匹配

数字经济能够把市场信号更快、更准确地传递到供给侧，把优质商品信息更高效、更便捷地交换到需求端，从而通过线上的方式实现供需精准匹配。

3. 经济组织方式创新不断涌现

（1）企业新型生产、管理、营销组织模式加速变革

工业革命所带来的规模经济和技术进步导致组织科层化和一体化，而数字革命所带来的交易费用下降促进组织扁平化、分散化。工业经济时代纵向一体化组织开始瓦解，企业间网络、平台生态体系等柔性生产组织方式快速发展，产业组织也开始从寡头、垄断竞争向更加充分的竞争演进。

（2）新型组织形态不断产生并快速发展

数字经济在实体经济中的应用日趋深化，产业界积极推动平台化、生态化发展。

4. 实体经济形态加速重构

（1）智能化基础设施成为国民经济发展重要支撑

信息网络加快朝高速移动安全泛在方向发展，新一代高速光纤网络、高速无线宽带加快普及，5G和超宽带技术研究深入推进；物联网广泛应用，越来越多的设备、终端等接入信息网络；数字经济与传统电网、公路网、铁路网等深度融合，正在形成万物互联、泛在感知、空天一体的智能化综合信息基础设施，极大地提升经济活动的网络化、数字化、智能化水平和运行效率，成为支撑经济发展不可或缺的重要基础设施。

（2）"数字技术—经济范式"加速形成

数字经济与各行业各领域融合渗透，有力推动传统产业技术进步，引发新工业革命，传统产业发展理念、业务形态和管理模式发生深刻变革，新的技术经济范式加速形成。以

智能制造为例，数字经济融合应用使产品、机器、人从封闭走向开放，从客户需求实时感知能力到产业链、创新链的快速响应，从资源碎片化、在线化、再重组到新技术、新产业、新业态、新模式创新发展，数字经济正驱动新型经济范式加速构建。

（3）数字经济成为重塑经济发展模式的主导力量

数字化的知识和信息成为驱动放大全部生产力的"乘数型"生产力，成为重塑经济结构和提升生产率的主导力量。近年来，数字经济与传统产业融合创新推动O2O、分享经济等新形态持续涌现，智能制造、工业互联网等新业态快速兴起，精准农业、农村电商等新模式方兴未艾。

（二）数字经济体系架构

数字经济发展就是要全面提升数字经济生产力，改善生产关系，利用数字经济改造提升传统产业、培育壮大新兴产业，并着力构建适应新技术、新产业、新业态、新模式发展的市场框架和制度保障。按照技术对经济社会的影响维度，"数字技术—经济范式"由关键生产要素、经济社会技术需求以及技术应用环境保障这三方面因素构成。

1. 关键生产要素

新"数字技术—经济范式"的形成，首先通过"关键生产要素"变迁实现，其决定技术经济范式的特征并成为划分不同类追踪的对象。从这个意义上讲，可能最终成为技术范式的新技术不是纯粹在技术的某个单一维度上的最优选项，而是一个基于市场主体需要的技术统一体。在新技术刚出现时，它的功能可能不如原有技术完善，只能适应某些新的市场缝隙的特殊需要。但是，新环境里大量可以支持新技术飞速发展的资源，例如顾客的需要，会诱使新技术功能日趋完善。如果成为技术范式的新技术随着外部环境的变化，失去了解决技术经济问题的功能、不能适应市场需要，它就会被更新的技术范式挤出主流市场，甚至被完全取代。可见，市场需求不仅可催生技术范式产生，还会促进技术范式转移。在数字经济中，传统产业对数字经济的需求是决定数字经济能否快速增长的关键因素。按照行业分类维度，可将其分为工业、农业、服务业及公共服务对于数字经济的需求。

2. 保障数字经济发展的环境因素

高技术本身的发展要遵循一定的科学规律，而高技术产业发展除了遵循技术本身的科学规律之外，还必须遵循一定的经济规律。良好的制度环境和高效率的市场组织对产业的发展至关重要。制度具有降低交易成本、提供激励机制、为经济提供服务、为实现合作创造条件等基本功能，在技术创新中的作用巨大。

世界各国对高技术产业的发展都采取了各种优惠和鼓励措施。从成功的经验来看，高技术产业之所以能够获得较快发展，就在于这些国家和地区经过多年的探索，已经在促进高技术产业发展方面形成了一整套比较有效的投资、产权、激励制度，从而调动了创业者的积极性。例如，风险投资制度激发了人们投资高技术产业的热情，有限合伙制度较好地解决了普通投资者的收益和风险平衡问题，从而有效地解决了高技术企业的融资困难。同时，政府优惠的财税政策、提供的贷款担保和直接的资金扶持对高技术产业的发展也发挥了巨大的作用。因此，我国要发展数字经济，就必须落实各项改革措施，建立有利于高技术以及相关产业发展的制度，有效的市场安排、制度安排和良好的发展环境是推进高技术产业和技术进步持久不衰的动力。

（三）数字经济体系框架

结合当前数字经济发展的重点任务，并考虑数字经济长远发展基础，数字经济体系框架可以概括为"一基四柱三保障"。

"一基"是指新的要素，包括数字技术创新能力，数据、数字人才等生产要素，网络基础设施演进升级等。

"四柱"是指工业、农业、服务业、公共服务的数字化转型，包括工业智能化转型、农业精准化生产、服务业数字化创新、公共服务数字化。工业数字化包括工业数字化转型的基础、工业企业数字化转型能力、工业企业数字化转型服务支撑等。农业数字化包括农业生产方式、经营方式、管理方式的网络化、智能化，农业精准化、集约化发展等。服务业数字化包括生产性服务业数字化和生活性服务业数字化创新等。公共服务数字化包括数字公共服务供给模式创新和数字公共服务均等化等。

"三保障"包括市场保障、治理保障和发展保障。市场保障包括数字经济市场主体关系、市场交易体系、市场竞争秩序、数字经济发展的国内市场体系及全球市场空间。治理保障包括政策法规动态调整、政府监管、政策引导、法律框架等。发展保障包括政策法律保障、风险防范、网络安全水平等。

四、数字经济的未来

为了避免数字经济时代给人类文明或单个国家带来巨大风险，应重点关注以下几个方面。

（一）数字时代的国家竞争

从人类几千年的历史来看，大国之间的竞争都是围绕争夺物理空间与资源而展开的角逐；新开辟的物理空间，会引起新一轮的大国争霸，由此会改变全球地缘政治格局和大国之间的地位。数字时代创造出虚拟空间，拓展了人类社会的空间层面。大国之间的竞争，将会从争夺物理空间转移到数字空间。物理空间是有限的，数字空间是无限的。数字空间层面的拓展，犹如当年发现新大陆，由此改变了全球力量的对比。数字空间的争夺必将引起各方力量的改变，重塑当今世界的政治经济格局，对各国来说都是风险与机遇并存。

（二）数字时代的法律

现有社会的法律体系建立在物理空间层面，处理的是在社会活动中人与人之间产生的权利义务的分配关系。数字空间的出现，会使未来出现新的法律关系主体，这会给现在建立在物理层面的法律体系带来极大的挑战。这种挑战是向各个领域和产业全面渗透的，这决定了短时间内不可能专门制定出数字时代的各种法律。因此，应重点研究数字时代如何循序渐进地推动法律体系的调整与变革，重点厘清哪些法律规则可沿用此前的法律，哪些法律规则需要做出局部调整，哪些法律规则需要全面修订。

（三）数字时代的治理

推动数字经济快速发展，应加强数字时代的治理，推动数字经济实现更高质量的发展；应秉持创新、公平和公正的原则，推动形成多元化主体协同治理机制，形成政府统筹、平台自治、第三方协调、公众参与的多方共治新格局；应推动政府治理模式的变革，建设服务型政府，改革体制机制，创新制度供给，完善数字基础设施，推动数字经济技术创新，加强对数字平台的治理；应推动数字化技术在治理中的应用，提升政府治理水平，推动政府治理现代化，实现数字经济时代治理的社会化、法治化、智能化、专业化。

（四）数字时代的伦理

当前数字经济已进入人工智能时代，虽然人工智能的应用前景广阔，极大地改善了人类的福祉，但虚拟空间的出现，模糊了物理现实、数字和个人之间的界限，产生了较为严重的伦理问题，受到社会各界的广泛关注。国际上对人工智能的伦理问题展开了积极探索，我国对人工智能伦理的原则和规制方面的研究相对比较滞后，主要关注人工智能带来的经济和社会效益。只有有效解决人工智能发展带来的伦理问题，才能规避发展人工智能的风险，推动经济和社会发展，提升人类的生活水平。解决人工智能伦理问题，应从设计上确保人工智能本质上是公正、公平、透明和负责任的，避免算法歧视与偏见；应切入人类的价值观，建立道德的人工智能，以避免人工智能损害人类利益，挑战人类文明；应切实加强与公众沟通，告知人工智能的主要风险及其带来的好处；应建立有效衡量人工智能等自主系统的福祉指标，衡量它们给人类福祉带来的具体影响，不仅关注经济利益，还应关注给人类心理或者环境、健康方面所带来的综合影响；政府应对人工智能技术和相关企业进行监管，确保人工智能技术使用中的安全。

第二节 自由贸易区概念及相关理论

一、自贸区建设发展阶段

近年来，全球经济形势不断变化，国际贸易不断发展，世界范围内的自由贸易区建设越来越普遍，自贸区不断引领着各国经济贸易的发展，扮演着十分重要的角色。从现有研究来看，自贸区发展历程主要分为以下几个阶段。

（一）初步形成阶段

自贸区最早在古希腊时代起源。当时古希腊人划分了两个特定港口为经济特区，试图确保外国商船的航行安全，不会遇到任何障碍，这即为自由港区的原型。法国南边的小城市马赛港于1228年在其管辖区内指定了专门的区域，在这一特定区域内国外商品货物可以不加征所有的税收，自由地在这一地区通行。德国北部的几个边境城市宣布在1367年联合起来，并成立了自由贸易联盟。1547年，意大利在其西北部城市设立自由贸易港，并命名为雷格亨自由港，它是当时世界上第一个被正式命名的自由港。自此之后，自由贸易区和自由贸易港开始在西方国家遍地开花。

（二）逐步发展阶段

第二次世界大战后，许多国家开始在全球范围内陆续独立，这些国家的民众越来越多地主张发展振兴民族经济。随着社会经济的不断发展，越来越多的隔离区域被一些国家和地区划定出来，这些区域专门用来发展出口导向型工业，凭借当地各种待遇优惠贸易政策、廉价丰富的劳动力资源，源源不断地引入外来商人的资金和先进技术。这些国家一般将这些经济自由区域设立在港口周围，从这些特定区域以外输入商品原料，因为这些区域以内的企业都享有一系列政策优惠，区域内的出口经济贸易不断发展，逐渐形成了外向型的经济发展模式。

（三）繁荣昌盛阶段

在经济全球化浪潮的推动下，国际间的合作越来越紧密，随着贸易和资本技术的不断发展，发达国家产业转移日益加速，发展中国家工业化进程不断提升，全球自贸区呈现出多样化和综合化的发展态势。目前，世界上大多数自贸区都具有进出口贸易、仓储货运、原料加工、金融服务等多种功能，大大提高了自贸区自身的运行效率，推进了自贸区的不断发展。

（四）世界自贸区联合会

世界各国都非常重视通过建立和发展自由贸易区来推动国家的经济发展，而自由贸易区的产生和发展也有着深刻的原因和独特的作用。随着自由贸易区数量在全球范围内的不断增加，自由化水平快速提高。世界自贸区联合会在这种大的时代背景下成立了，它属于全球性的非营利性组织，联合会的建立目标是通过向各会员国提供最新的世界范围内的自贸区信息，加强彼此间的对话交流合作，通过获取自贸区资源的优势，提高彼此之间的合作效率，不断促进各个国家和地区的国际贸易发展，将自由贸易区的战略作用发挥到最大限度。

二、自由贸易区的类型及特点

在自由贸易区不断发展的过程中，其功能也在逐渐由单一化向综合化转变，并衍生出新功能。根据自由贸易区的功能，可以将其划分为四大类：自由港、综合型自由贸易区、贸易型自由贸易区以及工业贸易结合型自由贸易区，如表2-2所示。

表 2-2 自由贸易区类型（按功能划分）

类型	内涵	自由贸易区
自由港	一个国家或地区的"境内关外"，港口内，对外货物可免税自由进出口，并可开展各种商业活动	新加坡、哥本哈根、中国香港等
综合型自由贸易区	一个国家或地区内部，集贸易、出口加工、金融、旅游等多功能于一体的自由贸易区	韩国釜山、仁川自由贸易区
贸易型自由贸易区	主要以国际贸易为发展产业，从而促进该地区的整体经济发展的自由贸易区	智利伊基克自由贸易区
工业贸易结合型自由贸易区	功能主要为出口加工、外贸、仓储和运输的自由贸易区	阿联酋自由贸易区

按照性质，自由贸易区可分为两类，即商业自由区和工业自由区，商业自由区禁止拆包、零售、加工和制造商品，工业自由区允许免税进口原材料、零部件和辅助材料，并且在指定加工区域内进行加工和制造；但是各国产业发展条件、经济发展水平、合作对象、地理区位等不尽相同，因此自由贸易区从产业功能、专注领域、覆盖区域层面可以划分为多种类型的发展模式，如表 2-3 所示。

表 2-3 自由贸易区类型（按发展模式划分）

划分方式	发展模式	内涵	自由贸易区
以产业功能区分	物流配送或转口集散模式	利用其自身地理位置和航运条件，将港区定位为贸易枢纽，通过港口优势对货物进行集散转运和仓储	以欧洲自由贸易区为代表，如德国汉堡港、不莱梅
	出口加工兼容物流集散模式	以国际贸易、出口加工为主，以仓储物流服务为辅	以亚洲和非洲国家的自由贸易区为代表，如菲律宾马里莱斯
	保税仓储模式	主要是保税，免办国外货物进出口手续，长期处于保税状态	荷兰阿姆斯特丹港自由贸易区
	贸工结合、以贸为主模式	主要从事进出口贸易，辅以简单的加工和装配制造，但区内严禁零售	以美国的自由贸易区为主
	商业批发零售型模式	内部有专门的商品展示和零售商业区	以智利伊基克自由贸易区为代表
	综合发展模式	以上各种产业发展模式的综合	中国香港、新加坡
以专注领域区分	单个领域专业集聚模式	根据产业发展需要，为需要发展的产业划定不同的区域，并建立各个产业的自由贸易区	尼日利亚自由贸易园区
	多元化的产业领域聚集模式	不局限于某一特定产业的发展，而是凭借自身的比较优势，形成多元化的产业集群模式	中国香港、新加坡

续表

划分方式	发展模式	内涵	自由贸易区
以覆盖区域区分	港城融合发展模式	所有港口所在城市都被划为自由贸易区	主要分布在亚太地区，如中国香港、新加坡
	港城分离发展模式	港口所在城市的一部分被划为自由贸易区	汉堡、哥本哈根、吉布提港等
	跨境园区发展模式	在形成合作和法律约束的条件下，彼此毗邻的国家或地区应共同划定毗邻土地的相应区域，并建立经济监督区	美国、墨西哥边境马魁拉多工业园区
	主副园区发展模式	根据空间和产业布局的需要，划分主、副园区	美国部分自贸园区中特殊企业的对外贸易区的专用区

从空间角度出发，综合分析不同自由贸易区的空间规模、空间形式、与城市的空间关系三大要素，将自由贸易区分为园区型、城市型、集群型三大类型，如表2-4所示。

表2-4 自由贸易区类型（按空间角度划分）

类型	内涵及特征	自由贸易区
园区型自由贸易区	空间规模相对较小，以独立园区形式存在，一般依托港口、机场等区域性的交通枢纽，毗邻城市片区或直接散布于城市中。这种类型的自由贸易区在建设实践中是最早也是最丰富的	爱尔兰香农自由贸易区、新加坡樟宜机场自由贸易区、中国台湾自由贸易港区、巴拿马科隆自由贸易区、美国49号自由贸易区
城市型自由贸易区	出现于21世纪以后，现有的建设实践主要集中在韩国，与传统的园区型自贸区相比，呈现出规模更大、功能更综合的特征	韩国仁川机场自由贸易区、韩国釜山·镇海自由贸易区、海南自由贸易区
集群型自由贸易区	针对"离岸金融"这一特殊功能提出，通过市场自发形成，目前国际上主要有3种类型	以伦敦和中国香港为代表的内外一体型；以纽约和东京为代表的内外分离型；以维京群岛、开曼群岛为代表的标记型

除此之外，根据自由贸易区内部主导功能与发展产业之间的差异，根据不同的功能定位可以将自由贸易区分为金融贸易型、高端制造型、枢纽服务型、新兴科技型、文化服务型这五大类。目前，在我国56个自由贸易区中枢纽服务型自由贸易区共22个，高端制造型自由贸易区有13个，金融贸易型自由贸易区有12个，新兴科技型自由贸易区有6个，文化服务型自由贸易区有3个，如表2-5所示。

表 2-5 我国自由贸易区类型（按主导功能和产业划分）

类型	数量	片区名称
金融贸易型	12个	外高桥保税区、陆家嘴金融片区、广州南沙新区片区、深圳前海蛇口片区、天津滨海新区中心商务片区、厦门片区、成都青白江铁路港片区、西安国际港务区片区、曹妃甸片区、济南片区、南京片区、南宁片区
高端制造型	13个	武汉片区、襄阳片区、两江片区、西永片区、成都天府新区片、西安中心片区、正定片区、烟台片区等
枢纽服务型	22个	外高桥保税物流园区、浦东机场综合保税区、洋山保税港区、天津港片区、大连片区、营口片区、舟山离岛片区、舟山岛北部片区、川南临港片区、郑州片区、果园港片区、大兴机场片区、黑龙江片区、黑河片区、绥芬河片区、青岛片区、连云港片区、钦州港片区、崇左片区、昆明片区、红河片区、德宏片区
新兴科技型	6个	张江高科技片区、洛阳片区、宜昌片区、杨凌示范区片区、雄安片区、苏州片区
文化服务型	3个	珠海横琴新区片区、平潭片区、开封片区

三、我国各自贸区的特点

（一）上海自贸区

以发展国际贸易、金融服务、航运服务、专业服务、高端制造为重点。其政策与经验强调可复制和可推广性。自贸试验区的实施范围达120.72平方千米，涵盖上海外高桥保税区、上海外高桥保税物流园区、洋山保税港区、上海浦东机场综合保税区4个海关特殊监管区域28.78平方千米以及陆家嘴金融片区34.26平方千米、金桥开发片区20.48平方千米、张江高科技片区37.2平方千米。

（二）天津自贸区

重点发展融资租赁业、高端制造业和现代服务业。自贸试验区的实施范围达119.9平方千米，涵盖三个片区：天津港片区30平方千米（含东疆保税港区10平方千米），天津机场片区43.1平方千米（含天津港保税区空港部分1平方千米和滨海新区综合保税区1.96平方千米），滨海新区中心商务片区46.8平方千米（含天津港保税区海港部分和保税物流园区4平方千米）。

按区域布局划分，天津港片区重点发展航运物流、国际贸易、融资租赁等现代服务业；天津机场片区重点发展航空航天、装备制造、新一代信息技术等高端制造业和研发设计、航空物流等生产性服务业；滨海新区中心商务片区重点发展以金融创新为主的现代服务业。

（三）广东自贸区

依托港澳、服务内地、面向世界，将自贸试验区建设成为粤港澳深度合作示范区、21世纪海上丝绸之路重要枢纽和全国新一轮改革开放先行地。自贸试验区的实施范围达116.2平方千米，涵盖三个片区：广州南沙新区片区60平方千米（含广州南沙保税港区

7.06平方千米），深圳前海蛇口片区28.2平方千米（含深圳前海湾保税港区3.71平方千米），珠海横琴新区片区28平方千米。

按区域布局划分，广州南沙新区片区重点发展航运物流、特色金融、国际商贸、高端制造等产业，建设以生产性服务业为主导的现代产业新高地和具有世界先进水平的综合服务枢纽；深圳前海蛇口片区重点发展金融、现代物流、信息服务、科技服务等战略性新兴服务业，建设我国金融业对外开放试验示范窗口、世界服务贸易重要基地和国际性枢纽港；珠海横琴新区片区重点发展旅游休闲健康、商务金融服务、文化科教和高新技术等产业，建设文化教育开放先导区和国际商务服务休闲旅游基地，打造促进澳门经济适度多元发展新载体。

（四）福建自贸区

立足两岸、服务全国、面向世界，要建设成为制度创新的试验田、深化两岸经济合作的示范区和21世纪海上丝绸之路沿线国家和地区开放合作的新高地。自贸试验区的实施范围达118.04平方千米，涵盖三个片区：平潭片区43平方千米，厦门片区43.78平方千米（含象屿保税区0.6平方千米、象屿保税物流园区0.7平方千米、厦门海沧保税港区9.51平方千米），福州片区31.26平方千米（含福州保税区0.6平方千米、福州出口加工区1.14平方千米、福州保税港区9.26平方千米）。

按区域布局划分，平潭片区重点建设两岸共同家园和国际旅游岛，在投资贸易和资金人员往来方面实施更加自由便利的措施；厦门片区重点建设两岸新兴产业和现代服务业合作示范区、东南国际航运中心、两岸区域性金融服务中心和两岸贸易中心；福州片区重点建设先进制造业基地、21世纪海上丝绸之路沿线国家和地区交流合作的重要平台、两岸服务贸易与金融创新合作的示范区。

（五）辽宁自贸区

主要是落实中央关于加快市场取向体制机制改革、推动结构调整的要求，着力打造提升东北老工业基地发展整体竞争力和对外开放水平的新引擎。自贸试验区的实施范围达119.89平方千米，涵盖三个片区：大连片区59.96平方千米（含大连保税区1.25平方千米、大连出口加工区2.95平方千米、大连大窑湾保税港区6.88平方千米），沈阳片区29.97平方千米，营口片区29.96平方千米。

按区域布局划分，大连片区重点发展港航物流、金融商贸、先进装备制造、高新技术、循环经济、航运服务等产业，推动东北亚国际航运中心、国际物流中心建设进程，形成面向东北亚开放合作的战略高地；沈阳片区重点发展装备制造、汽车及零部件、航空装备等先进制造业和金融、科技、物流等现代服务业，提高国家新型工业化示范城市、东北地区科技创新中心发展水平，建设具有国际竞争力的先进装备制造业基地；营口片区重点发展商贸物流、跨境电商、金融等现代服务业和新一代信息技术、高端装备制造等战略性新兴产业，建设区域性国际物流中心和高端装备制造、高新技术产业基地，构建国际海铁联运大通道的重要枢纽。

（六）湖北自贸区

主要是落实中央关于中部地区有序承接产业转移、建设一批战略性新兴产业和高技术产业基地的要求，发挥其在实施中部崛起战略和推进长江经济带建设中的示范作用。自贸试验区的实施范围达119.96平方千米，涵盖三个片区：武汉片区70平方千米（含武汉东湖综合保税区5.41平方千米），襄阳片区21.99平方千米[含襄阳保税物流中心（B型）0.281平方千米]，宜昌片区27.97平方千米。

按区域布局划分，武汉片区重点发展新一代信息技术、生命健康、智能制造等战略性新兴产业和国际商贸、金融服务、现代物流、检验检测、研发设计、信息服务、专业服务等现代服务业；襄阳片区重点发展高端装备制造、新能源汽车、大数据、云计算、商贸物流、检验检测等产业；宜昌片区重点发展先进制造、生物医药、电子信息、新材料等高新产业及研发设计、总部经济、电子商务等现代服务业。

（七）重庆自贸区

主要是落实中央关于发挥重庆战略支点和连接点重要作用、加大西部地区门户城市开放力度的要求，带动西部大开发战略深入实施。自贸试验区的实施范围达119.98平方千米，涵盖3个片区：两江片区66.29平方千米（含重庆两路寸滩保税港区8.37平方千米）、西永片区22.81平方千米[含重庆西永综合保税区8.8平方千米、重庆铁路保税物流中心（B型）0.15平方千米]，果园港片区30.88平方千米。

按区域布局划分，两江片区着力打造高端产业与高端要素集聚区，重点发展高端装备、电子核心部件、云计算、生物医药等新兴产业及总部贸易、服务贸易、电子商务、展示交易、仓储分拨、专业服务、融资租赁、研发设计等现代服务业，推进金融业开放创新，加快实施创新驱动发展战略，增强物流、技术、资本、人才等要素资源的集聚辐射能力；西永片区着力打造加工贸易转型升级示范区，重点发展电子信息、智能装备等制造业及保税物流中转分拨等生产性服务业，优化加工贸易发展模式；果园港片区着力打造多式联运物流转运中心，重点发展国际中转、集拼分拨等服务业，探索先进制造业创新发展。

（八）陕西自贸区

主要是落实中央关于更好地发挥"一带一路"建设对西部大开发的带动作用、加大西部地区门户城市开放力度的要求，打造内陆型改革开放新高地，探索内陆与"一带一路"沿线国家经济合作和人文交流新模式。自贸试验区的实施范围达119.95平方千米，涵盖三个片区：中心片区87.76平方千米[含陕西西安出口加工区A区0.75平方千米、B区0.79平方千米，西安高新综合保税区3.64平方千米和陕西西咸保税物流中心（B型）0.36平方千米]，西安国际港务区片区26.43平方千米（含西安综合保税区6.17平方千米），杨凌示范区片区5.76平方千米。

按区域布局划分，自贸试验区中心片区重点发展战略性新兴产业和高新技术产业，着力发展高端制造、航空物流、贸易金融等产业，推进服务贸易促进体系建设，拓展科技、教育、文化、旅游、健康医疗等人文交流的深度和广度，打造面向"一带一路"的高端产业高地和人文交流高地；西安国际港务区片区重点发展国际贸易、现代物流、金融服务、旅游会展、电子商务等产业，建设"一带一路"国际中转内陆枢纽港、开放型金融产业创新高地及欧亚贸易和人文交流合作新平台；杨凌示范区片区以农业科技创新、示范推广为重点，通过全面扩大农业领域国际合作交流，打造"一带一路"现代农业国际合作中心。

（九）四川自贸区

主要是落实中央关于加大西部地区门户城市开放力度和建设内陆开放战略支撑带的要求，打造内陆开放型经济高地，实现内陆与沿海沿边沿江协同开放。自贸试验区的实施范围达119.99平方千米，涵盖三个片区：成都天府新区片区90.32平方千米[含成都高新综合保税区区块四（双流园区）4平方千米、成都空港保税物流中心（B型）0.09平方千米]，成都青白江铁路港片区9.68平方千米[含成都铁路保税物流中心（B型）0.18平方千米]，川南临港片区19.99平方千米[含泸州港保税物流中心（B型）0.21平方千米]。

按区域布局划分，成都天府新区片区重点发展现代服务业、高端制造业、高新技术、临空经济、口岸服务等产业，建设国家重要的现代高端产业集聚区、创新驱动发展引领区、开放型金融产业创新高地、商贸物流中心和国际性航空枢纽，打造西部地区门户城市开放高地；成都青白江铁路港片区重点发展国际商品集散转运、分拨展示、保税物流仓储、国际货代、整车进口、特色金融等口岸服务业和信息服务、科技服务、会展服务等现代服务业，打造内陆地区连通丝绸之路经济带的西向国际贸易大通道重要支点；川南临港片区重点发展航运物流、港口贸易、教育医疗等现代服务业，以及装备制造、现代医药、食品饮料等先进制造和特色优势产业，建设成为重要区域性综合交通枢纽和成渝城市群南向开放、辐射滇黔的重要门户。

（十）浙江自贸区

主要是落实中央关于"探索建设舟山自由贸易港区"的要求，就推动大宗商品贸易自由化、提升大宗商品全球配置能力进行探索。自贸试验区的实施范围达119.95平方千米，由陆域和相关海洋锚地组成，涵盖三个片区：舟山离岛片区78.98平方千米（含舟山港综合保税区区块二3.02平方千米），舟山岛北部片区15.62平方千米（含舟山港综合保税区区块一2.83平方千米），舟山岛南部片区25.35平方千米。

按区域布局划分，舟山离岛片区鱼山岛重点建设国际一流的绿色石化基地，鼠浪湖岛、黄泽山岛、双子山岛、衢山岛、小衢山岛、马迹山岛重点发展油品等大宗商品储存、中转、贸易产业，海洋锚地重点发展保税燃料油供应服务；舟山岛北部片区重点发展油品等大宗商品贸易、保税燃料油供应、石油石化产业配套装备保税物流、仓储、制造等产业；舟山岛南部片区重点发展大宗商品交易、航空制造、零部件物流、研发设计及相关配套产业，建设舟山航空产业园，着力发展水产品贸易、海洋旅游、海水利用、现代商贸、金融服务、航运、信息咨询、高新技术等产业。

（十一）河南自贸区

主要是落实中央关于加快建设贯通南北、联结东西的现代立体交通体系和现代物流体系的要求，着力建设服务"一带一路"建设的现代综合交通枢纽。自贸试验区的实施范围达 119.77 平方千米，涵盖三个片区：郑州片区 73.17 平方千米（含河南郑州出口加工区 A 区 0.89 平方千米、河南保税物流中心 0.41 平方千米），开封片区 19.94 平方千米，洛阳片区 26.66 平方千米。

按区域布局划分，郑州片区重点发展智能终端、高端装备、汽车制造、生物医药等先进制造业以及现代物流、国际商贸、跨境电商、现代金融服务、服务外包、创意设计、商务会展、动漫游戏等现代服务业，在促进交通物流融合发展和投资贸易便利化方面推进体制机制创新，打造多式联运国际性物流中心，发挥服务"一带一路"建设的现代综合交通枢纽作用；开封片区重点发展服务外包、医疗旅游、创意设计、文化传媒、文化金融、艺术品交易、现代物流等服务业，提升装备制造、农副产品加工国际合作及贸易能力，构建国际文化贸易和人文旅游合作平台，打造服务贸易创新发展区和文创产业对外开放先行区，促进国际文化旅游融合发展；洛阳片区重点发展装备制造、机器人、新材料等高端制造业以及研发设计、电子商务、服务外包、国际文化旅游、文化创意、文化贸易、文化展示等现代服务业，提升装备制造业转型升级能力和国际产能合作能力，打造国际智能制造合作示范区，推进华夏历史文明传承创新区建设。

（十二）海南自贸区

着力打造全面深化改革开放试验区、国家生态文明试验区、国际旅游消费中心、国家重大战略服务保障区，争创新时代中国特色社会主义生动范例，让海南成为展示中国风范、中国气派、中国形象的亮丽名片。

（十三）山东自贸区

围绕加快推进新旧发展动能接续转换、发展海洋经济，形成对外开放新高地，提出了培育贸易新业态新模式、加快发展海洋特色产业和探索中日韩三国地方经济合作等方面的具体举措。自贸试验区的实施范围达 119.98 平方千米，涵盖三个片区：济南片区 37.99 平方千米，青岛片区 52 平方千米（含青岛前湾保税港区 9.12 平方千米、青岛西海岸综合保税区 2.01 平方千米），烟台片区 29.99 平方千米（含烟台保税港区区块二 2.26 平方千米）。

济南片区重点发展人工智能、产业金融、医疗康养、文化产业、信息技术等产业，开展开放型经济新体制综合试点试验，建设全国重要的区域性经济中心、物流中心和科技创新中心；青岛片区重点发展现代海洋、国际贸易、航运物流、现代金融、先进制造等产业，打造东北亚国际航运枢纽、东部沿海重要的创新中心、海洋经济发展示范区，助力青岛打造成为我国沿海重要中心城市；烟台片区重点发展高端装备制造、新材料、新一代信息技术、节能环保、生物医药和生产性服务业，打造中韩贸易和投资合作先行区、海洋智能制造基地、国家科技成果和国际技术转移转化示范区。

（十四）江苏自贸试验区

围绕打造开放型经济发展先行区、实体经济创新发展和产业转型升级示范区，提出了提高境外投资合作水平、强化金融对实体经济的支撑和支持制造业创新发展等方面的具体举措。自贸试验区的实施范围达 119.97 平方千米，涵盖三个片区：南京片区 39.55 平方千米，苏州片区 60.15 平方千米（含苏州工业园综合保税区 5.28 平方千米），连云港片区 20.27 平方千米（含连云港综合保税区 2.44 平方千米）。

南京片区建设具有国际影响力的自主创新先导区、现代产业示范区和对外开放合作重要平台；苏州片区建设世界一流高科技产业园区，打造全方位开放高地、国际化创新高地、高端化产业高地、现代化治理高地；连云港片区建设亚欧重要国际交通枢纽、集聚优质要素的开放门户、"一带一路"沿线国家和地区交流合作平台。

（十五）广西自贸试验区

围绕建设西南中南西北出海口、面向东盟的国际陆海贸易新通道，形成 21 世纪海上丝绸之路和丝绸之路经济带有机衔接的重要门户，提出了畅通国际大通道、打造对东盟合作先行先试示范区和打造西部陆海联通门户港等方面的具体举措。自贸试验区的实施范围达 119.99 平方千米，涵盖三个片区：南宁片区 46.8 平方千米（含南宁综合保税区 2.37 平方千米），钦州港片区 58.19 平方千米（含钦州保税港区 8.81 平方千米），崇左片区 15 平方千米（含凭祥综合保税区 1.01 平方千米）。

南宁片区重点发展现代金融、智慧物流、数字经济、文化传媒等现代服务业，大力发展新兴制造产业，打造面向东盟的金融开放门户核心区和国际陆海贸易新通道重要节点；钦州港片区重点发展港航物流、国际贸易、绿色化工、新能源汽车关键零部件、电子信息、生物医药等产业，打造国际陆海贸易新通道门户港和向海经济集聚区；崇左片区重点发展跨境贸易、跨境物流、跨境金融、跨境旅游和跨境劳务合作，打造跨境产业合作示范区，构建国际陆海贸易新通道陆路门户。

（十六）河北自贸试验区

围绕建设国际商贸物流重要枢纽、新型工业化基地、全球创新高地和开放发展先行区，提出了支持开展国际大宗商品贸易、支持生物医药与生命健康产业开放发展等方面的具体举措。自贸试验区的实施范围达 119.97 平方千米，涵盖四个片区：雄安片区 33.23 平方千米，正定片区 33.29 平方千米（含石家庄综合保税区 2.86 平方千米），曹妃甸片区 33.48 平方千米（含曹妃甸综合保税区 4.59 平方千米），大兴机场片区 19.97 平方千米。

雄安片区重点发展新一代信息技术、现代生命科学和生物技术、高端现代服务业等产业，建设高端高新产业开放发展引领区、数字商务发展示范区、金融创新先行区；正定片区重点发展临空产业、生物医药、国际物流、高端装备制造等产业，建设航空产业开放发展集聚区、生物医药产业开放创新引领区、综合物流枢纽；曹妃甸片区重点发展国际大宗商品贸易、港航服务、能源储配、高端装备制造等产业，建设东北亚经济合作引领区、临港经济创新示范区；大兴机场片区重点发展航空物流、航空科技、融资租赁等产业，建设国际交往中心功能承载区、国家航空科技创新引领区、京津冀协同发展示范区。

（十七）云南自贸试验区

围绕打造"一带一路"和长江经济带互联互通的重要通道，建设联结南亚和东南亚大通道的重要节点，推动形成我国面向南亚和东南亚辐射中心、开放前沿，提出了创新沿边跨境经济合作模式和加大科技领域国际合作力度等方面的具体举措。自贸试验区的实施范围达119.86平方千米，涵盖三个片区：昆明片区76平方千米（含昆明综合保税区0.58平方千米），红河片区14.12平方千米，德宏片区29.74平方千米。

昆明片区加强与空港经济区联动发展，重点发展高端制造、航空物流、数字经济、总部经济等产业，建设面向南亚和东南亚的互联互通枢纽、信息物流中心和文化教育中心；红河片区加强与红河综合保税区、蒙自经济技术开发区联动发展，重点发展加工及贸易、大健康服务、跨境旅游、跨境电商等产业，全力打造面向东盟的加工制造基地、商贸物流中心和中越经济走廊创新合作示范区；德宏片区重点发展跨境电商、跨境产能合作、跨境金融等产业，打造沿边开放先行区、中缅经济走廊的门户枢纽。

（十八）黑龙江自贸试验区

围绕深化产业结构调整，打造对俄罗斯及东北亚区域合作的中心枢纽，提出了加快实体经济转型升级、推进创新驱动发展和建设面向俄罗斯及东北亚的交通物流枢纽等方面的具体举措。自贸试验区的实施范围达119.85平方千米，涵盖三个片区：哈尔滨片区79.86平方千米，黑河片区20平方千米，绥芬河片区19.99平方千米（含绥芬河综合保税区1.8平方千米）。

哈尔滨片区重点发展新一代信息技术、新材料、高端装备、生物医药等战略性新兴产业，科技、金融、文化旅游等现代服务业和寒地冰雪经济，建设与俄罗斯及东北亚全面合作的承载高地和联通国内、辐射欧亚的国家物流枢纽，打造东北全面、全方位振兴的增长极和示范区；黑河片区重点发展跨境能源资源综合加工利用、绿色食品、商贸物流、旅游、健康、沿边金融等产业，建设跨境产业集聚区和边境城市合作示范区，打造沿边口岸物流枢纽和中俄交流合作重要基地；绥芬河片区重点发展木材、粮食、清洁能源等进口加工业和商贸金融、现代物流等服务业，建设商品进出口储运加工集散中心和面向国际陆海通道的陆上边境口岸型国家物流枢纽，打造中俄战略合作及东北亚开放合作的重要平台。

四、自由贸易区理论起源与演变

传统的观点认为，由于自由贸易区的成立在一定程度上促进了贸易自由化，降低了成员国之间的贸易成本，从而会改善成员国的福利。1950年，随着欧洲经济共同体的成立，越来越多的学者对传统观点进行了激烈批判，其中最具代表性的著作是Viner的《关税同盟问题》。

（一）理论起源

Viner 模型是自由贸易区研究的奠基石，其批判了自由贸易区成立必然带来福利增长的论点，认为自由贸易区建立也可能使成员国的福利降低。尽管 Viner 模型存在各种各样的不足，但其提出的贸易创造效应（Trade Creation Effect）和贸易转移效应（Trade Diversion Effect）概念至今仍是学者们研究的重点，而且 Viner 的一些主要观点和思路在更加复杂的模型中仍然适用。

（二）理论扩展

Viner 结论的成立依赖于众多的假定条件，随着自由贸易区如雨后春笋般涌现，给各参与者带来了空前的发展机遇及挑战，更为重要的是为自由贸易区相关理论的扩展和深化带来了广阔的发展空间。

1. 三国模型扩展到多国模型

早期研究局限于探讨单个自由贸易区对其成员国福利的影响，随着自由贸易区向自由贸易区网络转变，自 20 世纪 80 年代开始，越来越多的学者关注大型自由贸易区网络对世界各国贸易和福利的影响，理论模型也从传统简单的三国模型逐步扩展到多国模型。以保罗·克鲁格曼（Paul R. Krugman）为代表的学者关注自由贸易区成员国数量与福利的关系。Krugman 认为，自由贸易区成员国数量与福利呈现 U 形变化趋势。随着贸易集团数量的减少，世界福利呈现下降趋势，而当在世界范围内推行自由贸易时，世界福利最大。Krugman 的结论为自由贸易区反对者提供了坚实的理论支撑。在考虑不同国家技术水平差异的情况下，技术水平越高的国家，福利增长的幅度越大；而技术水平低的国家最容易受到贸易转移效应的影响，其福利水平可能会下降。

上述都是从自由贸易区成员国福利变化的角度进行探讨，从非成员国的角度看，随着自由贸易区成员国的增加，它们的市场力量将随之增加，它们对非成员国征收的关税也随之加重，非成员国的贸易条件将不断恶化，非成员国的福利水平将大幅下降。另外，部分学者关注自由贸易区网络结构与福利的关系。

随着以合作博弈理论为基础的网络博弈理论（Network Game Theory）的迅速发展，多个自由贸易区的混合网络问题引起了学术界的广泛兴趣。Jackson 和 Wolinsky 是该领域的先驱，其提出的网络形成博弈理论也成为后续研究该问题的主要方法。学者们主要对轮轴—辐条结构、环结构、边—点结构等自由贸易区网络结构进行了研究，其中探讨最多的是轮轴—辐条结构。

2. 产品同质性假设扩展到异质性假设

在新古典主义的国际贸易模型中，无论产品在何处生产，都假定产品是同质的，但从现实来看，产品往往存在异质性，Armington 假设的设定可以解决此类问题。可计算的一般均衡（Computable General Equilibrium，CGE）模型的快速发展使得 Armington 假设成为自由贸易区分析中的标准假设，而且 Armington 产品替代弹性的大小对研究结果的影响很大。其中，在产品完全差异的假设下，往往会夸大一国产品对其他国家消费者的重要性,从而放大贸易转移效应带来的负面影响,通常会得出自由贸易区建立会导致世界福利快速下降的结论。在产品不完全差异的假设下,例如使用最普遍的 EK(Eaton Kortum)模型,贸易创造效应在一般情况下要大于贸易转移效应。另外,只要各国选择在比较优势方面存在足够差异的国家建立自由贸易区,就能给成员国带来比较大的贸易收益。

3. "小国"假定扩展到"大国"假定

在"小国"情况下,产品价格不会因为自由贸易区建立而改变,这往往会低估自由贸易区建立对非成员国的负面影响。而在"大国"情况下,即当签署自由贸易区协定的国家或地区为"大国"时,自由贸易区建立会影响世界相对价格,从而使非成员国的贸易条件发生恶化,甚至影响非成员国的经济增长。

另外,即使在自由贸易区建立前后成员国对外关税不变,自由贸易区的建立也能通过改善成员国的贸易条件而产生以邻为壑效应(Beggar-thy-neighbor Effect),在垄断竞争模型中同样如此。由于以邻为壑效应的产生,自由贸易区建立会使非成员国的福利损失更大。

4. 关税外生扩展到关税内生

自由贸易区建立会使得非成员国贸易条件发生恶化,从而使非成员国福利受到损失,这显然不符合帕累托最优(Pareto Optimality)原则。因此,学者们普遍担忧以自由贸易区为代表的区域主义的发展,长期会对贸易自由化和多边贸易体制产生不利影响。为了进一步推动自由贸易区的发展,学者们试图寻求帕累托最优实现的条件,主要思路是将关税外生扩展到关税内生。具体而言,通过调整签订自由贸易区协定国家的对外关税,使得非成员国福利不受损失。调整的关键在于自由贸易区内部贸易壁垒消除的同时,降低对非成员国关税水平以弥补贸易转移效应带来的负面影响。然而,上述研究都没有考虑动态变化,也就是成员国调整对外关税之后,非成员国作为应对的关税调整行为及其带来的影响。即使成员国制定了满足 Kemp-Wan 条件的外部关税,在自由贸易区建立后,世界其他国家的关税调整可能会使成员国的情况更糟。

(三)影响机制的延伸和扩展

传统的自由贸易区理论主要侧重于贸易创造效应和贸易转移效应等静态概念。随着新贸易理论、新新贸易理论以及全球价值链分工理论的快速发展,规模经济、竞争加剧、技术流动、专业化收益以及价值链分工等概念被逐步引入自由贸易区理论分析框架。在新的理论框架中,相对于静态效应而言,动态效应可以通过技术进步、规模经济等路径使产出在生产可能性边界斜上方移动。若忽视动态变化,自由贸易区建立带来的贸易收益和福利变化往往会被低估。

1. 考虑规模经济:贸易成本—规模经济—贸易效应

Corden 最早将规模经济的概念引入关税同盟理论,其认为随着关税同盟的建立,由于生产要素被充分利用,一国生产单位产出所需要的投入将逐步减少。这种规模经济的现象往往在农业、自然资源密集型的制造业以及服务业中较为显著。考虑规模经济情况下主要有两个影响渠道。一个是成本降低效应，即随着生产规模的扩大，技术效率会进一步提高，行政成本也会得到有效的分摊，运营成本会进一步降低，从而使产品单位生产成本快速下降，公司得以较低的平均成本进行生产。另一个是产品多样化效应，即自由贸易区建立后，市场规模变大，考虑到规模经济的存在，使产品生产成本下降较大，原先生产成本过高的一些产品获得进一步的发展空间，对每个成员国而言可以享受到更多种类的产品，从而提高成员国消费者的福利，如图2-1所示。

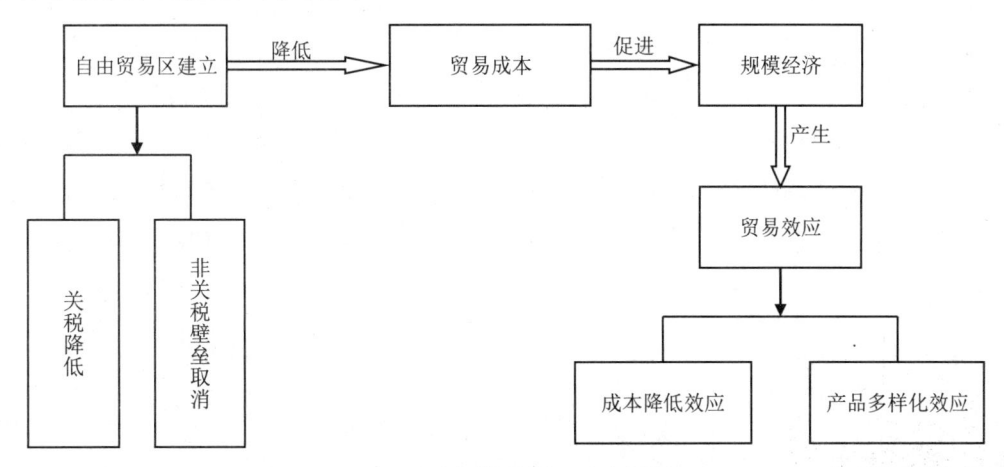

图 2-1　考虑规模经济的理论分析框架

2. 考虑技术的跨国流动：贸易成本—进口效应—技术扩散

技术扩散在国际贸易中非常普遍，一国可以利用贸易作为中间体学习自由贸易区成员国的先进技术，从而提升该国整个行业的技术水平。发展中国家的技术进步往往依赖较发达国家的技术传播，而且传播途径主要是对进口产品的模仿。自由贸易区的建立使得成员国之间的产品贸易变得更加便捷，加快技术在成员国之间扩散的进程。另外，自由贸易区建立之后，技术主要通过中间产品贸易，技术扩散速度由成员国的吸收能力、治理因素、空间距离和制度相似性共同决定，如图2-2所示。

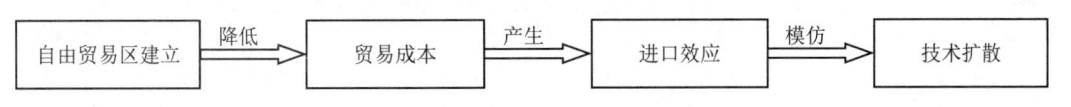

图 2-2　考虑技术扩散的理论分析框架

3. 考虑跨国公司的投资行为：贸易成本—投资流动—贸易效应

作为Viner理论的延伸，Richard等最早提出了投资创造效应和投资转移效应的概念。投资创造效应是指自由贸易区成员国将其生产从本国的高成本地区转移到低成本的成员国；投资转移效应是指成员国将其生产从低成本的非成员国转移到成本更高的成员国。影响渠道主要是，自由贸易区的建立使得成员国的跨国公司进一步扩大经营规模，加大在成员国之间建立分公司的力度，由于自由贸易区内部贸易成本较低，跨国公司生产产品更倾向于在成员国之间市场进行流动，从而进一步扩大自由贸易区成员国之间的贸易往来，产生较为显著的贸易促进效应，如图2-3所示。

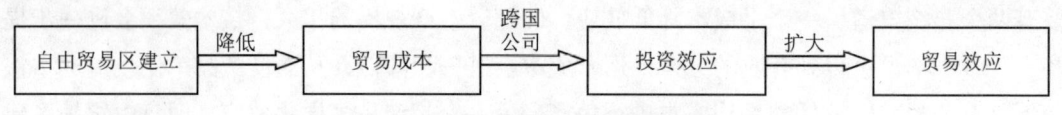

图 2-3　考虑投资流动的理论分析框架

4.考虑国际分工方式的深化：贸易成本—分工深化—贸易效应

目前，国际分工已经从产品间分工初步发展成为产品内分工，进入一个以价值链分工为主导模式的新时期，这逐步引发了学者从分工深化视角考察自由贸易区贸易效应影响机制。自由贸易区的建立使得贸易成本不断降低，提高了成员国市场相互渗透的程度，进而引起跨国公司生产方式的变化，跨国公司逐步把部分生产工序外包给发展中国家以利用其较低的劳动力，从而导致离岸生产活动越来越普遍。自由贸易区建立之后，区域间经济一体化程度不断加深，各成员国依据本国资源禀赋参与国际生产分工，通过促进竞争提高了成员国产品的国际竞争力，并通过分工方式的改变使得成员国之间贸易结构发生显著变化，如图 2-4 所示。

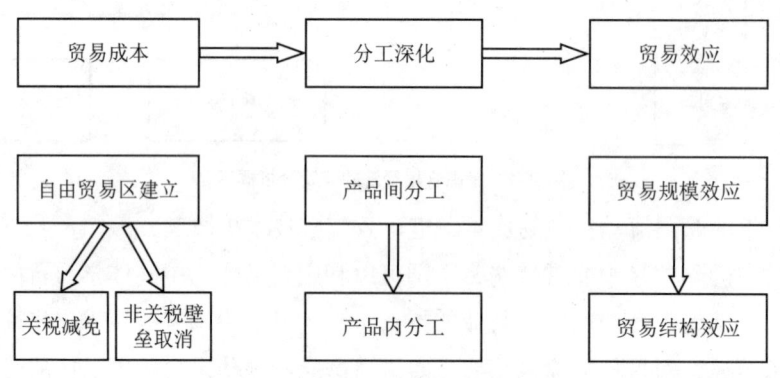

图 2-4　考虑分工深化的理论分析框架

第三节　数字自贸区概念界定

数字自贸区（Digital Free Trade Zone，DFTZ）的概念最先起源于 2016 年博鳌亚洲论坛上阿里巴巴董事局主席马云提出的构建世界电子贸易平台 e-WTP（Electronic World Trade Platform）的倡议。马云提出要继续发展数字经济，创建新型的贸易规则，降低国际贸易的准入门槛和投资壁垒，让更广大的中小企业群体能参与到国际贸易中，世界电子贸易平台是数字自贸区的最初底稿和初始形态。

因为从提出到建成的时间比较短，所以学界对于数字自贸区的概念还没有一个明确的界定，更甚少有对数字自贸区系统地进行研究。而在地理学中也能找到数字自贸区的理论依据，其中近年来发展起来的流空间理论就给出了解释。随着信息技术和互联网的发展对空间产生显著的变化，全球化所带来的物质的全球流动，信息技术以及互联网为空间的流动提供了技术支持。流空间对传统空间也带来了挑战，距离与地方的消失、空间边界变得模糊，空间的尺度和维度得到了拓展。数字自贸区的出现是对传统的以空间为主要载体的传统自贸区的发展和创新，因此，流空间理论客观上解释了数字自贸区出现与发展的动因和规律。

数字自贸区是由私营部门推动的，由国家或地区在其境内所设立的实施特殊税收优惠政策和特殊监管政策的数字贸易平台。数字自贸区是数字经济和自贸区相结合的产物，依托数字经济的强大动力和自贸区本身的自由开放模式，成了很多国家战略，而且在世界各地和国内的各个地方不断地推动数字自贸区的实践和发展。

第三章 数字自贸区的现状与特征分析

第一节 数字自贸区的现状

一、全球数字经济的基本概况

在数字经济贸易发展的初期，各个国家可以说仅仅把数字经济当作经济总体的分支。但是随着经济全球化和互联网的飞速发展，越来越多的国家开始重视数字经济和数字贸易的发展，可以说，数字经济贸易已经成为当今世界经济贸易发展的主流。

在这种大的发展趋势下，全球数字经济和数字贸易呈现出以下几个特征：一是数字基础建设获得飞速发展，互联网用户明显增加；二是各国数字经济发展在 GDP 中的重要性越来越明显；三是各个国家开始高度重视数字贸易发展，也越来越重视数字贸易规则的制定。

（一）全球数字基础建设发展迅速

目前，数字贸易的发展与信息通信技术的发展密不可分。现在，通信设施建设快速发展，衡量数字化的一个主要指标就是互联网的流量，当然全球互联网流量的发展也呈现指数型的增加，从 2002 年的 100GB/ 秒，发展到 2017 年的 46600GB/ 秒。

全球的宽带速度正在提高。衡量宽带的方法有很多，一般较为常用的就是各国互联网上传和下载的平均速度。美国在全球网速排名中一直比较靠前，而在 2018 年，有 6 个国家的网速比美国更高。其中，新加坡网速最高，为 195.88mbps，其次分别为韩国（144.99mbps）、罗马尼亚（128.88mbps）、安道尔（128.48mbps）、摩洛哥（123.12mbps）；美国的全球排名为第 7 位，平均网络连接速度（上传和下载）为 119.09mbps，之后 3 位分别是瑞士（116.98mbps）、列支敦士登（113.49mbps）、匈牙利（112.57mbps）；中国的排名为世界第 28 位，为 84.63mbps，高于世界平均网速（59.45mbps），如图 3-1 所示。

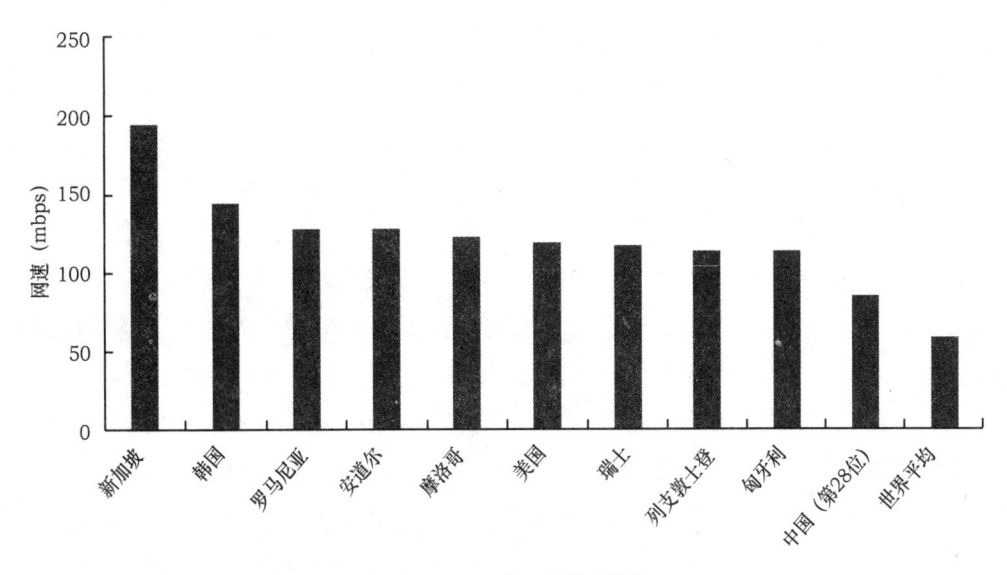

图 3-1 2018 年平均网速排名

数据来源：Speed Test 网站。

从各方面来看，随着数字建设的发展，互联网用户数量有了大幅增长，美国的互联网用户数量从 2000 年的 9540 万增长到了 2020 年的 2 亿 7910 万。85.3% 的美国人可以连上互联网。当然，互联网接入普及十分迅速，其他国家也是这样。2000 年，中国上网用户只占全国总人口的 6.2%，而到 2020 年，中国互联网使用人数达到了 8 亿 2050 万，普及率达到了 58.8%，同时占据了世界的 19%。排名靠前的互联网上网大国分别为——中国、美国、印度、日本和巴西，在 2020 年，这 5 个国家互联网人数占世界上网总人数的 43.8%。具体数据如表 3-1 所示。

表 3-1 各国互联网用户增长情况

国家	2000 年				2020 年			
	人口（百万）	上网用户（百万）	互联网普及率(%)	互联网用户全球占比(%)	人口（百万）	上网用户（百万）	互联网普及率(%)	互联网用户全球占比(%)
中国	1262.6	22.5	6.2	6.2	1395.4	820.5	58.8	19
美国	282.2	95.4	26.4	26.4	327.2	279.1	85.3	6.4
印度	1053.9	5.0	1.4	1.4	1352.6	572.1	42.3	13.2
日本	126.9	47.1	13.0	13.0	126.5	104.7	82.8	2.4
巴西	174.4	5.0	1.4	1.4	209.5	119.0	56.8	2.7
前 5 名合计	2900.0	174.9	48.4	48.4	3411.2	1895.4	55.6	43.8
世界其他国家	3218.0	186.0	5.8	51.5	4183.1	2433.4	58.2	56.2
总计	6118.0	361.0	5.9	100.0	100.0	4328.8	57.0	100.0

数据来源：联合国贸易发展会议 UNCTAD。

（二）数字经济对各国 GDP 有显著影响

随着各国互联网人数的增加，相应地，数字经济与贸易也取得了很好的发展，云计算、大数据和物联网成了数字发展的新兴趋势，同时不断地刺激着数字经济的蓬勃发展。数字经济推动了各国经济的增长，是各国经济发展的重点内容。在2018年，美国数字经济仍然排名世界第一，达到了12.34万亿美元，远远超过排名第二的中国（3.13万亿美元），之后的国家大多为欧洲发达国家和日本。德国数字经济规模达到了2.399万亿美元，日本的数字经济数值达到了2.2901万亿美元，英国和法国的数字经济发展规模分别达到了1.729万亿美元和1.155万亿美元，加拿大、巴西等大国的数字经济规模高于1万亿美元，中等发展的欧洲和东南亚国家的数字经济发展水平集中处于100亿美元到1000亿美元，反观排名靠后的则多是欧洲小国家，数字经济规模较小，均不足100亿美元。

值得关注的一点是，把各国数字经济规模的排名与各国的GDP水平排名进行对比，可以发现美国、中国、英国等8个国家在两个排名上做到了一致，而在排名有升降的国家中，变化最大的新加坡，它提升了11位，爱尔兰提升了10位，而土耳其下降了12位，剩余国家的排名升降均在1~5名。从整体上来说，各个国家的数字经济发展规模与自身GDP的发展排名相近，也就是说，根据目前数字经济发展情况和所占地位的重要性来说，数字经济的规模，大体上反映了这个国家的GDP排名高低，数字经济越来越成为一个国家经济发展的重点。

（三）数字贸易的发展受到了普遍重视

如今，各国越来越重视数字贸易的发展，而美欧等经济强国，从很早就开始重视数字贸易的发展，而且在TPP协定、TTIP协议中就已经写入了与数字贸易相关的内容，走在了数字贸易规则制定的前列，为本国数字贸易发展铺平了道路。当然，中国、俄罗斯、印度、巴西等新兴经济体也在积极投身于数字贸易的建设之中，同时充分利用多种渠道参与数字贸易规则制定，提出各自的利益主张，这些努力对各国的数字贸易发展产生了不可忽视的重要影响。以下是笔者根据现有资料收集整理的，各国在数字贸易发展方面作出的举动和战略。

二、中国数字经济与数字贸易发展

（一）中国数字经济与数字贸易发展情况

1.中国数字经济规模实现新跃升

中国数字贸易，不管是电子商务，还是数字产品或服务以及数字化知识与信息的贸易，都处于高速增长的阶段，拥有巨大的发展潜力。首先，中国电子商务尤其以跨境电子商务为主，发展势头迅猛，显示出巨大的增长潜力。根据国家统计局的数据显示，2018年中国电子商务的成交额比2017年增长了8.5%，达到31.63万亿元，在具体的电子商务类别中，货物产品的电子化交易达到了 30.61 万亿元，比 2017 年增长了 14.5%，如图 3-2 所示。其次，中国数字产品与数字服务贸易也呈现高速增长的态势。从更大的范围来看，2018 年中国数字经济发展空前，经济规模达到了 31.29 万亿元，比 2017 年增长了 15.1%，并且中国数字经济占中国 GDP 的比重也达到了 34.8%，相比 2017 年的 32.9%，增长了 1.9 个百分点，如图 3-3 所示。

2018 年数字经济发展迅猛，数字经济发展极大地促进了中国 GDP 的增长。显然，中国经济增长的核心驱动力，已经渐渐由数字经济贸易的发展带动。

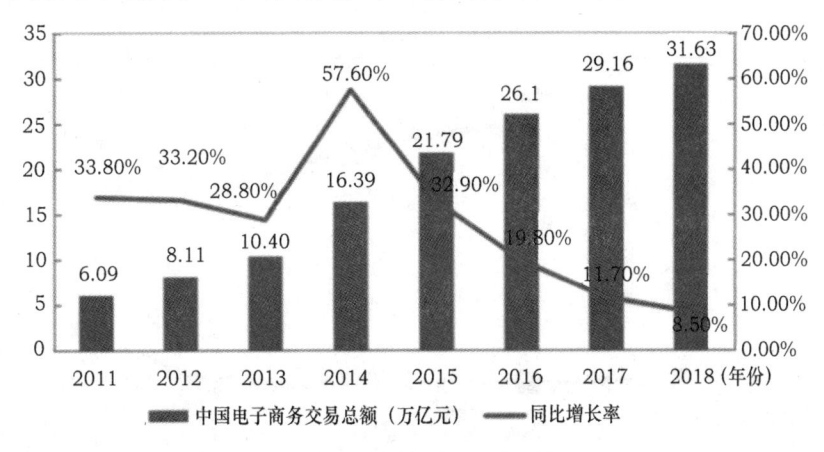

图 3-2 中国电子商务交易总额

数据来源：中国信通院。

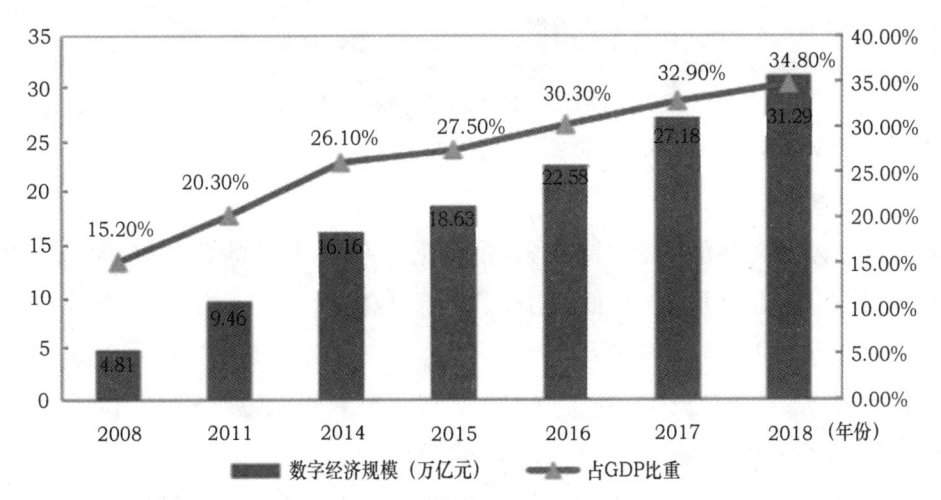

图 3-3 中国数字经济发展规模

数据来源：中国信通院。

2. 中国数字经济增速保持高位运行

目前，我国经济发展面临国内外各种复杂严峻的形势，经济发展出现了压力，稳定的对外贸易发展、稳定的投资发展以及稳定的经济发展预期是我国经济发展的重点。中国目前的数字经济保持持续稳定的发展，是在当前条件下稳定中国经济的重要手段。从 2013

年到2018年，是中国数字经济贸易飞速发展的时候，中国的数字经济增速明显大于该时期国家GDP的增速。而且2011年至今，中国数字经济贸易的增速与同期的GDP增速相比，其差距每年都有扩大的趋势。

数据显示，2018年中国GDP的增长速度约为6.57%，而中国数字经济的增长速度则达到了17.65%，如图3-4所示。对于中国未来的数字经济贸易发展，数字技术的创新会加速融合渗透进传统行业，数字经济贸易对中国经济发展的提升将起到至关重要的作用。

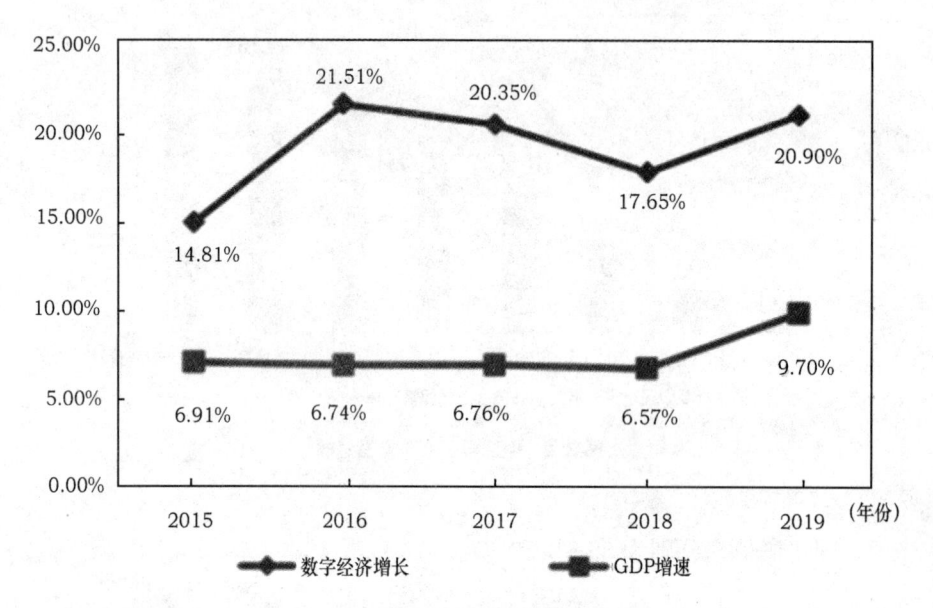

图3-4 中国数字经济增速与GDP增速对比

数据来源：中国国家统计局、中国信通院。

（二）中国数字经济的结构

当前，中国数字经济的结构保持着连续的优化，从数字经济的具体内容来说，中国的信息通信产业实力有所增加，同时能给各个行业提供高端的数字通信技术、数字产品以及数字服务的支援，这些基础设施的发展是中国数字经济贸易发展的基础。中国的产业数字化发展如电子商务，依旧处于国际领先地位，同时，数字经济也融合进中国经济的各个领域，推动了中国经济发展水平，提升了中国经济质量。

在中国数字经济贸易中，数字产业化的部分明显低于产业数字化的部分，这说明我国目前的数字化进程正在向各个传统经济贸易行业渗透，传统的企业也逐步进行电子商务的经济活动，这对中国各个产业来说，能够增加其生产产出，同时提升企业的经济效益。目前中国的数字经济贸易增长核心还是产业的数字化，当然，这也带来了中国经济内部结构的优化。

2016—2018年中国数字经济结构变化如图3-5所示。

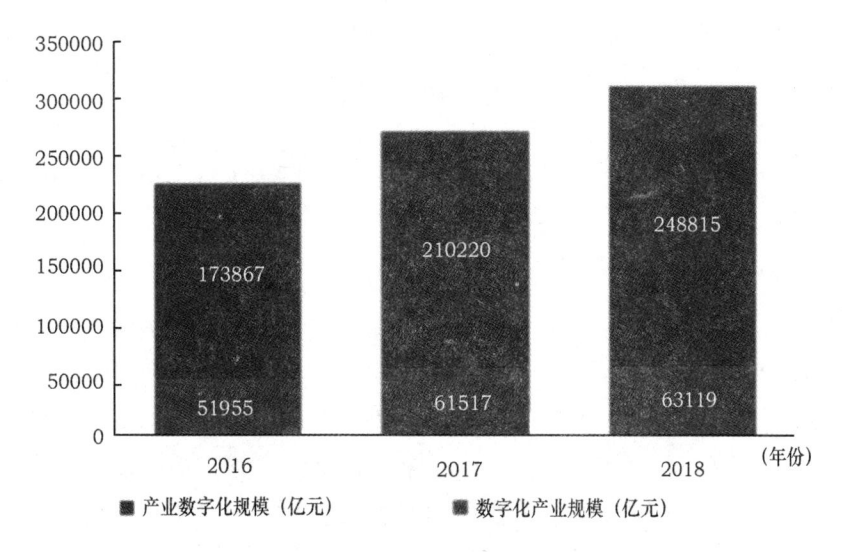

图 3-5　2016—2018 年中国数字经济结构变化

数据来源：中国信通院。

（三）中国数字贸易发展情况

显而易见，中国数字贸易发展正呈上升态势，尤其是在中国有优势的跨境电商方面，根据《中国电子商务报告（2018）》的数据显示，2018 年，中国跨境电商交易额又向前迈进了一大步，根据海关总署数据显示，2018 年经过海关的中国进出口商品总额达到了 1347 亿元，同比增长 49.30%，进口商品总额和出口商品总额分别达到了 785.8 亿元和 561.2 亿元，同比增长率分别为 39.8% 和 67%。

2015—2018 年中国跨境电商进出口总额如图 3-6 所示。

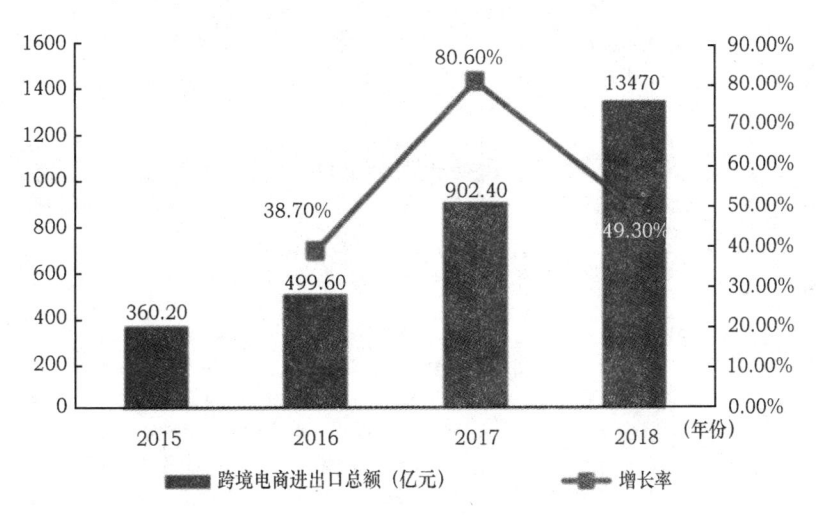

图 3-6　2015—2018 年中国跨境电商进出口总额

数据来源：中国商务部。

但是，对比数字贸易中的另一个部分，数字产品贸易来说，根据中国信通院数据显示，我国在 2017 年数字产业化占数字贸易总金额的 29.3%，而相对地，2018 年的数字产业化占数字贸易总金额的25.8%,虽然数字产品贸易额相比2017年提升4.2个百分点,但是明显看出目前中国数字贸易的大头依旧是产品的数字化,数字产品的发展依旧是薄弱项,因此,中国数字贸易的发展方向,必然是在巩固产业数字化发展的基础上,大力发展数字化产业,所以与此相关的数字贸易规则必然成为中国为了数字贸易发展的关键。

(四)中国数字贸易规则现状

中国的数字贸易规则发展区别于欧美对数字贸易规则进行针对性的立法,中国的数字贸易相关法律,大多是在原有贸易规则的基础上,增加数字贸易相关内容。不过在近几年对于数字贸易的发展也有了一定的重视,相关的规定也在不断地出台,正在以追赶的姿态发展数字贸易规则,根据目前中国数字贸易相关规则做相关整理,如表3-2所示。

表3-2 中国数字贸易规则

规则方向	具体内容
数据隐私保护	中国在2016年11月通过了一项网络安全法(于2017年6月实施),将加强数据保护作为中国企业和国际企业在华开展业务的约束性法律义务。中国新的数据保护和隐私法要求外国公司在国家安全需要时向政府官员提供客户的敏感个人信息。目前,中国一直在审议一个全面的个人数据保护法草案,但没有迹象表明新法何时实施
数据本地化	《中华人民共和国网络安全法》对与中国相关的"重要数据"提出了本地化要求。然而,对各个行业来说,该法对数据出口限制或具体要求的引用并不明确。这部于2017年6月生效的法律,授权中国的机构通过对重要的数据和设施进行本地化的要求,限制云计算和其他互联网服务的市场准入。中国在金融行业和国家电信行业也维持着数据本地化。2011年,中国人民银行发布了《关于督促银行业金融机构保护个人金融信息的通知》,明确地提出了对中国公民的财务信息,必须存储在本地,禁止在海外存储。《中华人民共和国2000年电信条例》中则写道,在中国境内收集的所有数据必须存储在中国服务器上
审查机制	中国使用一种高度先进的审查机制来屏蔽和过滤互联网内容,该机制不仅使用人工审查,还使用一个复杂的技术平台,即所谓的中国"长城防火墙"。据报道,该机构的主要目的是防止中国民众阅读批评中国政府政策、讨论敏感历史事件
加密	中国1999年的商业加密法规和随后的网络安全相关法规要求外国技术供应商使用本国开发的加密技术,并要求外国公司的加密技术在中国获得技术许可。政府定期发布列表说明批准的网络安全产品,包括加密产品、杀毒软件和操作系统
侵权	中国通过2009年颁布的《中华人民共和国侵权责任法》,将责任扩展到侵犯版权的中介机构。版权所有者有权通知中介需要删除内容,如果中介在被告知后未采取行动,则中介要承担责任。中国正在更新版权立法,以纳入更明确的中介责任规定,但这些改革在2015年陷入停滞
采购	中国国务院根据2003年《中华人民共和国政府采购法》发布的意见指出,只有在中国没有类似产品的情况下,才允许采购进口高科技设备
投资相关政策	中国限制外商投资电信服务和互联网出版。中国将外资在增值电信服务方面的投资限制在50%以下,但允许外资在电子商务领域拥有100%的股权和所有权。对网络出版(包括在线游戏)的投资是完全禁止的。为了将美国的内容引入中国,尤其是在线内容,出版商必须通过当地中介机构来管理业务的所有方面,包括要发布的内容
歧视性税收	外国供应商在中国的许可程序很严格。对于每个增值电信服务,都需要一个单独的许可证。理论上,这些许可证可以由合资公司获得。然而在实践中,中国工业和信息化部尚未颁任何此类许可证,迫使外国公司与已经持有必要许可证的国内公司达成协议许可

虽然就目前来看,我国在数字贸易的发展水平上有了一定的提升,但和美国、欧盟等国家相比,数字贸易发展水平依旧十分落后,还有很大差距,面临着诸多问题和挑战。同时,中国数字贸易规制发展滞后,潜在风险不容忽视。现有法律法规是基于传统货物贸易

与服务而构建的，针对数字产品和服务的数字贸易法律在我国有待填补，相关立法基础缺乏。尤其是缺乏监测跨境数据流的检测标准，存在潜在的监管风险。

就个人数据隐私保护来说，欧盟有严格的立法，只有符合欧盟安全标准的企业才能使用这些数据。但是中国并没有一个完善的立法，个人隐私信息得不到有效保障。对数据本地化措施来说，美国强调数据的自由流动，不应该采取数据本地化措施，但是欧盟对数据本地化有严格的限制措施，《通用数据管理条例》中就指出数据的流动应受到管控，对使用数据的企业需进行核查和监管，并在必要时对数据进行本地化存储。同时，各个欧盟成员国也可以在该条例的基础上进一步细化本国的数据保护措施。

第二节 数字自贸区的特征

信息化、数字化手段催生数字贸易，并进一步对全球经贸体系的重塑与整合产生深远影响。尤其是在此次疫情防控期间，数字贸易成为我国经济保稳转增的重要支点。然而，我国数字贸易进展尚处浅层，在市场开放程度、顶层制度设计、配套设施保障及国际合作深入度等方面同发达国家相比均存在较难弥合的数字鸿沟。

一、机制分析

（一）动态比较优势理论

在数字贸易中的体现传统比较优势理论起源于亚当·斯密的绝对优势理论，后经李嘉图、赫克歇尔、俄林拓展，提出两国进行贸易要"两优取其重，两害取其轻"来从事本国更具有优势的产品的专业化生产。

David Ricardo（1815）提出，各国在参与国际贸易中生产具有比较优势的产品可以增加国内及世界福利，但伴随理论发展，经济学家研究发现，长期遵循比较优势理论参与国际贸易，会使本国陷入"比较优势陷阱"，尤其是对于发展中国家来说，过度依赖资源密集型、劳动密集型产业来维持本国贸易进出口，会使本国产业链遭受低端锁定，不利于国家经济长期发展及产业升级。基于此发展而来的动态比较优势理论放宽了在静态比较优势下规模报酬不变、技术水平不变、要素质量及数量不变等前提假设，提出一国通过自身产业结构及要素结构调整可以在未来形成新的优势。

Balassa（1965）提出，比较优势会根据要素积累状况而发生变化，说明一国比较优势可以通过要素资源禀赋、技术发展水平变化而进行演进，而演进后的比较优势最终则会助力提升该国产业的国际竞争力（裴长洪，2002）。

牛志伟（2020）将动态比较优势理论划分为基于要素变化、技术进步及资源配置能力提升的三大类，提出一国可以通过加快要素禀赋变化速度，借助"干中学"，技术外溢，以及通过对资源禀赋进行动态配置，以实现比较优势转换和产业升级的目标。

数字贸易概念最早诞生于20世纪90年代，由Tapscott（1996）提出，以不断升级的网络基础设施与智能机等信息工具为媒介促进有形业态的发展，数据作为20世纪新生经济发展要素，对比较优势理论进行了进一步扩充。林毅夫（2000）判断，在全球数字化的发展趋势下，不仅要遵循比较优势首先进行劳动密集型产品、产业发展，同时也要有针对性地进行要素禀赋结构升级，将数据等先进生产要素注入产品、技术、产业结构中，以促成支撑国家经济长远发展的新商业形态。

数字贸易作为第四代工业革命压舱石，在发展中通过科技创新和制度创新"双轮驱动"能够获得更显著成效（张森，2020）。

陆明涛（2016）认为，要破除中国经济结构性减速风险，完成经济高质量转型，不仅需要提升传统要素质量，也应将数字信息等新要素融入经济发展脉络中，同时增加知识产权保护等制度激励，充分发挥政府宏观干预作用，通过多种手段综合发力来提高我国数字贸易比较优势。尤其要将数字经济的新机遇转化为数字贸易成果在自贸区落地，一方面通过在自贸区进行数字贸易发展尝试，鼓励传统货物贸易"触网"，并提升数字产业发展的速度与质量，在数字金融、数据娱乐、跨境数据交流等方面不断拓宽我国数字贸易边界，从而提高我国价值链高度和供应链参与深度；另一方面要紧盯发达国家在国际层面上对于数字经济规则的探索，对标国际顶级自贸区（港），灵活调整并主动提升我国数字贸易发展的制度环境及其他配套设施，避免美欧等发达国家通过建立更高标准的数字贸易规则以拉大与中国的数字鸿沟，将中国锁定在全球数字贸易价值链低端（李扬，2016；周念利，2017；段平方，2019；蓝庆新，2019）。

（二）产业升级与数字贸易

一个国家产业升级路径由其比较优势演化路径决定，通过改变比较优势，来改变其在国际分工体系中的位置，即可以实现产业升级（张其仔，2008）。产业升级是指一国产业从较低的农业逐步提升到工业、服务业等较高级别产业的过程。WilliamPetty（1940）提出配第-克拉克定理，系统阐述了产业结构变迁规律，指明伴随国民经济发展，劳动力会从第一产业向二、三产业迁移，从传统的生产率较低的部门向生产率更高的现代工业、服务业部门迁移。产业结构变迁的内核基于要素禀赋调整的驱动（张维迎和林毅夫，2017）。Poter（2002）提出，产业升级伴随着要素结构及要素充裕程度的变动，基于此可以发现，产业升级同比较优势动态调整的内核不谋而合，即均要求在要素禀赋领域进行结构调整及数量扩充，并结合产业发展的外部环境，将制度创新、政府宏观调控等因素融入产业发展中，以实现竞争能力强化及产业结构优化。将这一理论置于数字贸易的框架下可以发现，通过数字化、信息化产业结构变迁能推动我国经济在结构调整中持续优化，水平方向具体路径表现为经济支柱性产业逐步向二、三产业尤其是第三产业倾斜（徐东林，2004；干春晖等，2011；周明生，2013），垂直方向表现为高生产率及高技术复杂度行业的集聚（薛继亮，2013）。20世纪后半叶以来，通信便利化与数字智能化成为国际贸易发展的风向标，为跨国公司尤其是全球中小微企业提供了新型贸易的发展空间与机遇。

数字贸易伴随信息化经济逐渐发展，极大地便利了传统贸易往来的模式，降低了企业国际化的运营与交易成本。作为承担新一轮全球经济增长的重要抓手，数字贸易不仅拓展了金融、大数据、人工智能等服务业发展领域，同时为制造业转型升级提供了极大支撑（焦勇，2020）。通过数字技术及数字贸易，将制造业与服务业深度嵌入、融合发展也会促进产业从劳动密集型向资本密集型升级（曲玥，2010），并助力两大产业核心价值活动优化重组（李美云，2011）。数字贸易发展对科技含量、市场环境、政策制度及配套设施等均提出更高要求，我国幅员辽阔，经济发展水平不均，还无法在全国范围内建立起符合数字贸易发展的技术、经济、制度环境，因此选取自贸区来进行数字贸易压力测试，是一种可行可靠的方式。就目前数字产业分布而言，生产性服务业与中高端制造业在协同发展过程中呈现出明显集聚特征，数字贸易高端生产要素的集聚能够切实提升区域创新实力并实现空间溢出（纪祥裕，2020）。因此，将数字贸易在自贸区优先进行试点，将数字产业"富集"，也能够促进区域经济一体化，最大限度地实现规模经济。

二、自由贸易试验区数字贸易禀赋

目前就数字贸易概念的界定尚不完全统一，但学者们的核心范畴均表现出强烈一致性。郑伟（2020）将数字贸易界定为以交付数字产品、服务、数据信息为核心的国际贸易模式，主要包含数字产品（服务）以及数据信息贸易，尤其指出（以电子商务为例），以物理货物为载体的数字产品贸易，只有剥离出的数字产品价值才可归结于数字贸易，而最终贸易标的的物理货物本身应属于货物贸易。同时，郑伟将数字贸易所涉及内容分为数字产品、数字服务、数据服务贸易、数字平台这四大部分，并在此基础上对具体产业如云平台、音乐、游戏、信息技术、信息集成系统等进行重新归类。

（一）我国数字贸易政策与国际差距

1.我国数字贸易限制指数显著高于发达国家

在入世之前，我国尚未形成或建立数字经贸规则。2001年入世之后，我国开始在数字贸易的国内政策立法、自贸区协定内数字贸易领域发展有较大的突破，但是在源代码、数字用户信息、知识产权保护等领域与发达国家的差距较大。从国际水平维度进行比较，我国数字贸易壁垒较大多数贸易伙伴高；从纵向区域比较，我国各地区在数字管制方面存在较高的进入门槛，面临"寻租型"与"成本型"壁垒。OECD国家对全球44个主要经济体进行数字贸易限制指数（Digital Services Trade Restrictiveness Index，DSTRI）进行了测算，专家组综合"设施与联结性""电子信息交互""支付系统""知识产权保护""其他与数字服务有关的壁垒"这五个指标进行打分并形成了调查报告。调查显示，相较于发达国家，发展中国家数字经济与贸易壁垒限制最高。

2.我国参与的贸易协定中数字贸易条款深度、广度均有明显不足

在跨区域自贸协定规则领域，我国虽然在世界贸易组织框架下开始对数字贸易规则

进行了制度上的探索，但在该领域仍是规则的被动者与跟随者。虽然近年来签署的中韩FTA、中澳FTA涵盖了"电子商务"章节，反映了我国在数字贸易规则制定与实施方面所做出的积极尝试，但是仅仅在电子认证与电子签名、个人信息保护等领域做了规定，并没有建立国内与国外监管框架，在数字产品分类与关税概念界定方面也没有一个清晰的解释。总体而言，我国目前所签署的自贸协定中涉及数字经贸规则的领域整体表现为自由化与便利化程度较低，在数字经贸领域与TPP、TiSA、CPTPP等全球化、区域性质的协定存在较大差距。代表我国开放程度较高水平的中澳FTA、中韩FTA在数字贸易相关的核心概念与条款、框架并未成型，存在"深度不够、广度不足"的现象，表3-3展示了主要贸易协定中数字贸易规则的比较。

表3-3 主要贸易协定中数字贸易规则的比较

主要规则条款	WTO	TPP	TiSA	CPTPP	中澳FTA	中韩FTA
跨境信息流动	明确	明确	明确	更大程度的放宽	允许但未能明确	允许并开始明确
知识产权	明确	明确	严格保护	明确并在相关产业采取配套措施	保护	保护
在线消费者保护	未能明确	明确	明确并严格保护	明确并强调消费者信息隐私	保护	保护
商业信息跨境自由传输	未能明确	明确	明确	明确	保护	保护
转移和访问源代码	未能明确	明确	明确	明确	未能明确	保护但未进一步细化
开放网络、网络访问和使用	明确	明确	明确	明确	未能明确	明确
国内电子交易框架	未能明确	明确	未能明确	明确区域大框架，对各国国内电子交易框架水平要求较高	征税制度与征税对象尚未明确	提及但未明确
数字贸易关税	未能明确	明确电子传输关税事项	明确	明确	征税制度与征税对象尚未明确	征税制度与征税对象尚未明确
国际合作	未能明确	明确并支持	明确并支持	明确并迫切支持	支持但未能明确	明确

数字贸易在技术载体上需要5G网络、数据中心等新型基础设施，在贸易形成中需要数据信息实时交互能力，在贸易结算及售后服务中需要便捷安全的电子支付手段及充分的数字产品权益保护措施。因此，较高的数字贸易限制指数缩减了自贸区参与数字贸易时在产业、行业及贸易标的上的选择空间。除此之外，由于我国在已参与贸易协定中所涉及的数字贸易条款范围较窄且内容不够明晰，一方面无法给数字贸易外资企业足够的投资信心，对外企入驻我国自贸区吸引力不足；另一方面国内数字新创企业无法清晰把握数字贸易政策，且国内外数字贸易条款的不匹配性极大提升了企业经营的不确定性，从而限制了

国内数字企业"走出去"的可能性。

（二）自贸区数字产业发展

我国自贸区建设自2013年起发展步伐不断加快，开放次序从沿海逐渐深入内陆，从早期点状分布及东南沿海扩散到现在全国多点开花，逐渐形成网状布局。由于我国21个自贸区在地理位置、自然资源禀赋、产业布局及区域经济服务目标方面各有差异，因此不同自贸区功能定位及发展目标决定了其在参与数字贸易时侧重点有所不同，呈现出中央"规定动作"与地方"自选动作"并举的状态。从各个自贸区数字产业发展来看，对金融体系的扩充与深入是目前主要发力点，而数字信息产业、数字娱乐产业尚在培育初期，目前呈现从无到有的趋势。

1. 数字金融发展总体呈上升趋势

首先，就数字金融产业入驻情况，沿海自贸区与内地自贸区虽然改革方向一致、政策导向一致，但在实质吸引产业、企业入驻方面存在明显差异。上海自贸区的金融业发展居于引领地位，自2020年自贸区金融业股权全面开放政策出台后，上海已经吸引摩根大通证券（中国）有限公司、大韩再保险上海分公司、罗素投资管理（上海）有限公司等5家外资机构入驻该自贸区，除国际投行外，外资资管机构如贝莱德和路博也纷纷在上海布局落子。而对于内陆自贸区如辽宁、陕西等，自贸区金融企业入驻数量与质量则与上海差距显著，对外资金融企业的吸引力明显不足。

其次，在数字支付领域，沿海地区显现出更大的灵活性。例如，上海自贸区与海南自贸区通过开放自由贸易账户（FT账户）、鼓励跨国公司备案后开展集团内跨境双向人民币资金池业务、建设跨境电子商务人民币业务服务平台等方式，加快自贸区金融建设，并与人民币国际化进程相结合，而东三省及内陆自贸区目前主要停留在完善区域结算方式等初级阶段。

最后，在金融监管领域，自贸区通过建立更为完善的金融监管体系来防控金融风险，沿海沿边自贸区对于金融监管创新动力更足，而内陆自贸区尚处于起步阶段。例如，广东自贸区运用人工智能、大数据、云计算等科技手段，已经初步建成地方金融风险监测防控系统——"金鹰系统"，对于自贸区内金融企业行为进行监控。

但总体而言，在数字金融领域，自贸区建设成果颇丰。数字化对传统货物贸易的影响直接投射在对于投融资、资产管理、跨国支付的巨大需求上，因此，充分吸引有能力的金融企业入驻自贸区，并不断推进金融企业发展移动金融模式、拓展金融业创新和服务实体的深度和广度、加深数字金融在各领域的广泛应用是发展其他类别数字产业的重要基石。一方面，金融业对需求融资的数字企业进行市场环境的风险评估及专业分析，能够对企业进行优胜劣汰，剥离出最符合市场需求、最有发展前景的优质企业；另一方面，金融机构通过"互联网+"来满足客户的需求，也能够引导并促进移动金融的上游产业如通信网络、信息技术等产业在自贸试验区集聚，对数字人才及技术产生巨大虹吸作用，促进自贸区金融服务主体的多元化发展。我国对金融类外资企业的准入门槛持续放宽，对于外资持股比例上限也彻底放开，这显著提升了自贸区对标志性外资控股金融机构的吸引力，也有利于金融机构推出更多金融创新产品和业务，推动金融与其他产业、行业融合发展，催生金融物流融合、融资租赁等新业态。

2.数字信息、娱乐产业发展更易受我国数字贸易话语权影响

数字信息及数字娱乐产业，由于在参与贸易过程中贸易标的为纯数字化产品，对数据"管制"有极高的敏感性。而各国尤其是发达国家与发展中国家的"数字鸿沟"，对数据本地化存储、数据跨境流动、知识产权保护等的规定有显著差异，导致该类企业贸易难度明显上升。据此，我国自贸区首先选择了信息企业作为突破口，如在电信准入压力测试中，河南自贸区在增值电信领域进行大胆尝试，允许投资建立在线数据处理及交易处理业务（经营类电子商务）外资持股比例最高可达100%，通过吸引外资电信企业入驻自贸区，来探寻我国在跨境数据交互领域的可能性。其次，除了对于外资信息企业的积极引入和对我国信息企业的引导孵化，沿海沿边自贸区也借助开放优势和灵活的政策支撑积极开展与周边国家和地区的数字贸易合作，形成多个区域性数字贸易平台，在区域数字贸易中实现率先突破。例如，广西自贸区结合其邻近东南亚的地理优势地位，支持中国–东盟信息港数字经济产业联盟，着力建设信息基础设施，聚焦信息技术应用示范，打造数字丝路枢纽，吸引了华为、腾讯等大批龙头企业入驻；上海通过汇聚外部先进创新要素和技术资源打造综合数据平台，为我国与东盟国家开展国际产能合作项目、提高与沿线国家贸易额以及供给侧结构性改革和产业转型升级提供有力支撑。最后，我国自贸区也在迅速提升国内与数字贸易相匹配的政策法规及行业标准，为数据信息企业提供法律保障。上海、广东、海南等自贸区（港）以国际知识产权注册、贸易、保护、维权为核心，开始尝试建立自贸区知识产权保护体系，并逐步吸纳国内外知识产权保护机构和企业集聚；一方面整合国际知识产权保护资源，从而吸引更多知识密集型、信息密集型企业入驻，另一方面借助已整合资源，提升区内争端解决机构在实际商事纠纷中的裁定权及裁定权威。

我国信息产业在国际层面的发展尚未处于优势地位。以谷歌和百度为例，在搜索引擎建设方面，谷歌占据全球搜索引擎市场的80%，而作为我国搜索引擎之首的百度在世界市场的占有额不足1%；而数字娱乐企业，目前国内成型的字节跳动、腾讯等企业均在国际层面上面临多种指控与制裁，均说明迫切需要自贸区在为数据信息类企业保驾护航中提供更多制度与法律支撑。自贸区既是企业"走出去"的窗口，也是我国参与国际数字治理的试金石。自贸区在数字贸易领域的尝试，为我国更深入了解数字贸易建设根本需求、更好地参与国际治理并发挥我国在数字贸易规则制定中的话语权提供了现实依据。

（三）自贸区货物贸易数字化发展

1.自贸区电子商务发展现状

传统电子商务盈利模式较为单一，已经无法满足消费者对产品以外服务的提升需求，尤其是供应链管控能力不足、物流时效性差、个性消费需求无法满足等。因此，随着买卖双方对产品以外互动需求的提升，自贸区电子商务内涵也在不断扩充。

首先，增设跨境电商企业对企业出口（B2B）模式，解决了以往报关只能通过一般贸易方式的局限，将视角从原先零售进出口（B2C）转向企业间B2B模式，符合全球贸易主流商业，通过海外仓和保税仓的建设，加强跨国供应链管控能力，充分发挥异地仓备货优势、本土化运营优势，实现高效物流配送与商品灵活退换。

其次，将"线上交易"同"线下体验"相结合，实现线上、线下协同的商业模式。横琴自贸区协同海关特殊监管区域协同打造"前店后仓"的发展模式，摆脱了以往消费者只能通过网络了解商品的局限，实现了展厅现场零距离体验。

最后，通过对电子商务平台帮扶措施，增强与中小企业的黏性，帮助中小企业"开源节流"，一方面通过费用减免、金融放款支持等提供资金支持；另一方面通过建立跨境保税仓综合平台，为全球中小电商品牌提供销售平台，充分联结商家、仓储、物流、用户，实现海外运输、入境申报、货物储存、一件代发、快递配送等全渠道供应链模式。

2. 电子商务向货物贸易数字化迭代的作用机制分析

张夏恒（2020）通过生命周期理论论证了全球数字贸易是跨境电子商务的迭代。相较于电子商务及传统外贸，数字贸易的贸易媒介由简单的互联网平台向更加多元的数字化平台转变，极大地扩充了参与企业的类型、数量及交易标的。因此，我国自贸区货物贸易数字化发展也体现在数字平台搭建、跨区域数据交互以及基于以上二者的增值服务上。

首先，我国自贸区数字平台，尤其是"一网通办"型综合性平台建设已初具成效。货物贸易数字化会带来海量数据，我国数据资源与数字贸易规模巨大，伴随5G技术在基建、科技平台、终端消费的全面铺开，《中国互联网发展报告2019》数据显示，2018年中国数字经济规模已达31.3亿元，占GDP的比重为34.8%，居于全球第二位。但海量数据随之带来的则是数据挖掘难度的不断提升及流量红利的持续衰减，因此，有效数据的抓取和利用成为自贸区贸易模式向数字贸易转换的必经之路。目前平台已经服务于企业从注册、经营到注销的各个环节，在简易、简化流程的基础上持续提升政企信息的互通效率。同时以供应链为基础，将数字化平台贯穿产品从供应商到终端消费者的流通全程，突破原有贸易模式，实现资源最大限度整合。

其次，除了单个自贸区内实现"一网通办"，跨自贸区数据互通探索也催生出多种融合性数据平台。例如，市场综合大数据平台通过整合海量数据信息、加强数据共享以实现企业注册注销及业务办理便捷化、跨部门协同监管高效化、数据信息可溯源化。将各自贸区大、中、小企业通过数字化平台集结，从而更好地统筹资源，将数字贸易优势惠及更多企业类型。又如，区域内多式联运发展数字调度平台，不仅实现自贸区之间物流信息互通及统筹，还创新性地在物流增值服务方面进行大胆尝试。广东、河南、重庆等积极参与建设多式联运规则体系，将国内多式联运技术标准及服务规范与国际联运规则进行对接，有效整合各个地区的货物货车信息资源，通过线上平台进行数据共享，便利了车辆调配，提升了运输效率。

最后，通过综合平台搭建以及结合自贸区金融企业发展优势实现了"数据增值"。重庆、成都自贸区将物流与金融相结合，通过搭建物流金融服务平台积极探索陆上贸易的国际贸易规则，提出陆上"信用证"模式并成功运用于中欧班列，一方面创新提供"陆上结算"新方式，另一方面通过开展物流运力融资服务，帮助中小企业降低物流成本，提升资金运转效率，在一定程度上缓解了中小企业的融资难题。

基于以上三个维度，并综合众多学者（张伯超，2018；徐清源，2018；王思瑶，2020）对于数字贸易测度的分类标准，作者对应选取数字平台、数字金融并结合典型自贸区功能定位制表，通过所选取自贸区在数字贸易探索中的具体实践成果来进一步反映我国自贸区数字贸易禀赋，如表3-4所示。

表3-4 典型自贸区数字贸易禀赋

省份	功能定位	数字平台	数字金融
上海	中国全面深化改革"排头雁"，致力于衔接国际通行规则，建立开放型经济体系的风险压力测试区	深化"一网通办"平台，为重点企业设置"一对一"服务专员，对平台运行数据进行编目归集，形成上海国际贸易单一窗口数据资源目录	推动标志性外资控股金融机构落户，放宽外资持股比例的上限，扩大外资金融机构的经营范围，建立本外币一体化账户体系（FT账户）
广东	粤港澳大湾深度合作，推进粤港澳服务贸易自由化	采取"一口受理6+X证照联办"模式，建立以信用为核心的市场监管方式，实现跨部门协同监管	发展第三方支付业务，推进国际金融岛建设，搭建国家互联网金融风险分析技术平台——前海鹰眼系统
四川	内陆开放经济战略先导区，尝试内陆与沿海沿边沿江协同开放战略	建设跨境电商服务平台，利用"全域通"创新跨境电商的监管模式和物流模式，延伸口岸功能	将科技优势和金融发展相结合，为自贸区内科技型企业金融服务，推出"自贸通"综合金融服务方案
河北	推动京津冀协同发展，高水平对外开放及制度创新试验田	搭建线上综合服务平台，线下园区方面规划建设集通关、物流、贸易等于一体的综合性跨境电子商务产业园	实行人民币跨境创新业务，主要包含跨境人民币支付、结算和融资
海南	国家生态文明试验区、国际旅游消费中心、面向太平洋和印度洋的重要对外开放门户	实施更高标准的"一线放开""二线安全高效管住"货物贸易监管制度，推行"批次进出、集中申报""区内自行运输"等便利化制度	发布《数字世界中的南南合作》，加强与境外人民币离岸市场战略合作，开放自由贸易账户（FT账户）
广西	建设面向东盟的国际陆海贸易新通道，21世纪海上丝绸之路经济带重要门户	探索推行全国首个集国际邮件、快件和跨境电商监管于一体的"三合一"式集约化通关新模式	成为全国跨境金融区块链服务平台试点地区，加快建设面向东盟金融开放门户，建立中国-东盟金融城
黑龙江	推动东北全面振兴，建成俄罗斯、北亚、东北亚贸易重要窗口	建立跨境电商出口通关平台服务体系，围绕"互联网+农业"建立综合性扶贫电子商务平台——"小康龙江"	全力打造对俄金融结算中心，鼓励引进金融企业入驻并提供法律、征信、中介等相关配套服务的平台公司或金融产业园
河南	建设现代综合交通枢纽、内陆开放型经济示范区	建设综合信息平台，推动企业信息共享，提出"跨境电商零售进口正面监管模式"及"一码集成服务"举措	开出以中欧班列（郑州）提单为抵押的信用证，成为陆路运输国际贸易探索的新型金融服务路径
重庆	长江经济带重要枢纽，西部大开发战略重要支点	建设市场综合监管大数据平台，全面整合数据信息，兼具内部业务工作和外部政企互动功能	建立物流金融服务平台体系，积极开展物流运力融资服务，提出"铁路提单"融资结算方式

第四章　数字自贸区建设存在的问题

第一节　人才体系不匹配

在数字经济快速发展的时代，人类生产生活中越来越多地应用到互联网、人工智能、大数据等技术，生活模式发生了较大改变，但相关专业人才相对缺乏，适应数字经济发展的高端人才和复合型人才出现结构性短缺。因此，在数字自贸区高速发展中，存在专业人员不足、工作效率低等问题，具体体现为科研力量、产业平台的支撑力明显不足。

一、自由贸易区人才供给存在的问题分析

所谓自由贸易区，着重突出的是其"自由"的特点，在日常交易与投资方面相较于其他地区有更加优惠的政策，这种政策性的优惠措施大多数都反映在关税方面。自由贸易区的设定，一方面可以加强国与国、地区与地区之间的交流，另一方面能够大量引进外资，促进本地经济的发展。自由贸易区人才供给，是关系区域经济发展的一个重要方面。现阶段，我国自由贸易区人才供给方面主要存在以下问题。

（一）全球经济的进一步发展，对本地人才供给造成冲击

就现阶段的国际经济发展形势而言，各国都在利用现有资源建立区域性的贸易组织，在本组织之内制定优惠政策，促进组织内部成员国之间的贸易往来，以加快地区经济的发展。作为发展中国家，无论在经济发展水平上，还是在人才供给能力上，相较于发达国家都有一定的差距。而在全球经济的巨大冲击之下，发达国家的人才管理及培养理念会在短时间内大量涌入国内，这必然导致现有管理方针与发达国家管理理念发生碰撞与摩擦，也必然会带来一定程度的冲击力，从而在短期内造成本地人才供给力度上的断层。

（二）人才管理与考核机制不够完善

就现代社会经济发展的速度而言，人才已不再像以往那样是一个恒定不变的概念。现在的人才制度也是随之不断调整更新的，自由贸易区的人才更新速度与频率相较于其他地方更高一些。因此，要想使人才真正地服务于自由贸易区经济的发展，就必须在管理机制与定期考核机制上下功夫，要以科学的、不断更新的、细化的管理机制和考核机制来加强对人才的管理和培养，才能促进人才的科学化、全面化，真正促进自由贸易区经济的发展。现阶段的人才考核机制，主要以绩效考核为主。而绩效考核的方式是较为死板和僵化

的，其对于人才的综合素质的反映程度也是有限的，这容易导致人才考核的不均衡以及缺乏战略性眼光，从而不利于人才的挖掘和培养。人才管理方面存在的较为严重问题是只重视管理层面，而轻视人才开发的能力。就我国目前的国情而言，劳动力出现严重过剩现象，但是劳动力的素质能力还有待提高。也就是说，其具备基本的劳动技能，但挖掘的程度不够深，仍然处于较为初级的阶段。因此，在未来的人才培养上，应当强调个性化和自主性，提高劳动者自主学习的热情，增强劳动者实际应对问题的能力，才能进一步促进我国自由贸易区经济的发展。

（三）现代服务业人才培养具有滞后性

受全球经济快速发展的影响，经济发展方式、竞争方式呈多变态势，这是企业进步的一个重要表现。但正是因为这一点，导致人才供给目标缺乏战略性和长期性。高校传统办学模式束缚了新形势下的人才培养，政府在政策引导、法律制定等方面对自由贸易区服务业人才发展战略规划的宏观调控需加强。人力资源管理上容易出现断层，人才供给目标缺乏长期性。对于人才的衡量，也仅以其业务能力为主，而挖掘潜在资源、提高客户服务能力方面较为欠缺，这必然会给未来的经济发展埋下一定隐患，未来的经济发展方向仍然存在巨大的盲点。

（四）企业文化及市场文化建设缺乏前瞻性

自由贸易区的企业通常以中小企业为主，虽然受国外发展理念的影响较深，但是其企业文化理念建构的意识还相对较弱，在企业理念建设对企业经济发展的重要性把握上还不到位，这使得企业文化建设变得落后，企业人才进入企业工作后却没有形成专属于本企业的荣誉感和成就感，这对于自由贸易区经济的长久有效发展是非常不利的。因此，只有克服全球化金融经济的冲击力度，形成较为完善的人才考核机制，建立科学的人才供给战略，形成具有前瞻性的企业核心文化，才能促进企业的发展，在人才培养方面具有针对性和可行性，从而促进整个自由贸易区经济的发展。

二、自贸区成立总体方案及人才政策分析

笔者归纳总结我国 18 个自贸区成立时的建设总体方案，主要挑选出各个自贸区的功能定位、颁布时间及建设总体方案中关于人才政策内容的文字数量，对我国自贸区成立总体方案中的功能定位与人才政策内容进行简单的概括与总结，如表 4-1 所示。

表 4-1 我国自贸区总体方案文件分析

序号	文件名称	功能定位	颁布时间	关于人才部分的大致文字数量
1	中国（上海）自贸区总体方案	领头羊、试验田	2014 年 7 月	156
2	中国（广东）自贸区总体方案	联通粤港澳	2015 年 4 月	162

续表

序号	文件名称	功能定位	颁布时间	关于人才部分的大致文字数量
3	中国（天津）自贸区总体方案	协同京津冀	2015年4月	462
4	中国（福建）自贸区总体方案	联结海峡两岸	2015年4月	180
5	中国（辽宁）自贸区总体方案	重振东北工业基地	2017年3月	250
6	中国（浙江）自贸区总体方案	资源配置基地	2017年3月	240
7	中国（河南）自贸区总体方案	交通枢纽	2017年3月	281
8	中国（湖北）自贸区总体方案	中部崛起	2017年3月	678
9	中国（重庆）自贸区总体方案	内陆贸易自由港	2017年3月	209
10	中国（四川）自贸区总体方案	西部大开发	2017年3月	228
11	中国（陕西）自贸区总体方案	人文交流新平台	2017年3月	295
12	中国（海南）自贸区总体方案	特色自由贸易港	2018年9月	383
13	中国（山东）自贸区总体方案	建设海洋强国	2019年5月	326
14	中国（江苏）自贸区总体方案	创新驱动发展	2019年8月	208
15	中国（广西）自贸区总体方案	西部大开发	2019年8月	523
16	中国（河北）自贸区总体方案	东盟合作示范区	2019年8月	—
17	中国（云南）自贸区总体方案	桥头堡	2019年8月	149
18	中国（黑龙江）自贸区总体方案	振兴东北	2019年8月	333

由表4-1可知，我国自贸区成立总体方案及人才政策有如下特征。

（一）建设总体方案中人才政策不突出

就各自贸区建设总体方案中相关人才政策内容所占比例而言，尽管我国各个自贸区成立建设总体方案中或多或少涉及部分关于人才政策的内容，但总体来看，涉及人才的内容所占的比例还很小，部分自贸区建设总体方案中的具体人才政策不清晰、不明确，实施过程不详细，个别自贸区甚至没有单独明确的人才政策内容，只有较少模糊的与人才间接相关的内容。

（二）总体建设方案功能定位明确

各自贸区都有自己的战略使命与任务，能结合各自贸区的位置、产能等优势，制定出科学、合理、清晰、明确的功能定位,针对性较强。例如,上海自贸区作为我国成立时间最早的自贸区,承担起早期自贸区人才的各种探索与试验田的任务;广东、福建自贸区主要突出其优越的地理位置,有效联结起我国香港、澳门、台湾地区;辽宁、黑龙江自贸区则承担起振兴东北老工业基地的重要战略使命;湖北自贸区则承担中部崛起重要任务;陕西自贸区能很好地衔接我国"一带一路"倡议;广西、云南自贸区有利于发挥桥头堡功能作用,加大与东南亚各国的交流与合作,以此推动本地区发展。这样的空间布局能很好地协同、承接、推动、促进之前的战略与发展规划,提高发展质量与内在动力。甚至不少自贸区还在定位中明确制定了近几年的发展目标,确定了明确具体的发展规划与路径,甚至进一步细致地指出作用的地理辐射范围与经济发展目标等详细具体指标。

(三)自贸区因时因需陆续成立

从各自贸区成立的时间可以看出,我国自贸区的成立并不是一蹴而就的,都是统一按照党中央、国务院的统筹规划,分批次、分层次、因时因需逐渐成立的,目前先后分批次成立了21个自贸区,自贸区版图实现了由点到线、由线到面的空间战略布局,从保税区到自贸区再到自贸港,我国不断扩大对外开放的范围与程度,逐步提高对外开放水平,推动经济高质量发展。

三、各个自贸区出台的具体人才政策分析

我国自贸区的设立,是在党中央、国务院的统筹规划下全面深化改革、扩大开放、推动经济高质量发展的重要产物。各自贸区从成立开始就在进行各类人才引进、人才管理的相关工作。截至目前,我国各自贸区大多数都出台了相关人才引进政策或者针对相关人才制定了具体认定标准、奖励措施、引进条件、保障举措等。主要有以下几个典型方面。

(一)较早进行人才政策探索与尝试

上海自贸区的设立,是在经济全球化的新趋势大背景下,站在国家发展的战略高度,为促进经济贸易结构转型升级,进一步扩展我国经济增长新空间作出的必然选择。上海自贸区作为我国最早成立的自贸区,相应地在人才引进方面出台的措施、政策也最早。早在2011年2月24日,上海综合保税区管委会召开人才引进工作座谈会,这是目前自贸区较早地专门针对人才引进召开的座谈会,对自贸区人才的引进与重视有重要意义。该座谈会以企业需求为导向,对人才引进政策与实务操作平台进行了宣传,反映了上海自贸区综管委对人才的重视。

2016年1月6日,上海探索建立了全国首个航运人才"双认证"项目,该项目主要开展航运人才培养工作与航运职业研究,开发航运精品教程及建立航运人才国际交流合作机制。此后,上海自贸区海外人才离岸创新创业基地总部空间启用探索与世界接轨的柔性引才新机制,基地主要面向海外人才,在区内注册、海内外皆可经营,是集聚才引智、创业孵化、服务保障等于一体的开放式、低成本的国际化基地平台。

2017年6月16日，上海再次首创地建立了全国针对人才的浦东新区海外人才局，浦东新区推出了提高人才通行与助力人才工作便利的9条措施，建立起"1+X"海外人才政策体系。其中："1"是人才队伍建设的总体意见；"X"是贯彻该总体意见的若干政策举措。此次出台的9条措施涉及面广，如外籍人才的出入境、居住、工作许可、签证服务办理等皆有涉及，此次措施出台为外籍人才的通行与工作便利降低了门槛、提供了条件。中国（上海）自贸区出台的部分人才政策，如表4-2所示。

表4-2 中国（上海）自贸区人才政策

政策来源	重要观点	时间
综管委召开人才引进工作座谈会	1. 以企业需求为导向，搭建人才引进政策宣传和实务操作的服务平台。 2. 通过组织培训、轮训，增强了企业人力资源操作人员的执行力，将为有力地吸引、挖掘具有国际竞争力的高层次人才来保税区就业创业，构筑人才高地起到积极推动作用	2011年3月
全国首个航运人才"双认证"项目落户上海自贸区	1. 开展航运人才培养工作。 2. 建立航运人才国际交流合作机制	2016年1月
全国首创浦东新区海外人才局成立	浦东提出建立"1+X"海外人才政策体系，其中："1"是制定一个浦东新区关于深化体制机制改革、加强海外人才队伍建设的总体意见，"X"是贯彻该总体意见的若干政策举措，包括提高海外人才通行和工作便利度、促进海外人才创新创业、进一步优化海外人才配套服务环境等各个方面。浦东将根据市委、市政府的新要求，从"降低门槛、搭建平台、优化服务、营造环境"四个方面入手，制定实施浦东人才新政，全面覆盖满足海外人才发展需求	2017年6月

（二）完整出台集聚人才创新发展具体实施细则

广东自贸区是国内自贸区中少有的针对人才专门出台具体完整人才政策的自贸区之一。除了省政府层面专门出台的自贸区人才政策外，各自贸片区也出台了适合各个片区的人才引进、奖励政策。例如，广州前海健全要素人才服务，出台了促进人才引进、服务的具体人才政策措施，包括构建多层次人才政策支撑体系、推进建设粤港澳人才合作示范区、营造人才发展宜居宜业环境、开展国际人才管理制度创新这4个方面20条具体措施，针对人才引进、培养、评价、使用、激励、保障等各个环节，覆盖出入境便利、执业从业、创新创业、合作交流、生活保障等各类活动，力争高水平打造全要素人才服务体系，加快促进人才集聚前海创新发展。广东省是目前国内自贸区中出台人才政策最全、最具体的省份，相关人才政策具有普遍适用性，对自贸区人才政策的制定与借鉴等具有启迪与参考作用，如表4-3所示。

表4-3 中国（广东）自贸区人才政策

政策来源	重要观点	时间
广州南沙新区（自贸片区）集聚人才创新发展若干措施实施细则	主要包括人才范围、具体人才认定及支持、具体支持措施、保障措施、具体补助支持引进金额等各种细则	2017年4月

续表

政策来源	重要观点	时间
广州南沙新区（自贸片区）集聚人才创新发展若干措施实施细则（修订稿）	1. 全面对标先进地区，完善高层次人才认定标准。 2. 放宽高端领军人才创新创业条件限制。 3. 全面降低人才公寓申请门槛。 4. 放宽新引进人才条件限制。 5. 开辟人才认定绿色通道，不拘一格纳人才。 6. 放宽骨干人才奖的所在单位限制	2020年5月
前海：打造国际人才集聚高地	1. 突出人才保障完善提升人才发展环境。 2. 放宽港澳专业人士执业门槛。 3. 实施"双15%"的税收优惠政策。 4. 建立深港人才常态交流机制	2018年9月
《关于以全要素人才服务加快前海人才集聚发展的若干措施》政策解读	1. 构建多层次人才政策支撑体系。 2. 推进建设粤港澳人才合作示范区。 3. 营造人才发展宜居宜业环境。 4. 开展国际人才管理制度创新	2019年12月
《关于促进中国（广东）自贸区人才发展的意见》	1. 建立健全高层次人才评价机制。 2. 完善高层次人才签证及居留政策。 3. 优化高层次人才创新创业激励政策。 4. 打造优质人才载体。 5. 建设高层次人才综合服务体系	2016年6月

（三）引才留才并行，打造两岸人才交流合作区

福建自贸区利用优越的地理位置条件，因地制宜，推出一系列对台先行先试措施，为台企台青"开门""引路"，惠及两岸，不仅能引进人才，更重要的是能留住人才，如省自贸办一方面聘请自贸区专业建设顾问与企业创新顾问，充分发挥智囊智库作用，为自贸区人才引进建言献策，通过实行聘任制公务员、柔性引才引智、引进招商专员等多渠道引进人才；另一方面针对我国台湾人才实行专项补贴与完善高层次人才签证及居留政策，实行更加开放的居留政策，提供便利的入境措施途径，在引进人才的同时也留住人才，实现引才留才并行。

厦门自贸片区抓紧建设成为两岸人才深入交流、两岸产业深度融合的自由贸易港，以"法治化、国际化、便利化"的一流营商环境，成为助推两岸经济转型发展的新引擎。主要通过出台促进政策，一是使外国（海外）专家局为符合条件的自贸区外国人申办外国专家证提供绿色通道；二是通过多渠道引进人才与专项补助我国台湾人才，进一步提高办事效率，出台了专门具体的人才引进政策。针对留住人才的问题，出台了相关政策并采取了具体措施，如住房奖励、土地供给、相应保障鼓励措施等，不仅能引进人才，更重要的是能留住人才。

我国福建自贸区人才政策如表4-4所示。

表 4-4 我国（福建）自贸区人才政策

政策来源	重要观点	时间
《福建自贸区人才工作十四条措施》	1. 税收激励。 2. 土地供给。 3. 投融资服务。 4. 经费支持。 5. 住房保障。 6. 子女（转）学。 7. 试行企业首席科技官岗位配额机制。 8. 健全完善推进高层次人才流动机制。 9. 试行突出贡献创新人才奖励机制。 10. 试行引进高层次人才购房积分贴息办法。 11. 实行人才环境第三方机构评估机制	2015年7月
《关于进一步激励人才创新创业的若干举措》	1. 加大力度奖励双创人才。 2. 专项补助我国台湾人才。 3. 完善创新创业环境	2016年9月
《中国（福建）自贸区厦门片区关于进一步激励自贸区人才创新创业的若干措施》	1. 健全完善对台人才政策体系。 2. 提高待遇，打造"人才高地"。 3. 厦门自贸片区出台了首个综合性人才政策。 4. 积极推动两岸人力资源机构开展联合服务。 5. 搭建对台人才合作交流新平台	2018年6月
《平潭综合实验区创新研究院引进高端人才管理办法（试行）》	1. 在全省创新实施"编制池"管理模式。 2. 在全省率先探索高端人才"协议工资制"。 3. 实现"能上能下、能进能出"。 4. 明确职称应聘尽聘、不受职数限制	2020年3月

（四）引进、培育优秀人才，振兴东北老工业基地

作为国家第三批自贸区，辽宁省自贸区在注重人才引进的同时，也进行人才的自我培育。辽宁自贸区以突出辽宁特色为重点，大胆试、大胆闯、自主改，着力打造提升东北老工业基地，提高整体竞争力和对外开放水平新引擎。辽宁自贸区围绕用实践行动紧抓制度创新这一核心，根据辽宁省实际情况，开展辽宁特色自贸区人才建设培育工作，取得了累累硕果。在人才方面，深入实施"盛京优才英才"集聚培育计划与各种培育工程相结合，如实施高精尖优才集聚工程、海外优才汇智聚力工程、紧缺急需人才和军民融合人才集聚培育工程、中青年科技英才培养工程、创新型企业家培育工程、大学生留沈倍增工程、"盛京工匠"培养工程等，有针对性地培养、培育优秀人才为自贸区所用，在大力对人才实施引进的同时，也注意对人才的自我培养、培育，增加人才的内生力和自我培育能力。

（五）招商引资并行推进，聚焦建设精准引才

浙江省自贸区实行招商引资聚才并行推进政策，在引进人才的同时，注重招商引资的推进，而不是单纯引进人才，这是浙江省自贸区的创新与独特之处。例如，舟山市提出将招才引智作为"一把手"工程来抓，与招商引资"一号工程"并行推进。围绕推进落实国家战略和重大项目，创新实施紧缺高端人才引进计划，加快引进集聚一批懂专业、会管理、善实操的专业化行政管理人才，有力推动人才开发与经济社会发展深度融合。浙江省自贸区创新人才引进机制，实现招商引资聚才并行推进，以需求为导向，靶向猎寻海内外

紧缺高端人才。引入猎头，精准对接人才需求，实行"市场年薪、合同聘用、绩效考核"机制，立足产业发展所需，建设好平台、高年薪配套好政策，不仅能引进人才，还能与招商引资并行推进。

（六）因地制宜，走符合实情的特色引才之路

其他部分省份自贸区在充分考虑本省独具特色的优势与地理位置等基础上，制定了科学合理的产业定位与发展目标，其中对人才的引进与激励虽各不相同，但都出台了各具特色的人才引进政策，对各省人才政策的推进具有一定的启迪与借鉴作用。

河南省洛阳市出台了《关于深化人才发展体制机制改革打造中西部地区人才高地的实施方案》，实施"河洛英才计划"，围绕"565"产业发展规划，逐步健全以创新创业为导向的人才引进培养机制，引进培育一批具有重大技术突破和较强产业化能力的创新创业人才（团队）。

湖北省人民政府出台了《关于在中国（湖北）自由贸易试验区试行进一步激发人才创新创业活力措施的意见》，推动高校和科研院所向科技成果完成人让渡科技成果所有权、促进高校院所科研人员向服务企业创新一线流动、激励高校院所领导人员带头转化科技成果、保障科研人员创新创业获取合法报酬。

四川省简化高层次人才认定程序与加大资助力度，落实住房待遇与激励政策，对人才的项目建设用地加以保障，对人才平台建设加以扶持，促进人才研究成果转化。海南自贸区创新国际人才引进使用机制与评价激励机制，实施工作许可和出入境便利措施，建设专业新型智库。

江苏自贸区则发挥大学生集聚效应，扩大人才政策奖励范围，积极推进人才国际化，扩展人才引进渠道，积极进行人才的引进与奖励、保障工作。总之，上述自贸区都出台了与自身实际相适应的人才政策，以期促进当地自贸区的发展，进一步带动经济社会高质量发展。

第二节　数字技术与文化融合程度不够

数字技术极大地推动了文化产业发展，文化产业也成为数字技术最重要的应用领域之一，数字文化产业的现状与未来成为重要研究领域。数字技术对文化产业结构产生影响，文化消费结构、生产结构、市场结构和国内外比例结构等都发生了显著变化。中国发展数字文化产业具有两大优势：大市场与传统文化资源。目前，人们对数字文化产业发展存在一个质疑，即数字技术的强大力量是否会导致技术表现强、文化内涵弱的问题。实际上，创作者追求文化内涵的动力和消费者对文化内涵的向往，将推动数字时代不断产生内涵丰富、持久传承的文化精品，数字与技术的融合既能形成多元文化生机勃勃的文化原野，也

能造就具有深刻思想和精湛艺术表现的文化高峰。

一、技术赋能与文化产业发展

（一）文化及文化产业的定义

"文化"是一个很宽泛的概念，据说学者给文化下过的定义有200多种，但仍然没有一个严格、精确并得到共识的定义。定义过于宽泛会失去特性，那就是天下皆文化，没有给"非文化"留下些许空间。定义过于狭窄又不能概括和包容到位，例如将文化定义为"意识形态所创造的精神财富"，则会将许多承载文化内容的物质财富排除在外。在综合多种观点的基础上，可以确定这样一个定义：文化是指人类发展过程中所创造的精神财富及其物质载体，以及与之相适应的日常行为习惯和制度形态。

"文化产业"这个概念提出了将近70年，但至今仍没有统一的定义，甚至没有形成统一的称谓，在不同的国家被称为文化产业、文化创意产业、创意产业、文化休闲产业和版权产业等，内涵和定义也不完全相同。大卫·索斯比在综述他人相关定义的基础上下过一个描述式的定义，他将文化分为一个同心圆的三个层面，最核心的层面是"创意"，第二个层面为利用创意形成的有高度文化内涵的产品，第三个层面是具有文化内容的其他产业。这个划分兼顾了创意这个核心内容和在此基础上扩展的广泛产业链，在理论界和产业界有相对较高的认同度。

文化及相关产业是指为社会公众提供文化产品和文化相关产品的生产活动的集合。2018年新修订的《文化及相关产业分类（2018）》继续使用这个定义。根据这一定义，文化产业生产活动范围包括两部分：以文化为核心内容，为直接满足人们的精神需要而进行的创作、制造、传播、展示等文化产品（包括货物和服务）的生产活动，具体包括新闻信息服务、内容创作生产、创意设计服务、文化传播渠道、文化投资运营和文化娱乐休闲服务等活动；为实现文化产品生产活动所需要的文化辅助生产和中介服务、文化装备生产和文化消费终端生产（包括制造和销售）等活动。

（二）技术未赋能与文化非产业

自18世纪工业革命以来，许多生产活动得益于新型机器设备的使用，效率得到极大提高，商业化、产业化、市场化快速推进。但这个时期的技术总体上不适用于文化等服务活动，人们在实践和意识中，都未将文化与产业相联系，文化继续呈现出与商业无染、专注于精神层面的特点，并且与贵族阶层、知识分子等阶层的知识结构、意识形态和行为举止联系在一起。19世纪中期，英国著名诗人、教育家马修·阿诺德提出："文化不以粗鄙的人之品位为法则，任其顺遂自己的喜好去装束打扮，而是坚持不懈地培养关于美观、优雅和得体的意识，使人们越来越接近这一理想，而且使粗鄙的人也乐于接受。"毫无疑问，在这些学者看来，"文化"与"商业"是不应该关联起来的。商业化会损伤正宗的艺术，使艺术为了追求利润而向低俗趣味靠拢和低头。阿多诺（又译为阿多尔诺、阿道尔诺）认为，商业化使创作者已经不再从审美角度来创作音乐，取而代之的是上座率和经济利润，音乐作品丧失了艺术欣赏性，变成了商品的另一种符号形式，造成公众欣赏能力的退化。他们担心全社会的欣赏趣味变得庸俗不堪，文学经典无人问津，这些学者所提倡的是将这些上层欣赏的优秀文化作为提升人性的途径和手段，学习研究自古以来人类最优秀的思想、文化、价值资源，从中补充、汲取自己所缺乏的养分。持有这种观点的人甚至认为现代文化常常比不上历史上的某个时期，如古典时期、启蒙运动时期等。

不愿意将文化与产业挂钩的另一个观点认为，文化不能创造财富，因而不能成为产业。从18世纪后半期到20世纪中期的近200年间，许多产业借力新技术和新商业模式蓬勃发展，但彼时的技术主要是应用于制造业和运输业的"硬技术"，技术类型不适用于文化等服务业，并未广泛渗透到文化发展中，导致文化与产业化少有关联。以亚当·斯密为代表的古典学派认为，那些能有效使用技术设备、吸引投资和带来财富积累的产业，才被认为是生产性的，而包括诸多类型文化在内的服务业是非生产性的，斯密甚至编排了一个非生产性服务经济活动列表，包括公务员、军人、律师、医护人员、作家、艺术家、戏剧演员、音乐家、歌手、剧院舞蹈演员和其他私人服务以及家仆等。这些职业的共同特点就是，不能应用当时的先进技术扩大生产和创造财富。斯密甚至将文化活动再压低一等。他认为，服务业包含各种职业，有些是很尊贵、很重要的，有些却可以说是最不重要的。前者如牧师、律师、医师、文人，后者如演员、歌手、舞蹈家。

在斯密时代及之后，这个观点非常流行，如李嘉图、约翰·穆勒、西斯蒙第等，都赞同这种观点。以约翰·穆勒为例，他着力于划分哪些特定类型的服务业是生产性的，将效用分为三种类型，"包含于外在的实物中""包含在人身上（例如教育）"和"不内嵌于任何实物中，而只能存在于单纯的服务中"，而"音乐表演者、演员、玩杂耍的"等文化活动，都被定义为第三种类型。穆勒明确说："我只将所谓的物质财富视为财富，将生产内含在实物中效用的运用视为生产性劳动。"上述角度的讨论一直延续到20世纪中期。

（三）文化是低效率服务业的代表性行业

文化产业的低效率问题源自其传统服务业的特征。传统服务业有以下三个特点：一是"结果无形"，即服务过程不产生有形结果；二是"生产消费同步"，即服务生产和服务消费同时同地发生，生产完成时服务已经提供给了消费者；三是"不可储存"，由于必须同步，服务过程也就是服务结果，过程结束则服务结束，无法储存。

上述性质使这些服务业具有以下经济学意义上的重要特征：第一，没有规模经济。由于服务生产和消费不可分离且是同时同步进行的，消费需求又高度个性化，因此"批量""标准化""劳动分工"等产生规模经济的基本要求都不能满足。第二，技术含量低。制造业的进步主要体现在高效率机器设备上，多数传统服务业是直接的劳务活动，难以普遍应用机器设备。

由于上述两个原因，促使工业革命以来劳动生产率提高的主要因素都体现不到服务业上。特别是文化和艺术类生产，长久以来的基本特征是"纯人力资本投入"，基本上没有采用资本和新技术来提高生产率的可能。以乐队五重奏为例，2.5 小时的劳动付出（0.5 小时×5 人）提供一场半小时的现场演出，至今毫无变化。而 2.5 小时的制造业劳动付出所能提供的产品，早已借助先进的机器设备而大大提高生产率。这些特点决定了工业革命一直到 20 世纪中期，文化未能得到技术的普遍赋能，因此，文化产业未能得到大规模发展。

（四）技术加持、效率提升与文化产业化

20 世纪中期前后，"文化产业"开始出现在学者的讨论中。这个变化直接与技术发展相关。自这个时期开始的技术进步，为文化内容生产和传播提供了极大帮助，效率明显提升，表现手段丰富多样。较早提出文化产业概念的法兰克福学派的霍克海默和阿多诺等人敏锐地发现：文化生产一旦与科技结合，形成产业体系，就会产生影响社会的巨大力量。例如，印刷机虽然早已发明，但长期以来一直是手工排字，直到 19 世纪中期德裔美国发明家默根特勒发明了莱诺铸排印刷机，才大大提高了印刷效率，快速提升了普遍识字率。生产和消费都迅速扩大规模，使文字类文化产品如书籍和报刊等扩大生产，形成了出版产业。再如，电影制作技术在 20 世纪初期迅速发展，经历了从无声到有声、从黑白到彩色、从单声道到立体声等几次变革，每次变革都以技术为先导。特别是电影"可拷贝"的特点，大幅降低了文化产品的制作成本和文化消费价格。视听技术使得声音、图像能够实时录制、传送，音像复制技术促成了音像文化产品的批量化生产。

20 世纪中期以来，以信息技术为代表的科技发展更加广泛触及文化领域，促进了文化产业的大发展。托马斯·斯坦贝克、蒂里·诺伊尔等学者都认为，新经济最典型的特征是包括文化在内的"先进服务业"。有研究表明，1967—1995 年，无线电、电视广播和通信设备等行业独占鳌头，电子媒介、娱乐休闲开始成为文化创意产业的新宠。家用音频和视频设备、电视广播服务等都经历了快速发展，突破了地域对文化传播的限制。技术产品的出现还极大地促进了文化内容创新。例如，为了让收音机和电视机进入千家万户，广播公司和电视台必须创造出内容丰富的节目，转播比赛、制作娱乐节目等便是如此。

与此同时，整个消费端也在快速变化和进步。20 世纪后半期以来，教育广泛普及，民众的生活水平显著提高，中产阶级成为人口构成的主要部分，成为"大众"的主体，他们的知识结构、生活方式、世界观和价值观等已有很大改变，文化产业拥有了广泛受众。此时的文化消费需求既有纯粹找乐、简单直白的娱乐节目，也有风格多样、内涵丰富的多种艺术产品。技术发展支撑了文化的丰富多样，各类人群总能从中找到符合自己口味的文化产品。再之后，始于 20 世纪 70 年代初的"后工业社会"被描述为知识、科学和技术主导的社会。社会学家丹尼尔·贝尔的《后工业社会的来临——对社会预测的一项探索》是一部经典之作，他认为后工业社会是由服务和舒适所计量的生活质量来界定的，比如健康、教育、娱乐和艺术。技术和专业阶级的地位不断提高。他将在文化和信息提供等方面具备专业知识的人员归入此类。消费端结构和整个社会结构的变化，为文化产业的多元化发展提供了最重要的市场基础和时代背景。

总之，这个时期文化产业供给侧和需求侧都发生了巨大变化，文化产品的生产效率大

大提升，文化表现手段更为丰富，文化产品的大规模复制、流通成为可能，消费者可触及的文化产品和服务持续拓展，消费成本不断降低。此时的文化具备了大量投资、大规模生产并持续提供利润和积累财富的特点，"文化产业"这个概念的提出和发展成为必然。

技术如此强有力地赋能文化产业，并非只收获赞扬，同时也带来许多担忧和质疑。一个较为普遍的观点是，文化发展开始受制于资本的力量。由于许多技术是资本密集型和大规模生产型的，初始的文化创意者自身的资金和组织能力严重不足，必须吸引外部投资，因此，文化产品越来越多地从"劳动密集型艺术"向"资本密集型艺术"转变。正如霍克海默和阿多诺所说的"最有实力的广播公司离不开电力工业，电影工业也离不开银行"。本雅明也指出，"电影制作技术不仅以最直接的方式使电影作品能够大量发行，更确切地说，它简直是迫使电影作品做这种大量发行。这是因为电影制作的花费太昂贵了"。

因此，一旦使用技术，就意味着有外部投资者介入，创意和生产过程便不完全依创意者个人的艺术偏好来进行，文化本身的理念、价值、品位等不再受到重视，成为产业的文化在很大程度上已经不再是"文化"。

（五）数字赋能与文化产业超常发展

1. 数字技术与文化产业的高度适配性

进入21世纪，技术与文化的融合进入全新时代，迎来了前所未有的繁荣景象。数字技术提供了迄今为止摄取、生成、存储和处理各种文化元素的最大能力，文化产业极大地提高了效率，文化产品具有更加多元的形态和更为丰富的表现力。以音乐为例，传统音乐服务以现场音乐会为主，后来发展为可以搭载在实物产品如光盘和磁盘上提供服务，现在，数字技术将音频和视频变成了可以在计算机网络上免费共享的数字文件，可随时随地提供极为丰富的音乐服务。

2. 数字文化产业的定义及内涵

从统计口径和内涵来看，目前国际学术界对"数字文化产业"并无高度共识和通用的权威定义，定义和内涵相对清晰的是"数字内容产业"。1995年西方七国信息会议最早正式提出"数字内容产业"的概念，1996年欧盟《INFO2000计划》进一步明确了数字内容产业的内涵：数字内容产业是指将图像、文字、影像、语音等内容，运用数字化高新技术手段和信息技术进行整合运用的产品或服务。2008年，亚太经合组织（OECD）用以下术语描述了该部门的重要性：随着经济向知识密集型发展，创建、收集、管理、处理、存储、交付和访问内容的信息丰富的活动正在广泛传播到各个行业，为进一步创新、增长和就业作出了贡献。它还刺激了用户的参与和创意供应的增加。

中国官方文献对这个概念的应用可以追溯到2009年，这一年国务院发布了《文化产业振兴规划》，提出数字内容产业是新兴文化业态发展的重点。最早提到数字文化产业的是2017年文化部发布的《关于推动数字文化产业创新发展的指导意见》，其中指出，数字文化产业以文化创意内容为核心，依托数字技术进行创作、生产、传播和服务，呈现技术更迭快、生产数字化、传播网络化、消费个性化等特点，有利于培育新供给、促进新消费。定义数字文化产业及其内涵，是一个渐进发展变化的过程。

从数字文化贸易角度来看，这个概念较早出现在美国国际贸易委员会（USITC）2013年发布的《美国和全球经济中的数字贸易Ⅰ》中，这个报告将数字贸易定义为通过有线和无线数字网络传输产品或服务，认为"数字贸易"主要集中在能够在线交付的数字产品和服务领域。在其描述中，直接涉及许多数字文化的内容，包括能够数字化交付的音乐、游戏、视频和书籍，以及数字化社交媒体；通过互联网交付的信息服务如电子邮件、即时通信和网络语音电话等。在2014年发布的《美国和全球经济中的数字贸易Ⅱ》中，美国国际贸易委员会吸纳了产业界对2013年该报告定义的反馈意见，分析了当前美国与数字贸易特别相关的数字化密集型行业：包括出版报纸、期刊、书籍、电影、广播和新闻等；还包括软件出版、互联网出版、互联网广播及搜索引擎服务；以及媒体购买机构、旅游安排及预约服务。亚太经合组织将数字贸易定义为：包括以数字方式进行的货物和服务贸易，其中也包括大量数字文化产品。

二、数字赋能、效率提升与主导地位

（一）数字技术全面全链赋能文化产业

数字技术以极快速度和极大能量，全面赋能文化产业创作、生产、传播、交易、消费全链条。

1.赋能消费者和扩大消费规模

在数字技术之前，技术也提高了文化的生产和传播效率，将其推向"大众"。但那时的文化传播以视觉和听觉文字为主，接收、欣赏和创作这类文化产品需要有较高的教育水平、财富能力和闲暇时间。数字技术开启了图像和视频时代，极大地拓展了各类人群参与文化创作和消费的规模。

第一，突破了阅读能力障碍。无论消费者的阅读能力如何，都可以用图像和视频等形态欣赏丰富的文化产品。

第二，突破了财富能力障碍。消费者以较低的费用甚至免费登录一个平台，就能享受到各种各样的文化服务，能够听到或试听世界各地的音乐，看到或试看全球的电影，足不出户即可欣赏博物馆中珍贵的藏品。

第三，突破了时间和空间障碍。手机和平板电脑的便携性和移动性，更加契合现代社会快节奏、时间碎片化、空间移动频繁的特点，更利于创作和欣赏文化产品。

第四，突破了信息有限的障碍。以往生产者和消费者之间的信息渠道有限，彼此发现十分困难。现在消费端的搜索技术使消费者能够在网络海量的文化产品中随意选择各自感兴趣的内容。

总之，数字技术以一种前所未有的便捷方式，携带文化内容融入人们的日常生活，极大地扩展了文化对社会的渗透度和影响力。

2. 赋能创意者和创意创作多元化

首先，突破了大众创作能力障碍。那些文化创作"专业"能力不足的人群，也能将极富创意的灵感转化为文化产品，例如发布自己的视频、照片、脱口秀、广场舞等以及更多形态的产品，还能通过"点赞"展示自己对某种文化产品的喜爱。

其次，突破了新创意新作品"面市"的障碍。以中国网络文学市场为例，2020年中国网络文学注册作者总数超过1400万，相当于每一百个人中就有一个网络文学注册作者。如此规模的作者群，在线下难以找到呈现其作品的场景。

最后，突破了创新固有模式的障碍。例如社交网络上的网红不仅分享其产品与服务，还与粉丝分享生活方式、情感、时尚、情怀及梦想等，为消费者带来精神与物质需求方面的更多满足。

3. 赋能生产者和智能化定制

数字技术具有探知消费者阅读、收视习惯和愿望的强大能力，了解人类深层文化诉求，并由此创作出文化和市场双赢的优秀产品。数字平台制作的电影和剧集由于深谙消费者心理需求而广受欢迎。网飞（又称奈飞，Netflix）在全球拥有3000多万用户，他们在每个播出季使用1000多种不同的设备收看超过40亿小时的节目。这些用户每天生产3000万次播放动作、400万次评级和300万次搜索，从而构建起一个海量数据库，网飞的700名数学家和工程师每天对上述数据以及用户观看视频的时间、所使用的设备等进行大数据分析及挖掘。所以，网飞可能更懂其用户喜欢看什么、渴望看到什么，从而制作出受市场欢迎的节目，同时也成为各大影视奖项的收割者。现在全球市场上，网飞、亚马逊等数字内容平台提供的节目成为观众收看的主要内容；国内市场上，爱奇艺、优酷、腾讯视频等数字平台制造的剧集和综艺节目日益获得消费者青睐。

4. 赋能社交行为和增强文化消费偏好

受从众心理的影响，社交行为能影响人们的消费偏好——喜欢朋友们所喜欢的。当社交网络广泛渗透时，这种影响力极大增强。无论在朋友圈还是在微信群，当大家都在欣赏一款文化产品时，你很难不产生兴趣。2020年年初，全球社交媒体用户已突破38亿，对文化消费的影响力十分显著。这种影响也是网络"外部性"的一个重要表现。所谓网络外部性，是指一种产品为消费者带来的边际效用是现有消费者数量的增函数。产品时代人们举例最多的是传真机，使用的人越多，带来的效应越强。文化消费也有此性质，当人们发现众多消费者观赏或展示某种文化产品时，他们自己加入其中的概率也会提高；同时，自己所消费的产品被更多人消费时，效用就会提高。

5. 赋能文化传播和大规模联结

第一，智能分发技术极大地提升了传播的精准性。现在，人们生产出海量文化产品，生产者如何寻找到喜爱自己产品的消费者成为难题。智能算法对消费者的消费意愿和潜在倾向进行专业化处理和加工，实现生产与消费高度匹配的信息分发模式。现在人们随便打开一个网站或资讯APP，系统都会根据你的浏览记录和阅读爱好，自动为你推送相关内容。早在

2016年，在资讯信息分发市场上，根据算法推送的内容已经超过50%，成为信息传递的主渠道。

第二，数字压缩技术方便海量信息传播。信息传递的长距离、高速度、大容量、高可靠性，使得文字、声音、图像等文化内容在互联网上可以无障碍通行。过去书架上的厚重纸质图书，现在通过一个移动阅读终端就可以轻松拥有、便捷携带。特别是5G技术提供的低时延、高通量通信能力，极大地拓展了数字文化内容传播的容量，可以极速下载影视作品。

第三，数字传播突破地域限制。过去观看演出、欣赏电影，必须到剧场、影院，现在拥有一部智能手机就可以随时随地观赏。截至2020年，我国网络音乐用户规模超过6.08亿，而2017年走进音乐厅观看音乐会现场的观众仅为1342万人次，每场人均观众不到869人。2016年上半年，美国市场的音乐下载量为4.043亿次，传输次数达到1136亿次，相当于每天6.2亿次播放，每小时2600万次，每分钟43.1万次。

第四，数字技术还能有效反馈消费者获得服务之后的消费状况。以图书市场为例，纸质图书的销售商只知道卖了多少本书，但是不知道卖给了谁，也不知道读者看了多少和看完以后的感想。数字图书平台很可能既知道卖了多少、卖给了谁，也知道读者看了多久，而且知道读者看到哪章哪节甚至哪段哪句话哪个词，知道他们是否在某处反复看甚至查阅更多资料，从而能进一步了解消费者的阅读偏好，继续向其推送相关信息和产品。

（二）数据变现能力和二元市场显现

数字技术不仅赋能文化产业全链条，而且创造出了新的平行数据市场：海量消费者数据被广泛收集使用，创造出精准推送广告的价值。数字时代，凡是触及线上消费者的产品都能创造出二元市场——产品市场和广告市场。但数字文化抵达人群最多、迭代更新最迅速，因而成为收集信息和推送广告的最佳载体。这两个市场相互加持，消费者有了多种选项，例如选择成为付费消费者以获得免广告干扰的权益，或者以接受广告推送换取成为"免费"消费者的权益。

由于线上文化消费规模巨大且智能分发精准推送能力强大，近些年来，广告从传统媒体向数字化媒体的迁移是根本性的。可以推断，导致传统媒体困境的主要原因，并不是免费网络媒体对消费者的直接吸引力更大，而是因为广告商急速向网络媒体迁移。换言之，对报刊社运转最大的打击并不是读者减少，而是广告大幅下滑。

在我国有同样趋势，广告的数字化迁移很迅速，在过去七八年间，广告投放发生了根本变化。通过表4-5可以看到，2015年网络广告收入超过了电视，2015年电视、报纸和杂志的广告收入出现严重下滑，报纸和杂志的广告收入几乎是"腰斩"——报纸从2015年的503亿元降至2016年的233亿元，减少270亿元；杂志从2015年的77亿元降至2016年的41亿元，减少36亿元。而网络广告收入2016年比2015年增加639亿元，电视、报纸和杂志的广告收入2016年比2015年减少额之总和，相当于网络增加额的58.2%。此后几年，一直是这个趋势，到2020年，网络广告收入达6464亿元，是电视、报纸和杂志广告收入之和的近6倍。智能化分发与"精准"并生的"信息茧房"效应引起各方担忧。"信息茧房"是凯斯·桑斯坦在《信息乌托邦》一书中提出的概念。无论是搜索还是推送,用户长期只接触自己感兴趣的信息,而缺乏对其他领域的接触与认识,会限制用户的全面认知,个人信息环境呈现一种偏向性和定式化,不知不觉间为自己制造了一个"信息茧房",将自己包裹其中,禁锢了自己的思想和理解能力。现在,"理念+技术"正在努力破除"茧房"效应,例如国内各家资讯平台都承诺通过优化算法模型,在向用户推荐其感兴趣信息的同时,也向用户推广更多信息,使那些重要信息得以聚合,真实全面、准确客观,并能触达所有消费者,努力做到"想知"与"应知"的平衡。

表4-5 2013—2020年中国广告收入(亿元)

年份	网络	电视	广播	报纸	杂志
2013	774	1046	136	556	83
2014	1100	1119	140	512	78
2015	1546	1149	143	503	77
2016	2185	1085	145	233	41
2017	1903	1050	147	137	29
2018	3881	1031	151	96	22
2019	4965	959	140	97	30
2020	6464	935	136	67	26

(三)数字内容的核心地位和主导作用

近些年来,我国数字文化产业发展明显快于整体文化产业,数字内容已经成为文化产业的主体部分。2019年我国规模以上文化及相关产业实现营业收入86624亿元,其中,网络和数字文化特征明显的16个行业小类实现营业收入19868亿元,同比增长21.2%。其中,互联网其他信息服务、可穿戴智能文化设备制造的营业收入增速超过30%。在广播电视电影和影视录音制作这个文化产业的核心部分,2018年数字经济已经占据半壁江山,比重达到55.5%。

下面是文化产业数字化发展状况的一些典型数据和情况。

1. 文学作品

数字化创作、传播和阅读已成为文学作品的主体,其体量是传统体系所无法比拟的。以美国非小说类图书市场为例,1990年美国的这类图书为11.5万部,2006年仅增加到30.7万部。此后数字化带来了新书上市数量的爆炸性增长,2016年非小说类图书的出版量高达240万部,主要是线上出版。2018年各类网络文学作品新增795万部,而同年纸质文学图书出版只有5.89万部,前者是后者的135倍。

数字阅读成为阅读主体。2019年我国成年人各类数字化阅读方式的接触率达到79.3%,超七成受访者认为数字阅读帮助自己提升了阅读总量。数字时代非但没有挤压"阅读"的市场空间,反而能够抵达更多人群,提升了大众综合阅读率,带动了阅读总量的增长。

数字阅读也成了中国文学海外传播的主渠道,掌阅海外版用户累计超过2000万。

网络也成为文学作品销售的主渠道。在我国,2019年网店渠道的占比达到了70%。

2019年中国图书零售市场规模同比上升了14.4%，规模达1022.7亿元，所有的增长都是网店贡献的，网络销售同比增长24.9%，规模达715.1亿元；实体店销售继续呈现负增长，同比下降4.24%，规模缩减至307.6亿元。

2. 音乐

数字音乐已经成为音乐消费核心层的主流市场，远远超过音乐图书与音像、音乐演出以及音乐版权经济与管理这三大传统市场之和。从全球范围看，2019年音乐产业收入中，实体音乐收入仅占音乐产业总收入的1/4，而各种网络与数字音乐相关的收入占3/4。

2019年中国音乐产业核心层产值规模为884.8亿元，其中数字音乐产值规模为664亿元，所占比重超过3/4，音乐产业已经整体进入数字时代，数字音乐产业成为发展的主引擎。

3. 剧集和综艺节目

数字平台的剧集与综艺节目快速占领市场。电视台的电视剧和综艺节目是在数字时代之前最有人气的文化内容产业，但在今日正在被数字内容平台超越，影视作品和观众可获得的内容及渠道都更加多样化。2016—2018年，各地电视台的上星电视剧（在卫星频道播放、可在全国范围内收看）从168部下降到113部，数字平台制作和播放的剧集从201部增加到260部，后者数量是前者的2.3倍。剧集的质量不断提高，在重要奖项中占据一定位置，口碑则更居前列。例如，腾讯视频制作的《大江大河》在第25届"白玉兰奖"中获最佳中国电视剧奖；爱奇艺制作的《你好，旧时光》获第五届"文荣奖"网络单元最大奖项；优酷制作的《白夜追凶》获第四届"文荣奖"最佳网络剧。

综艺节目过去多年在电视台一统天下。近年来，网络综艺节目档数、总期数和总时长都保持较快速度增长。2017年10月至2018年10月，腾讯网、优酷网、芒果TV等21家网络上线播出网络综艺节目共385档、10912期，总时长约237400分钟。节目档数、总期数和总时长同比分别上涨95%、217%和121%。

2020年的国内综艺市场尽管受到一些客观环境影响，但全年上线网络综艺229档，相比2019年的221档略有增加。其中，语言类节目《朋友请听好》，以近9.15亿有效播放量领跑2020年上新网综市场，轻松横扫六大平台榜单第一。表4-6是2020年上新网络综艺节目播放量前五位。

表4-6 2020年上新网络综艺节目播放量前五位

排名	综艺名称	整片有效播放量（亿）	上线日期	内容类型	播出平台
1	《朋友请听好》	9.15	2020年9月12日	语言	芒果TV
2	《创造营2020》	6.83	2020年5月2日	选秀	腾讯视频
3	《哈哈哈哈哈》	6.75	2020年11月13日	真人秀	爱奇艺/腾讯视频
4	《这！就是街舞》第三季	6.13	2020年7月18日	街舞	优酷
5	《乘风破浪的姐姐》	6.08	2020年6月12日	真人秀	芒果TV

4. 直播

直播在中国是一个普及率和活跃度都较高的数字文化新业态。据《中国互联网络发展状况统计报告》显示，截至 2020 年 3 月，我国网络直播用户规模达 5.60 亿，占网民整体的 62.0%。其中，游戏直播的用户规模为 2.60 亿，真人秀直播的用户规模为 2.07 亿，演唱会直播的用户规模为 1.50 亿，体育直播的用户规模为 2.13 亿，较 2018 年年底增长 3677 万，占网民整体的 23.5%。在 2019 年兴起并实现快速发展的电商直播用户规模为 2.65 亿，占网民整体的 29.3%。从在线直播平台看，PC 端月均活跃用户较多的"斗鱼直播"，2019 年月均活跃用户 7642.5 万人。娱乐类直播平台用户较多的"YY 直播"和"六间房"，月均活跃用户分别为 6529.3 万人和 5318.7 万人。

还有更多文化类型在尝试数字化。那些以现场表演为主的艺术类型，也在探索利用数字技术提高传播能力。英国国家剧院在 2012 年推出了"国家剧院现场"（简称 NTLive），在演出现场进行高清多维拍摄并卫星转播，以高清影像的方式覆盖剧场外的人群，项目在全世界获得了蓬勃发展，已有近 1000 万观众在世界各地的 2000 个场所观看了演出。剧场里的每个座位都成了黄金座位，舞台一目了然；特写镜头捕捉到了演员的微妙表情和细小动作，现场感极强。现在有更多剧团推出了这种演出形式。随着 5G 等新一代通信技术的发展，高通量、低时延的通信技术将促进更多艺术类型的数字化呈现。

三、数字技术与文化结构变化、地位提升和竞争新格局

数字内容产业是指将文本、图片、视频与音频等内容，运用多媒体、数字与网络技术等高科技手段整合成新的产品或者服务，其打破了原有传统文化产业的电影、电视与报业的固有边界，横跨通信、网络、娱乐、媒体及传统文化艺术的各个行业，并对传统文化产业实施了融合和重铸。当前，网络游戏、短视频、动漫、网络视频、直播、自媒体、新闻资讯 App、在线音乐、在线教育、知识付费、互联网期刊和网络文学是数字内容产业 12 个较大的主流细分领域。数字文化成为市场主流，对文化消费结构、文化生产结构、文化市场结构和文化国内外比例结构等都产生了深刻影响。

（一）中国数字内容产业发展的进程及动因

1. 中国数字内容产业发展的进程

中国数字内容产业从 20 世纪 90 年代发端，起步远晚于美欧等发达经济体，目前已成为涵盖广播影视、新闻出版、动画、游戏与互动多媒体等领域的完整产业链。在需求拉动、国家助推、资本驱动等因素的主导下，加上近些年数字技术及网络平台的兴盛迭代，我国数字内容产业也渐渐步入发展的快车道。包括传统文化在内的各类企业借助先进技术工具，优化生产流程，提升用户体验，创新商业模式，不断促进科技与文化的深度融合。目前，腾讯、网易、阿里巴巴、百度、字节跳动、新浪、正保教育、新东方等企业已成为我国数字内容产业崛起的中坚力量。未来，中国数字内容产业仍有望保持较快的增长速度。

2. 中国数字内容产业发展的动因

近年来,我国依靠巨大的市场潜力与鼓励创新的政策环境,数字经济发展势头持续强劲,数字内容产业各主流细分领域都在经历快速发展,处于全球的第一方阵。这归因于我国在顶层规划、市场基础、科技条件等体制机制方面的政策配合。

首先,自党的十八大以来,中共中央与国务院相继出台《国家信息化发展战略纲要》《"十三五"国家战略性新兴产业发展规划》和《关于加快发展对外文化贸易的意见》等一系列文件,从多个角度对中国数字内容产业的发展进行了战略规划。

其次,中国拥有超过 14 亿的人口基数,国内市场规模和潜力巨大,这也正是中国数字内容产业得以高速发展的天然优势。

最后,近年来,中国在大数据、人工智能、移动互联网、云计算等科学技术方面也渐渐跃居世界前列且在信息传播领域的应用持续深入,为数字内容产业的发展提供了强有力的技术支撑。

(二)当前中国数字内容产业发展的特点

1. 总体呈现大而不强

在我国数字内容产业蓬勃发展的同时也要看到,在国际范围内,美国是数字内容产业的领先者。尽管中国拥有历史悠久且丰富多彩的文化资源,但与美国文化产品和服务全球扩张的软实力相比,我国文化对全球的影响力要小得多。

虽然我国近些年在数字内容产业上出现了快速增长,但这主要是由于国内人口基数大所形成的市场规模,在信息技术、创意内容和产业发展环境等方面与美欧等发达经济体还有不小的差距。此外,相比美国在数字内容产业各主流细分领域的平衡发展,我国数字内容产业的发展很不均衡,将来有必要通过加强通信与信息技术的研发、夯实数字内容产业基础、提升数字产品及服务质量、完善相关的法律监管体系等措施来不断强化数字内容产业的基础。

2. 开放水平高的东南沿海区域显露较强的产业实力

在传统内容产业向数字内容产业转型过程中,我国数字内容产业的发展水平呈现东部强而西部弱、南方强而北方弱的态势。数字内容产业发展程度比较高的城市主要集中在上海、深圳、杭州与南京等东南沿海均设有自由贸易试验区(以下简称自贸区)的中心城市。这与世界各国的数字内容产业日益集中在各国中心城市的发展路径,即具有较为明显中心城市化的特征是一致的。究其原因在于,数字内容产业的发展比较依赖城市科技水平、自主创新能力以及全球范围内人才的支撑,而这些资源要素比较容易在中心城市集聚。此外,国家政策的试点也往往容易向这些基础良好省份的中心城市倾斜,这无疑也为我国东南沿海地区数字内容产业的发展提供了很好的政策土壤。

3. 产业发展面临日趋增强的威胁和挑战

当下我国数字内容产业正在蓬勃兴起并日益成为我国先进文化在未来的发展方向,但在美欧等发达经济体试图掌控意识形态与文化领域和主导全球数字内容产业规则的国际背景下，中国数字内容产业面临日趋增强的威胁和挑战。伴随网络强国战略的深入推进，媒体融合发展迈向纵深，数字出版作为新时代意识形态传播主流阵地的作用凸显，由此也对我国数字内容产业的发展提出了更高的要求和更大的使命。

未来，中国必须从战略高度重视数字内容产业的转型升级，而这注定是一项长期且复杂的工程，既需要国家特殊政策的支持，也需要具体的探索工具。由于自由贸易港是目前全球公认开放水平最高的特殊经济功能区，在自由贸易港内可以对接国际高标准经贸规则，享有"一线放开，二线管住"和"先行先试"等特有政策优势，成为既能保证数字内容产业创新发展又可将产业监管风险控制在一定范围内的最佳改革试验平台，因此，对于中国数字内容产业跨越式发展这一工程而言，最好的探索工具就是自由贸易港。

第三节 监管方式落后

目前，数字经济的应用已经相当广泛，但法律法规明显滞后。数字经济的一个重要因素是数据，但各种各样的数据在一定程度上造成了"数据洪灾泛滥"的现象，数据安全得不到保障。此外，政务数字化水平低、治理能力不高是突出问题。

一、自贸区数字化监管体系架构设计

设立自贸区的目标在于推进公共服务高效、贸易便利快捷、投资自由有序的投资环境和营商环境变革。强化自贸区数字化监管，需要充分运用互联网、大数据、云服务和智慧园区等新一代信息技术不断推进政府公共管理提质增效，即要求聚焦在体制机制创新、数字治理变革、营商环境整治、闭环周期监管和监督本体赋能上。

（一）体制机制创新

自贸区改革创新的目标是把体制机制变革作为数字化监管的重要内容。具体而言，着力在"放管服"改革中突出营商环境治理、服务模式创新、审批流程优化、贸易流通顺畅、应用技术革新等。通过改革释放制度红利，进一步精简行政审批事项，实现自贸区投资贸易国际规则与国内法规系统有效衔接，对实体经济企业生产领域实行协调联动放权，最大限度地减少涉企行政审批项目。完善企业投资负面清单制度，积极推广"一次办妥""最多跑一次"的事项审批和政务办理模式，建立"多规合一、多评合一、多图联审、统一验收"的行政管理机制。清理、归并和减少前置审批事项，完善、改革和优化后置审批事项，充分发挥市场资源配置机制的作用，及时更新并公开"先照后证"后置审批事项目录。围绕海关风险防控和税收征管职责，实现报关审核办理、税收征管管理和协同监管模式一体化，持续深化"自助报税、自助通关、自动审放、重点稽核"等监管制度改革。

（二）数字治理变革

充分运用"互联网＋政务服务"，通过流程优化、清单归并、审批并联、在线办理等方式整合政务资源，融合线上线下扩大"一次办妥"行政审批和事项办理的覆盖范围。高标准建设符合国家标准规范的自贸区电子公共服务系统。实现网上政务服务平台、电子口岸公共平台、海关通关一体化平台与政务数据共享交换平台相互平滑对接，形成整体性数字化服务网络平台。贯通企业设立、变更、资质认定、注销和项目投资、生产、经营、缴税、知识产权，以及园区教育医疗、交通住房、社会保障、劳动就业等服务事项网上受理、网上办理、网上反馈的全程数字化服务应用集成。实现自贸区行政审批、事项办理和公共服务全流程一体化在线监测。进一步推进市场主体行为的现场勘验、监督、检查等外部环节数字化监管水平的提升，构建行政审批和政务服务全流程网上运行模式。开发跨境电商、国际快件、大数据应用与服务功能，搭建产品全流程数字化标识、产品安全和服务质量全生命周期追溯的网上查询平台。强化企业贸易数据和外部关联数据的实时采集、比对，以数据链打通贸易链、服务链和信息链，最大限度减少人工干预，运用大数据分析对园区贸易和生产管理的风险并实施精准监测、有效监管。

（三）营商环境整治

以完善国际通道网络、优化国内集疏网络和打造区域性国际物流枢纽中心为目标，积极探索畅通国际贸易规则和国内市场规制的自贸区市场准入、通关安防、税务稽查、质量监管、多式联运等服务标准及模式。创新外商投资准入和负面清单管理模式，健全货物申报、贸易许可、原产地证书申领、出口退税申报、运输工具申报、税费支付、查询统计等监管服务流程。营造国际化、便利化、法治化营商环境。推动行政审批和事项办理信息跨区域、跨层级、跨部门互联互通互认。深化"多证合一""证照分离""先照后证""先建后验"等试验性创新变革，完善审批事项目录、服务清单和责任清单制度，依法推进自贸区政务服务信息全面、及时、准确公开，扩大公共数据开放范围。探索"风险预评估、商品预检验"制度和"事中验估、事后大数据分析"等快速检验、科学有效监管新模式。

（四）闭环周期监管

建立统一基本数据要素和唯一数字标识的"一单制"多式联运模式，形成支持贸易商品、产品和服务的基础信息的汇集、交换、共享、监测等全生命周期追溯管理机制，支持对市场主体间投资贸易合同签订、订舱、装船、发运、抵港、理货、转运、送达、结算等全环节的信息和数据全程可查验可管理。畅通物流服务通道集疏运体系，搭建适应跨境铁路班列、航空货运、公路通道和水运航道全程监管的物流电子标识查询验证平台。创建多运输方式、多部门联动的常态化物流管理沟通协调机制，有效解决在物流运营基础设施、新型信息网络设施和大数据应用建设与共享中存在的问题。推进自贸区市场监管过程中"双告知"工作，使责任单位和部门主动查询认领企业信息，根据职责进行后续监管。构建跨境贸易和园区产品质量安全风险监控体系，完善质量安全、生产安全和园区安全突发事件应急预案，科学、有序、高效处置相关突发事件。

（五）监管本体赋能

自贸区监管职责的履行对自身能力建设提出了更高要求。自贸区数字化监管本体建设包括政务服务、协同监管、营商环境等。

一是建立一体化行政审批体系。以"一次办妥""最多跑一次""指尖办"为目标全面深化"放管服"改革。

二是推行相对集中的行政许可权改革，建立协同监管服务体系。完善部门协同监管机制，强化信用监管和联合惩戒，创新市场监管方式，推进综合执法改革，营造商事便利、服务高效、监管有力的政务服务环境。深化自贸区数据同步、信息共享、监管互认、执法互助的"智慧通关"监管服务。建立一体化综合物流监管体系。围绕贸易服务便利化，以模式创新和流程再造为支撑，完善事中、事后大数据监管机制，深化贸易监管、金融监管、市场监管等综合监管服务改革。

三是建立营商环境法治保障体系。构建与国际投资贸易规则、国内法律法规相适应的争议解决机制。

二、自贸区数字化监管面临的困境

（一）行政审批事项清单和负面责任清单尚不明晰

在"放管服"改革事项中仍有部分审批和事项办理处在向上争取、分批实施、调整优化过程中，省级行业主管部门完成的清单与自贸区片区所在地政府部门及片区管理部门直接承接事项的具体指导、实施细则和协调运作机制等尚不完备。一些涉及国家安全、公共安全、健康安全、生态环保等方面的事项或需暂时调整国家法律法规和部门规章适用范围的事项，如果直接取消审批或下放权力，自贸区片区难以承接，存在实际操作困难或审批与监管相脱节的风险。

（二）实行告知承诺制的后续监管处理依据不够充分

改革事项采取告知承诺方式后，与执行"申请人承诺符合条件并提交材料的，当场作出审批决定"还有较大差距，对"加强对承诺内容真实性的核查，发现虚假承诺、承诺严重不实的要依法处理"的规定存在缺失。在当场审批后，监管核查过程中发现企业与承诺不符的，目前依法处理、撤销该行政许可的具体法律依据不够充分。

此外，推行"证照分离"后外部信息与政务信息交互不足，信息不对称导致需求与供给之间不协调。

（三）监管信息化、网络化应用滞后

自贸区很多领域的信息系统、业务平台各自平行运行，整合难度大，数据协同难。传统的基于部门和行业的离散式监管渠道和模式难以适应一体化、园区化集成监管需求。同时，新建园区和新增服务对监管部门人力、物力和财力成本压力较大，监管范围、数量和强度超出了现有管理支撑能力，离散化的监管体制、分散的监管队伍和有限的监管资源无

法适应大市场监管格局的要求。

（四）数字化监管缺乏全面、及时、准确的数据资源

一是数据分散、碎片化与标准、规范和要素不统一，增加了数据汇集、开发和共享的难度，现有的数据资源池不能满足全周期监管所需的决策深度要求。

二是自贸区各片区全面承接中央和省级层面设定事项的专业人员数量和技能相对不足，现有人员的专业配置、数字技能难以满足大数据智能化要求。

三是自贸区数字化监管政策、服务模式和改革措施的宣传力度有待加大，园区企业对政策性文件、办理流程咨询存在未得到有效回复的情况，宣传渠道单一，宣传方式简单，宣传效果不明显。

第五章　数字自贸区建设的路径选择

第一节　数字自贸区的基础设施建设

　　数字自贸区的基础设施主要包括云存储计算服务、人工智能服务和数字物流等方面的基础设施。云计算由 IaaS、PaaS 和 SaaS 三类数字服务构成，基础层 IaaS 提供云端存储和计算服务，通过网络对外实现 IT 基础实施服务；中间层 PaaS 提供软件开发平台服务，是一种把服务器作为平台的服务模式；SaaS 是最高层，把软件分布在服务器上，通过网络提供软件服务。随着服务可编程化和软件云端化，云存储计算服务将逐步催生出云外包、众包和平台分包等新模式，带动数字服务贸易发展。人工智能可以加快数字贸易的自动化和智能化。随着社会各领域对人工智能需求的快速增长，数字自贸区应当具有提供人工智能解决方案的服务能力。数字物流设施包括智慧物流信息系统建设；物流园区、大型仓储基地等智慧化改造；完善应急储备、冷链物流、邮政快递分拨处理、城乡配送等物流设施网络布局等，实现区域间和行业内物流信息与数据共享。

一、基础设施的定义

　　基础设施（infrastructure），又译作"基础结构"，源于拉丁"infra""structure"，该名词于 1927 作为工程术语被收录，主要指建筑物的基础部分。随着社会的进步和经济的发展，"基础设施"一词开始被应用到经济社会和日常生活中，逐渐形成了具有经济学意义的专有名词。尽管现有研究较多地定义了基础设施的内容，但是一直没有形成一个完全统一的认识，不同的学者和机构对其定义也不尽相同。世界银行在《1994 年世界发展报告：为发展提供基础设施》中对基础设施的概念进行了说明："'基础设施'一词包含很多内容，没有统一确切的定义。"该报告将"经济基础设施"定义为永久性的成套工程建筑、设施、设备以及其所提供的为所有企业生产和居民生活共同需要的服务，即通常包括文教、保健、商业等方面。

　　目前国际上常按照基础设施的功能，将狭义的城市基础设施分为几个子系统，如表 5-1 所示，即城市能源动力系统、城市水资源及给排水系统、城市道路交通系统、城市邮电通信系统、城市生态环境系统和城市防灾系统。

表 5-1 城市基础设施构成

城市基础设施子系统	构成
城市能源动力系统	电力生产输送系统、天然气生产输送系统等
城市水资源及给排水系统	水资源开发管理系统、污水排放处理系统等
城市道路交通系统	公路、桥梁、轨道、机场、港口系统等
城市邮电通信系统	邮政、电信等
城市生态环境系统	绿地建设、园林建设、河道整治等
城市防灾系统	抗震系统、防洪排涝系统、消防系统等

基础设施建设具有所谓的"乘数效应",即能带来几倍于投资额的社会总需求和国民收入。一个国家或地区的基础设施是否完善,是其经济能否可以长期持续稳定发展的重要基础,也是一个国家国民经济各项事业发展的地基所在。在现代社会中,经济发展得越快,对基础设施建设的要求越高。经济的发展与基础设施建设的发展是相辅相成的。

二、加强数字贸易基础设施建设

数字贸易的基础就是与之相关的各种基础设施,数字贸易中所涉及的产品的生产、运输、销售和服务都离不开数字贸易基础设施的支持,它对数字贸易的核心要素——数据进行收集、存储、传输、分析、应用,不仅为相关产业提供技术保障和实现手段,也对提高社会的信息化程度、加快知识信息的传播效率、推进相关产业的创新和提高以及激发数字贸易的发展潜力具有决定性的基础作用。我国的数字贸易基础设施指数在 46 个样本国家中位于第 34 名,反映出其所代表的我国数字贸易基础设施的建设仍相对落后。丹麦、卢森堡、荷兰等分项排名最突出的国家,在宽带设施等方面处于绝对领先地位。综合排名第一的新加坡所拥有的安全服务器数量为美国的 1.29 倍,相较于中国,更有数百倍的优势。

作为新时期经济社会发展的战略性公共基础设施,宽带网络是我国战略部署的优先行动领域和抢占国际竞争制高点的重要举措。据统计,截至 2020 年 12 月,我国固定互联网宽带接入用户数已经达到 48355 万户,同比增长 7.63%。

同时,自"宽带中国"战略实施以来,我国持续加大光纤网络建设投资力度,完成了以铜缆接入为主到光纤入户的全面替换。截至 2020 年 9 月,我国固定宽带光纤接入端口总数达到 8.6 亿个,其在上游宽带端口中的占比达到 92.1%。

目前我国已建成全球最大、覆盖最广的 4G 网络。截至 2020 年 6 月,我国 4G 基站规模达到 560.2 万个,同比增长 26%,总规模是 2014 年的 7.6 倍。4G 基站在全国移动基站总量中的占比达 63.9%,比 2014 年提升了 42.3 个百分点,全面实现了战略中"LTE 基本覆盖城乡"的预期目标。

从 4G 用户的渗透率来看,自 2014 年开始,我国 4G 用户渗透率一直领先于全球平均水平,截至 2020 年上半年,我国 4G 用户渗透率已达到 80.4%,而全球 4G 用户渗透率为 54.5%。

较高的网络覆盖率为我国数字贸易的发展提供了坚实的基础,但仍存在地区间信息化发展不平衡、不充分的问题。例如，一些偏远落后地区的互联网覆盖工作还未做到位，这些地区的群众还缺乏完备的网络知识；相比之下，发达区域虽然拥有很高的互联网普及率，但网络带宽的增长、互联网信号的稳定性以及服务硬件和软件的升级等仍具有较大改进空间。

要想提高数字经济发展的物质基础，就必须进行与数字贸易相关的基础设施建设，首先要求我国加大信息通信基础设施建设力度，进一步提高互联网用户渗透率及宽带普及率，尤其是提高向中小城市的政策倾斜力度，尽快消除地区间信息化发展鸿沟，并通过降低宽带资费、提升网络带宽等方式提高网络设施与服务水平，提高信息化服务水平，全面渗透数字贸易发展理念，以突破未来发展可能面临的物理"瓶颈"。

此外，数字贸易发展基础设施与民用基础设施存在差异性，因此，为提高国内数字贸易发展意识，在中央政府不断地增强资金支持力度的同时，需要地方政府进行相关市场机制建设，通过相互协调、相互促进以及相互配合等方式加快制造业及服务业数字化转型，打造完善的数字贸易基础设施价值链，如表5-2所示，从基础设施支撑方面打消我国数字贸易发展的顾虑。

表 5-2 与数字贸易相关的制造和服务价值链

分类		设备种类	终端
广义	狭义	端设备	手机
			PC 和平板
			电视
			可穿戴设备
		管设备	通信网络设备
		云设备	服务器
			存储系统
			企业网络设备
		电子元器件	集成电路
			分立器件
			显示器件
			PCB
			其他元件
		控制设备及仪表	其他元件
			仪器仪表
	其他	软件	基础软件
			应用软件
			垂直领域专用软件
		IT 服务	商业 IT 服务
			IT 产品支撑服务

三、提升物流绩效水平

数字贸易将先进的数字技术与传统的货物贸易和服务贸易进行了完美结合，对货物运输和物流方面的要求更高，这就需要提高实体货物对接的效率。在 2018 年所选取的 46 个样本中,我国的物流绩效排在第 26 位,整体上处于中游位置,但是和发达国家相比,在与物流绩效有关的关键指标上存在很大的不足和发展空间。在所选取的 46 个样本中,排名第一的是德国,与德国相比,我国的海关和边境管理清关效率有 0.8 分的差距;在物流服务提供的能力和质量方面的差距为 0.72 分;在运输效率方面尚需努力。当然,中国在预定交货时间内送达收货人的频率和贸易及运输基础设施的质量上都有较大优势。也就是说,我国虽然具有大量的交通基础设施和物流基础设施,但是在物流运输服务质量的转化上还存在许多问题,这严重阻碍了我国从物流大国向物流强国的转变速度。

因此,要通过提升我国的物流绩效水平来加强数字贸易竞争力。第一,要通过物流基础设施的建设完善我国的综合运输体系,从各个方面提升物流的绩效指数。第二,不断地提高物流服务的质量,树立有代表性的物流品牌形象,尤其是对于关键物流服务供应商核心竞争力的不断提升,通过各种激励措施,促进物流企业的国际化。第三,完善海关边境管理流程,优化边境管理体系,通过各种自动化服务和智能化技术促进通关自由化和便利化的发展,从时间成本方面缩短国际物流交易的成本。同时,要与全球航运企业密切合作,有效应对数字贸易爆炸性的增长态势。第四,不断地进行物流营商环境的优化,通过市场运行机制的良性循环,促进行业竞争力的提升。第五,促进区域贸易便利化,以信息共享为基础实现货物的高效率流动。第六,通过绿色智慧物流技术的广泛应用,对货物物流进行精准追踪。

四、优化数字贸易商业环境

我国的数字贸易环境指数在 46 个样本国家中位列第 33 名,综合排名较低。从分项指标来看,我国的企业对数字信息技术的吸收能力、数字技术在 B2B 交易中的应用程度以及数字信息技术对商业模式的影响这三项指标与其他发达国家相比差距最为明显,具体而言,可通过以下三方面来为我国的数字贸易发展创造更优越的商业环境。

首先,政府应继续推动"互联网+"等发展战略,鼓励国内企业数字化转型,加强企业生产及日常经营的信息化管理,实现全产业数字化转型。不仅要在数字贸易中充分发挥相关龙头企业的影响力,也要帮助中小型企业提升它们的数字化经营能力,例如以面向行业数字转型需求为导向打造共性数字技术平台,从各个方面为数字贸易的发展做好准备。同时,加深与"一带一路"沿线国家和地区的数字贸易交流活动,积极推广大数据、云计算以及物联网等新技术应用,加速世界资源整合,更快地参与到全球中高端价值链的生产中。

其次,从发展模式来看,数字贸易属于知识贸易的一种,具有极强的集聚效应,且由于数字贸易模式发展不再受到交通及地域等因素的限制,因此,可以通过在信息化技术较为发达与成熟的地区建设具有国际竞争力的数字贸易产业集群中心的方式,实现数字贸易和传统贸易双发展模式,有效地缩短相关产业链,在降低各种成本的同时努力提高各个企业的核心竞争力。

最后，企业要建构出立体多维度的合作模式。其一，可以利用与高校和科研院所合作的形式，与之建立密切的联系，如果有最新的研究成果，可以实现共享，如果出现风险，也可以一起应对；其二，当今世界合作日趋密切，国际中很多优质的资源和技术可以被引用和学习，将国际合作发挥到最优的状态，比如既可以与国外公司建立合作关系，还可以与一些科研机构进行合作，实现人才的共享，有助于企业自身人才的培养，并且能够吸引更多的人才入驻企业，将国外一些优秀的专家高薪聘请回来参与科研建设。最终让企业实现以市场为导向、以产品为龙头、以技术为纽带、以项目为载体，优势互补、共同攻关的产学研联盟的模式。

第二节 以 5G 网络为核心的新型基建设施

5G 网络是新型互联网建设的基础设施。数字经济发展的历史证明，互联网是数字经济的载体。今天，新一代互联网（IPv6）、卫星互联网已经在经济社会各领域得到应用，随着 5G 基站的全覆盖，5G 网络服务与工业、公共设施、交通工具、医疗卫生等相互融合，可以实现万物互联（IoT）和工业 4.0。与电商交易平台不同，物联网和工业互联网平台通过改变资源和生产要素的配置方式来改变传统的企业形态和生产方式。5G 网络的各种应用场景将催生海量数据和数字服务需求，推动新的数字服务产业形成，逐步发展成为新的全球产业链和价值链，产生新的国际分工机会，从而激发数字服务贸易潜能。从已公布的数字自贸区方案看，各个自贸区都把以 5G 网络为代表的新型互联网建设作为数字自贸区建设的重点内容。

一、5G 核心技术

eMBB（峰值 20Gbps）：由于 5G 有更多的可用频谱（3.5GHz、4.9GHz、mmWave）、更大的单载波连续带宽（5G 100MHZ VS 4G 20MHz）、超大规模天线阵列（Massive MIMO 5G 64T 64R VS 4G 4T 4R）、3D 智能天线（beamforming）等新技术的加持，给用户提供了前所未有的速率体验，将促进移动宽带持续发展，典型应用如 3D、超高清视频（4K/8K）、云办公和云游戏。涉及基础网络架构和基础技术创新的面向 eMBB 的 3GPP R15 协议版本已于 2018 年 6 月完成。

URLLC（空口时延 1ms）：由于 5G 数据调度时间更短、终端回复确认消息更快、编码译码更简单、采用了 MEC 新架构等，大大减少了网络时延。5G 将开启未来产业新蓝海，典型应用如自动驾驶、工业自动化、云化 VR/AR、网联无人机等。

mMTC（百万/km^2）：将拓展万物互联新边界，典型应用如智慧城市、智能家居等。面向 mMTC 增强的 3GPP R17 版本已在计划中。

5G 八项指标：面向移动数据流量的爆炸式增长，物联网设备的海量连接，以及垂直行业应用的广泛需求，作为新一代移动通信技术的全球标准，5G 相对 4G 的单一 MBB（移动宽带）场景，在提升峰值速率（eMBB 增强移动宽带）、时延（URLLC 低时延、高可靠通信）、移动性、频谱效率等传统指标的基础上，新增加用户体验速率、连接数密度（mMTC 海量机器通信）、流量密度和能源效率四个关键能力指标。从指标对比可以看出，5G 的速率、时延、连接等网络能力，相比 4G 有跨越式提升。

要支撑 5G 三大能力、八项指标的实现，需要从网络架构、空口技术、调度等各个层面进行创新。

（一）网络架构创新

1. NSA&SA 建网模式

NSA（Non-Standalone，非独立组网）和 SA（Standalone，独立组网）是两类实现 5G 业务的组网模式，如图 5-1 所示。

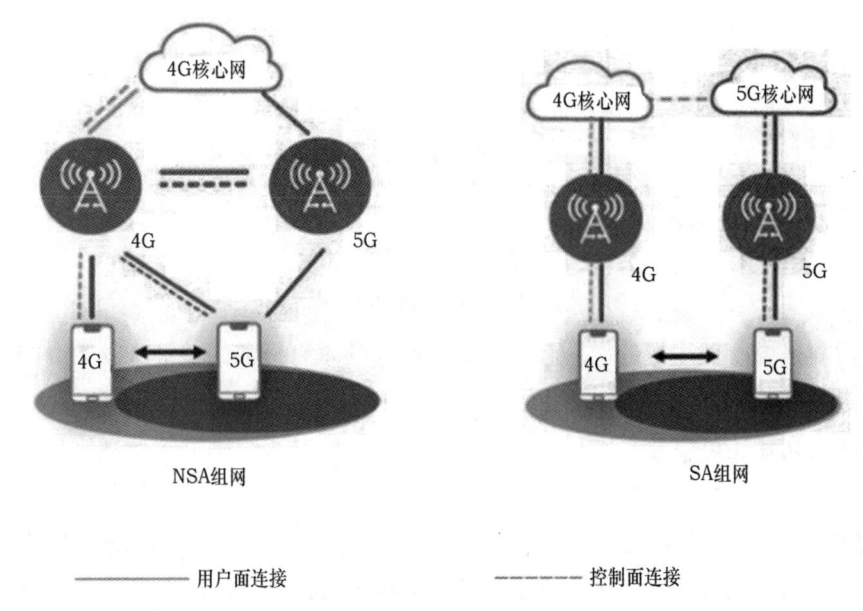

图 5-1　NSA&SA 建网模式

NSA：其组网方式就是 5G 基站与 4G 基站和 4G 核心网建立连接，用户面连接 4G 核心网，控制面通过 4G 基站连接核心网。5G 手机可同时连接到 4G 和 5G 基站。也就是说，5G 站点的开通依赖 4G 核心网的开通。

SA：独立于 4G 的一种组网方式，5G 基站在用户面和控制面上都建立在 5G 核心网上。

由此可以看出，NSA 组网是一种过渡方案，主要支持超大带宽，但 NSA 模式无法充分发挥 5G 系统低时延、海量连接的特点，也无法通过网络切片特性实现对多样化业务的灵活支持。而 SA 模式中基站和核心网全部按 5G 标准设计，具有 5G 的全部性能，可以称为真正的 5G，是 5G 的最终目标组网方式。

中国运营商为避免行业需求快速兴起导致频繁改造网络、增加建设成本，倾向于直接采用 SA 模式建网。海外部分运营商倾向于选择 NSA 模式，随后再向 SA 模式过渡。

2. 网络切片

网络切片是一种按需组网的技术，SA 架构下将一张物理网络虚拟出多个虚拟的、专用的、隔离的、按需定制端到端的网络，可满足不同场景诸如工业控制、自动驾驶、远程医疗等各类行业各种业务的差异化需求。传统的 4G 网络只能服务于单一的移动终端，无法适用于多样化的物与物之间的连接。5G 时代将有数以千亿计的人和设备接入网络，不同类型业务对网络要求千差万别，运营商需要提供不同功能和 QoS 的通信连接服务，网络切片可以在一张物理网络设施上，满足不同业务对网络的 QoS 要求，极大降低网络部署成本，如图 5-2 所示。

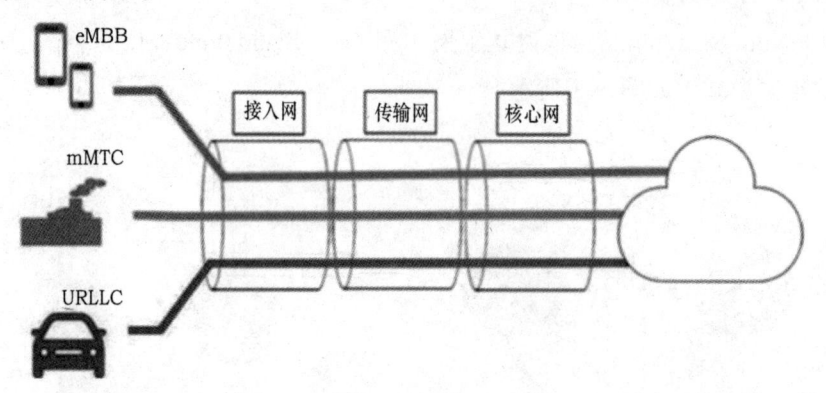

图 5-2　网络切片

对运营商来说，切片是进入具有海量市场规模的垂直行业的关键推动力，与独立网络相比，通过切片实现统一基础设施网络适应多种业务可大大减少投资，实现业务快速发布。每个网络切片还可以独立进行生命周期管理和功能升级，网络运营和维护将变得非常灵活和高效。

3. MEC

MEC（Multi-Access Edge Computing）是将多种接入形式的部分功能、内容和应用一同部署到靠近接入侧的网络边缘，通过业务靠近用户处理，以及内容、应用与网络的协同，来提供低时延、安全、可靠的服务，使用户得到极致体验。

MEC 也可以节省传输，未来 70% 的互联网内容允许在靠近用户的范围内终结，MEC 可以将这些内容在本地存储，节省边缘到核心网络互联网的传输投资。

ETSI 定义的 MEC（对应 3GPP 的 local UPF）同时支持无线网络能力开放和运营能力开放，通过公开 API 的方式为运行在开放平台上的第三方应用提供无线网络信息、位置信息、业务使能控制等多种服务，实现电信行业和垂直行业的快速深度业务融合和创新。例如，移动视频加速、AR/VR/自动驾驶低时延业务、企业专网应用、需要实时响应的 AI 视频分析等业务。

5G 核心网架构原生支持 MEC 功能，控制面和用户面完全分离，用户面下沉于 MEC，支撑低时延业务（自动驾驶等）。

（二）空口技术创新

为实现 5G 标准定义的 eMBB（增强移动宽带）相比于 4G 速率提升 20 倍的愿景，同时实现 URLLC（低时延、高可靠通信）和 mMTC（海量机器通信），拓展新行业应用，5G 定义了多种空口新技术。其中有以下几项关键核心技术。

1. Polar 码

Polar 码，也就是传说中华为主导的"短码"，由土耳其比尔肯大学教授 Erdal Arikan 于 2008 年首次提出，第一次被引入移动通信系统作为 5G 中控制面（承载控制信息）信道编码，具有频谱效率高（带宽大）、时延低和功耗小的特点。

物理层编码技术一直是通信创新皇冠上的明珠，是提升频谱效率和可靠性的主要手段。在 3G 和 4G 时代，由于峰值速率不超过 1Gbps，所以优选了 Ericsson 主导的 Turbo 码，但 5G 要求系统峰值速率提升 20 倍即 20Gbps，且空口时延要求提升 10~20 倍，Turbo 码由于译码复杂，且在码长较长时经过交织器处理具有较大的时延，所以不再适用。为提升性能，华为主导提出了极化码（Polar）方案，高通则提出了低密度奇偶校验码（LDPC）方案。

Polar 码的核心思想就是信道极化理论，可以采用编码的方法，使一组信道中的各子信道呈现出不同的容量特性，当码长持续增加时，一部分信道将趋向于无噪信道，另一部分信道则趋向于容量接近 0 的纯噪声信道，选择在无噪信道上直接传输有用的信息，从而达到香农极限。这就使 Polar 码性能增益更好、频谱效率更高。在译码侧，极化后的信道，可用简单的逐次干扰抵消的方法译码，以较低的复杂度获得与 Turbo 码相近的性能，相比 Turbo 码，复杂度降低 3~10 倍，对应功耗节省 20 多倍，对于功耗十分敏感的物联网传感器而言，可以大大延长电池寿命。同时，Polar 码可靠性更高，能真正实现 99.999% 的可靠性，解决垂直行业可靠应用的难题。

2. F-OFDM

物理层波形的设计，是实现统一空口的基础，需要兼顾灵活性和频谱效率，是 5G 的关键空口技术之一。

F-OFDM（滤波的正交频分复用），是一种在 5G 中采用的空口波形技术。相对于 4G 来说，可以实现更小颗粒度的视频资源划分，同时消除干扰的影响，从而提升系统效率，并实现分级分层 QoS 保障，是实现大连接和网络切片的基础。通过参数可灵活配置的优化滤波器设计，使时域符号长度、CP 长度、循环周期和频域子载波带宽灵活可变，解决了不同业务适配的问题。

针对 URLLC 自动驾驶车联网 /AR/VR 等需要低时延的业务，可以配置频域较宽的子载波间隔，使时域符号循环周期极短，满足低时延要求。

针对 mMTC 物联网海量连接场景，因为传送的数据量少、时延要求不高，就可以在频域上配置较窄的子载波间隔，从而在相同带宽内实现海量连接。同时，时域上符号长度和循环周期足够长，几乎不需要考虑符号间的串扰问题，也就不需要插入 CP，从而承载更多连接。对于广播/组播业务，因为业务的源和目的相对稳定，所以可以配置长符号周期，实现持续稳定的数据传输。对于普通的语音/数据业务，采用正常的配置即可。

综上，F-OFDM 在继承了 OFDM 优点的基础上，又克服了 OFDM 调度不够灵活的缺点，进一步提升了业务适配性和频谱利用效率。

3. Massive MIMO

Massive MIMO（大规模多输入多输出），可以简单理解为多天线技术，在频谱有限的情况下，通过空间的复用增加同时传输的数据流数，提高信道传输速率，提升最终用户的信号质量和高速体验。

MIMO 技术已经在 4G 系统得到广泛应用，5G 在天线阵列数量上持续增加。大规模天线阵列利用空间复用增益有效提升整个小区的容量；5G 目前支持 64T 64R（64 通道，可理解为 64 天线发、64 天线收）为基础配置，相比 4G 2T 2R 增加了几十倍。5G 终端接收天线多，可以大于 4 天线接收，4G 终端一般为 2 天线接收。

4. 3D-beamforming

3D-beamforming（立体天线波束赋形技术），可以简单理解为让无线电波具有形状，并且形状是可以调整改变的，最终实现信号跟人走，真正以人为本，提升用户信号质量。5G 与 4G 相比，从水平的波束赋形扩展到垂直的波束赋形，也为地对空通信（比如无人机等低空覆盖）的实现奠定了基础。

用专业语言描述：在三维空间形成具有灵活指向性的高增益窄波束，空间隔离减小用户间的干扰，从而提升 5G 的单位基站容量，增强垂直覆盖能力。

二、5G 网络与数字经济

近年来，我国的信息技术发展日新月异，数字经济也像浪潮一样席卷各行各业，互联网技术已经融入人们日常生活的方方面面，并且自 2019 年 5G 用于商业以来，我国的数字经济进入了高速发展的阶段。

（一）当前我国 5G 网络的建设情况

截至 2020 年，我国申请 5G 通信系统 SRP 的件数占全球的 34%，位居世界第一，并且在全球范围内拥有 SRP 专利数量处于世界前十的中国企业就有华为、中兴通讯以及电信科学技术研究院。2019 年 6 月 6 日，中国移动、中国电信、中国联通以及中国广电已经正式获得了工信部发放的 5G 商用牌照，这标志着我国的 5G 行业发展进程进一步加快。

为提升我国 5G 网络的覆盖面，2019 年 9 月 9 日，中国联通与中国电信共同签署了 5G 网络共建共享框架协议，在 2020 年 5 月 9 日的中国国际服务贸易交易会上，工业和信息化部信息通信发展司司长闻库同志表示，在我国 5G 网络不断发展的背景下，已经建成 5G 基站的数量超过 48 万个，并且 5G 网络终端连接数量超过一亿。这一成果的实现离不开运营商的付出，9 月 9 日，中国联通与中国电信在 5G 网络共建共享一周年时，举办了工作回顾总结会议，经过初步估算，协议的签订在提升 5G 网络覆盖能力方面为两家公司至少节约 600 亿元的资金，同时大力推动了我国数字经济的发展。

（二）5G 发展对数字经济的贡献

20 世纪 80 年代至今，平均每 10 年移动通信就会出现一次技术革命，推动信息通信技术及其周边产业的不断发展。现阶段，全球范围内移动通信技术正从 4G 转向 5G，而我国在经历了 2G 跟随、3G 追赶以及 4G 同步发展的情况下，5G 技术已经迈入了全球一流行列，并且在后续的发展过程中，5G 的规模化商用将会有效地推动经济社会朝着数字化方向发展。

1.5G 基础设施将成为支撑

数字经济随着科学技术的不断发展而进步，我国社会各行各业的发展已经离不开信息通信技术的支持，并且为了满足数字经济时代的发展需求，这些行业将数字化转型升级工作作为目前工作的重点内容之一，从某种程度上说，信息通信技术已经成为推动我国社会经济效率提升和产业结构优化的重要助力。

5G 作为支撑数字经济发展的关键，能够在提升社会劳动效率、培育新的经济增长点、促进社会经济可持续发展等方面发挥极为重要的作用。在这一社会背景下，为进一步提升数字经济的增长水平，企业必须紧紧把握 5G 发展的契机，依托信息技术的发展，加快自身数字化转型的速度，确保自身在当前实体经济发展、经济复苏、经济新空间发展的过程中占据有利位置，并且在未来的国际竞争中占有一席之地。

2.5G 技术将会助力实体经济朝着数字经济转型

自 2020 年起，5G 的网络构架得到扩展，连接数密度、流量密度以及能效将得到进一步提升，在保障用户使用效果的基础上，其规模化商用将会令移动互联网拓展到物联网领域，并且在各行业中得到广泛应用。具体来说，首先，未来 5G 用户的体验速率将在 100Mbps~1Gbps，支持诸如移动虚拟现实这类业务体验；其次，其连接数密度将会超过 100 万个 $/km^2$，保证海量物联网设备的有效接入；再次，其流量密度将超过 10Mbps/m^2，能保障千倍以上移动业务流量的增长；最后，其传输时延将会处于毫秒量级，从而满足工业控制的需求。可以说，5G 的发展为我国传统行业的效益提升和实体经济的转型升级提供了有效的动力，拓宽了这些行业的发展前景。

3.5G 创新的应用将会驱动数字经济的稳定发展

5G 的典型应用场景主要包括低功耗大连接、低延时高可靠性、增强型移动宽带。其中，低功耗大连接主要被应用于人员管理、园林智慧安防、楼宇管理以及在城市管理基础上延伸出来的市政、环境、物流等方面的管理；低延时高可靠性被广泛应用于智能制造、无线电医疗、网联智能汽车等领域；增强型移动宽带主要被应用于增强现实、虚拟现实以及超高清视频等业务上。

在经济全球化的背景下，5G 将会依托丰富多样的应用场景，推动数字经济的发展。在此过程中，5G 技术及其周边产业的创新融合将会成为各国技术竞争的关键点，为进一步提升我国数字经济的发展水平,加强对5G技术的创新性应用研究,已经成为抢占社会经济数字化发展先机的重点。

(三)在5G发展的背景下对未来数字经济的预测

在5G不断发展的过程中,我国通信运营行业、信息服务行业以及设备制造行业的技术水平也得到了长足的发展,在一定程度上带动了我国其他行业部门的发展,进而创造出更高的经济价值。同时,中国信息通信研究院曾表示,从现阶段我国5G产出规模来看,预计到2030年,5G技术带动的间接产出与直接产出将分别达到10.6万亿元与6.3万亿元。具体来说,直接产出的计算方式为,从2020年5G正式商用开始算起,2020年带动的直接产出将会超过4840亿元,2025年直接产出将会增长到3.3万亿元,2030年这一数值将会增至6.3万亿元,这10年的年均复合增长率约为29%。

在科学技术发展速度越来越快的背景下,新一轮科技产业变革正在全球范围内孕育,"十三五"期间我国经济、科技发展水平不断提升,在此期间横空出世的5G技术更是为我国数字经济转型增加了动力。

三、5G打造数字贸易新场景

5G赋能我国数字竞争的新优势体现在以下三个方面:一是构建了数据流通的平台,二是搭建了面向服务的全新网络架构,三是开启了万物互联,赋能我们的服务业新业态。

数字贸易中关键基础设施的基础性数字服务,在数字贸易中扮演着重要的角色,可以为几乎所有的数字服务,为数字服务贸易开展提供支撑,数字的产业化和产业的数字化以及数字化治理和智慧化生活给数字服务贸易带来了巨大的发展机会,也是5G应用新场景提供的技术增值的作用。这种增值的作用表现在5G网络具有高速率、低时延、高可靠性、广覆盖等优势,能满足人们在居住、工作、休闲和交通等领域的多样化服务需求,为用户提供超高清视频、虚拟现实、增强现实、云桌面、在线游戏等极致的业务体验。

5G物联网服务还将渗透到各种领域,与工业设施、医疗仪器、交通工具等深度融合,有效满足工业、医疗、交通等垂直行业的多样化服务需求,实现真正的万物互联。此外,制造业与服务业融合发展的新型制造模式和产业形态将促生大量的数字服务的进出口需求。从投入的角度看,通信、软件、云计算平台,中间的ICT服务和金融保险人力资源等传统服务通过数字交付的方式被广泛应用于制造企业的研发、生产设计、生产制造、经营管理等环节。从产出的角度看,企业将生产管理经验、软件产品化为企业数字化转型提供支持,如IC咨询规划、智能制造、大数据、数字营销、财务与HR、移动化身份管理等产品和解决方案。

在跨境电商场景方面,跨境电商不仅具有货物贸易,还有围绕支持货物贸易开展的一系列数字贸易,例如,跨境电商平台为境外客户提供中介服务平台,京东、阿里巴巴、亚马逊等电商平台纷纷加快了对国际市场的开拓,扩大了服务的地域范围;在市场信息服务方面,有专门提供数据对接、数据分析跨境电商、大数据服务的企业和平台;在跨境支付服务方面，服务商可为企业提供收款、换汇、支付、融资等"一站式"的金融服务；在金融科技方面，由于数字贸易天生具有较强的数字化发展潜力，与大数据、人工智能、区块链等数字技术的融合渗透程度超过了大多数传统的服务行业。

四、驱动建立数字贸易新规则

更高带宽、更低时延的 5G 将催生工业 4.0 和信息化融合的新标准。随着 5G 商用的推进，物联网、互联网全面融合加速，这种业务的涌现会越来越多，而在 AI、大数据、云计算等数字技术的辅助下，更高精度化值、更高速的网络、连续的带宽将使得工业 4.0 和信息化融合加速推进。5G 技术也将加速企业的转型和升级，传统工业企业将加快进入深度的改造阶段，传统服务型和技术型企业跨界工业行业并提供个性化的改造和信息辅助，将成为必然的趋势。

信息通信研究院的数据显示，2020 年我国数字经济规模已经达到 39.2 万亿元，同比增加了 3.3 万亿元，占 GDP 的比重为 38.6%，同比提升了 2.4 个百分点，有效支撑了疫情防控和经济社会的发展。

尽管我国数字经济发展十分快速，规模也一直保持增长的趋势，但必须承认，与欧美发达经济体之间还存在一些差距。其中，知识产权和技术研发的重视保护力度都需要大力度的提升，5G 被认为是第四次工业革命的开端，基于 5G 将出现更多的技术和研发内容、技术创新的模式，这都将有助于我国提升在全球范围内的技术研发创新、知识话语权和主导权，加强对知识产权和技术研发的重视，也是我国积极构建数字贸易新规则体系的重要前提条件。

随着 5G 商牌的颁发和实施行动的开始，关于数字技术、信息与通信、海关电力等基础设施建设的标准将被重新定义，而数字贸易相关税收体制、优惠政策、数字性的企业、园区城市的认证评价标准也将被加速重新构建。

第三节　数字化电商平台建设

数字化电商平台是实现跨境电商交易和数字贸易区的载体。以大型互联网公司为代表的数字电商平台将为所有市场主体提供线上交易和互动机制，跨境电商是自贸区最典型和最常见的数字平台。跨境电商不仅提供跨境贸易数字平台服务，还提供市场信息服务、支付结算服务和物流信息服务等。与物联网不同，数字化电商平台改变了贸易对象和贸易方式，也改变了消费者的消费行为。更重要的是，数字化电商平台产生了与消费者和交易方相关的海量数据，这些海量数量的跨境流动和自身价值可能超过电商交易价值。

一、跨境电子商务概述

（一）跨境电子商务概述

所谓跨境电子商务，是指分属不同关境的交易主体，通过电子商务平台达成交易、进行支付结算，并通过跨境物流送达商品，从而完成交易的一种国际商业活动。跨境电子商务是在网络发展的背景下建立起来的，主要是在网络空间内进行由网址及密码组成的虚拟且客观的经济交易活动，这使得此种方式跨越了时间、地点的限制，也因此具有以下特征。

1. 全球性

由于网络是一个没有边界的媒介体，具有全球性和非中心化的特征。在网络空间中发生的跨境电子商务，同样跨越了时间、物理空间、地点的限制，使其具有了全球性的特点，即跨境电子商务是一种无边界的交易，互联网用户在彼此交易的过程中不需要考虑国界限制。

2. 无形性

网络发展的另一大特点是使数字化产品及服务在现代化的今天更加盛行。因为，依靠这些数据、信息、声音的集中运用，可以在网络空间中为用户呈现数字化产品的功能、质量、应用评价等。所以，尽管在网络空间中推行的跨境电子商务无法为用户展现真实的产品，但其可以通过一系列的数据说明数字化产品，从而促进交易活动的达成。这充分说明了跨境电子商务具有无形性的特点。

3. 匿名性

在网络应用越来越广泛的情况下，为了保证网络用户可以在网络环境中自由地浏览，对网络用户身份及相关信息是采用匿名处理的，这极大保护了用户的隐私。而在网络空间中实施的跨境电子商务同样遵守此原则，可以使在线交易的消费者在不触及自己隐私的情况下进行交易活动。所以跨境电子商务具有匿名性的特点。

4. 即时性

之所以说跨境电子商务具有即时性，完全是因为依靠网络的跨境电子商务，可以利用信息传输媒介，将交易双方的信息在短时间内传递给对方，促使交易双方都能够了解彼此情况，进而决定是否继续进行交易活动。整个交易过程，打破了传统交易模式中的地点、时间限制，使彼此在网络环境下运用较短的时间就可完成交易活动。

5. 无纸化

电子商务主要采取无纸化操作的方式，这是以电子商务形式进行交易的主要特征。因为在电子商务中计算机的运用可以实现信息的记录与存储，无须再运用纸质文件。另外，跨境电子商务活动中的双方可以直接利用邮件、聊天工具等将信息传送给对方，不需要再利用纸质邮件邮送等方式来传递信息。所以，跨境电子商务具有无纸化的特点。

(二)我国跨境电子商务及支付交易现状

1. 跨境电子商务起步晚、增速快

尽管我国推行跨境电子商务的时间较短,但是跨境电子商务运用得到了国家政府、国内企业、国民的普遍认可,并积极参与其中,这使得我国跨境电子商务的增速也较快。

2. 跨境电子商务及支付将成为企业新的盈利点

跨境电子商务在全球范围的运行是非常良好的。另外,对跨境电子商务运用进行细化可以确定,跨境电子商务已经广泛应用于教育、公共事业、保险、股票、基金等方面,其中在金融产品中的应用较多。此种情况的存在,必然会使跨境电子商务及支付被企业应用,成为企业经营活动中新的盈利点。

3. 跨境电子支付结算方式多种多样

因为跨境电子商务是全球性的交易活动,这必然会使电子商务运行过程中产生大量外汇资金交易的情况,为了满足不同地区、不同国家的支付需求,跨境电子商务的支付结算方式有很多种,如第三方购汇支付、境外电商接受人民币支付、银行购汇汇出等。在跨境电子支付结算方式多样化的情况下,跨境电子商务的实用性将得到增强,逐步在各个国家、各个地区运行。

二、跨境电商与数字贸易

人类社会正在进入以数字化生产力为主要标志的新阶段,依托物联网、大数据、云计算、移动互联网、人工智能等现代科技,数字经济、跨境电商与数字贸易得以产生并迅猛发展,厘清三者的理论边界与现实约束,制定推动其发展的政策,是我国经济实现高质量发展的必然要求。将区块链技术深度融合到数字经济、跨境电商与数字贸易中,可以推动传统制造业升级、对外贸易转型,最终实现全球化发展,实现共同繁荣的目标。

(一)数字贸易的内涵演变

数字贸易出现的时间很短,尚未引起业界过多关注,其概念也尚未得到统一界定。国外关于数字贸易的概念较早被 Weber 提及,Weber(2010)认为,数字贸易的核心是数字产品或服务,数字贸易是通过互联网等电子化手段传输商品或服务的商业交易活动。国内关于数字贸易的提法见于 2011 年,熊励等人(2011)认为,数字贸易以互联网为依托,以数字交换技术为工具,据此为交易双方提供商品交易所需的数字化电子信息,旨在实现以数字化信息为交易标的的一种商业模式。以上是国内外关于数字贸易较早的定义,当时多关注数字化信息,强调互联网、数字交换技术等电子化载体。

随后,美国国际贸易委员会(USITC)多次对数字贸易的概念进行界定。2013 年 7 月,USITC 在《美国与全球经济中的数字贸易 I》中正式将数字贸易界定为通过互联网络传输产品或服务的国内商务活动与国际商务活动,商业交易标的主要包括音乐、游戏、视频和书籍等数字内容,社交媒体、用户评论网站等数字媒介,搜索引擎,以及其他产品与服务。这一定义的认可度较高,如李忠民等人(2014)的中国数字贸易研究成果便认可该定义。2014年8月，USITC在《美国与全球经济中的数字贸易Ⅱ》中修订了数字贸易的定义，认为数字贸易是依赖互联网和互联网技术所构建的国内贸易与国际贸易，互联网与互联网技术在交易活动各环节中发挥重要作用。2017年，USITC在《全球数字贸易Ⅰ：市场机遇与主要贸易限制》报告中再次界定了数字贸易的概念，认为数字贸易是各行各业的企业在互联网上交付产品和服务，除了互联网外，还包括智能手机与互联网上传感器等相关产品。

随着实践的发展，数字贸易的内涵也在变化与扩展。马述忠等人通过对数字贸易文献的梳理，结合其在实践领域的诸多特征，对数字贸易概念进行了新的解读，是对数字贸易从新的维度进行的解析。马述忠等人（2018）认为，数字贸易是以现代信息网络为载体，通过信息通信技术的有效使用，实现传统实体货物、数字产品与服务、数字化知识与信息的高效交换，进而推动消费互联网向产业互联网转型并最终实现制造业智能化的新型贸易活动，是传统贸易在数字经济时代的拓展与延伸。至此，数字贸易不再局限于互联网领域，已扩散至传统产业领域，制造业智能化也成为数字贸易发展趋向之一。

（二）数字经济、跨境电商与数字贸易耦合关系

1.数字经济、跨境电商与数字贸易产生的环境相似

数字经济的出现与发展依托互联网与通信技术，跨境电商的出现与发展更是以互联网络、互联网平台和信息技术为基础，数字贸易也不例外，互联网与信息技术是其产生的土壤。可见，数字经济、跨境电商和数字贸易这三者的产生基础相同。互联网与信息技术搭建了数字化基础，成为数字经济、跨境电商与数字贸易的核心要素，也助推数字经济、跨境电商与数字贸易的腾飞。数字经济的核心是数字化，跨境电商的核心是互联网平台，数字贸易的核心包括互联网与数字基础。从三者的定义与表现形式看，数字经济、跨境电商与数字贸易的相同点颇多，又具有相同的产生与存在基础，所以，数字经济、跨境电商与数字贸易一脉相承。

2.数字经济是跨境电商与数字贸易发展的基础

数字经济注重通过数字化基础设施与设备、能改造数字化生态系统的技术，来实现数字的转化。数字化基础设施与可数字化技术是核心，二者作用于数字经济后又促进互联网平台发展与数字贸易产生。跨境电商以互联网和信息技术为载体，这也是跨境电子商务交易活动的基础和核心要素。数字贸易的出现源于数字经济的发展，数字贸易发展初期的表现行为更多体现为电子商务，包括国内电子商务与跨境电子商务。数字贸易的跨境贸易层面可以理解为跨境电子商务，也是全球经济一体化、传统贸易优化升级、跨境贸易活动及数字经济发展的结果。数字贸易之所以兴起，其根本原因是技术创新所引发的生产组织形态变革。这一变革典型体现在通信技术与互联网技术上，这些技术日益推广并深刻影响与改变着传统经济范式下的生产与生活方式，包括云计算、大数据和AI等在内的数字技术从制造业扩散到服务业，乃至社会生活的各个领域，为传统贸易向数字贸易转变奠定了坚实的基础。数字经济是土壤，以此为基础，衍生出数字贸易和跨境电商。

3.数字贸易是跨境电商发展的数字化趋势

跨境电子商务与数字贸易出现的时间不分先后，业内多将其归属为两个不同的维度。在数字经济发展作用下，跨境电商同样受到它的诸多影响。跨境电商出现之初，更多强调商品交易主体通过互联网络实现跨境商品交易活动。在一系列新兴的数字经济出现与推广后，数字技术与传统产业融合发展，驱动了制造业、服务业等传统行业的智能化转型与升级。跨境电商在数字经济与数字技术多重作用下，逐渐打上数字贸易的诸多烙印，且数字化特征越发显著。有人将跨境电商视为数字贸易的初期表现形式。数字贸易出现后，热度不如跨境电商，但也在快速发展。在数字经济发展刺激下，跨境电商逐渐融入数字经济，更多表现为数字化特征。从整体上看，数字贸易之所以出现，既是数字经济跨越国界的结果，也是跨境电商朝数字化方向发展与升级的必然结果。

4.数字贸易是数字经济发展的结果

数字贸易以互联网为基础、以数字技术为工具、以互联网传输为载体，商品交易的参与方提供彼此所需的数字化数据与信息，并以此为交易内核。就其定义看，数字贸易所涉及的商品表现形式既包括数字化产品，也包括数字化服务，这一范畴与数字经济基本保持一致。数字贸易出现之初可以视为数字经济向外部扩张的结果。数字经济强调数字化商品，这与数字贸易相符；数字经济既包括国内商品贸易，也包括跨境商品贸易。当跨境商品贸易表现为数字化时，便成为数字贸易。换言之，数字贸易是数字经济中跨境贸易部分的表现形式。随着数字经济在实践中的快速发展，其定义与外延不断扩大，更加与数字贸易的跨境商品交易层面相吻合。

可见，作为数字经济的内涵之一，数字贸易既是数字经济的一部分，也是其重要的构成要素。

5.数字经济、跨境电商与数字贸易各有特征

诚然，数字经济、跨境电商与数字贸易三者既有相同的发展基础，又存在诸多关联，但是，三者并不完全等同。数字经济、跨境电商与数字贸易各有其所属的特征，也有各自的侧重点。数字经济强调数字化的经济运行模式与经济发展生态，关注数字化信息或信息技术，并聚焦以此为依托的经济系统。随着数字化与信息化技术的广泛应用，整个经济活动乃至其所依存的经济环境都发生了根本变化，并带来了泛数字经济化，影响了社会、政治、自然等多个方面，数字经济属于偏宏观的一个范畴。跨境电商产生于互联网经济发展与传统国际贸易方式增长乏力的背景下，更强调商品交易活动从线下转移到线上，通过互联网平台实现商品的跨境交易活动。跨境电商属于电子商务与国际商务的结合体，所涉及的商品种类多种多样，但并非所有商品都适合跨境电子商务交易模式，跨境电商属于一个微观的商品经济交易范畴。数字贸易关注贸易经济范式，是一个偏中观的经济范畴。数字贸易强调通过数字化的经济范式实现商品贸易活动，既包括国内商品贸易，也包括国际商品贸易。数字贸易并不将国内商品数字贸易与国际商品数字贸易割裂来看，而是将国内商品数字贸易与国际商品数字贸易作为整体来谈论。更显性地看，数字贸易更加突出数字化

的国际商品贸易活动，所涉及的商品类型范畴更加广阔，并不存在类似跨境电商的商品类型限制，数字贸易能够涵盖可以数字化的所有商品交易类型。

6.跨境电商、数字经济、数字贸易交互融合

跨境电商、数字经济与数字贸易虽有差异，但也存在交互融合的状态，换言之，三者是一种"你中有我，我中有你"的状态。就其发展内涵看，数字经济既包括国内商品交易，也包括国际商品交易；既包括以互联网方式实现的商品交易，也包括以传统方式实现的商品交易。数字经济范畴中以跨境电子商务平台实现商品交易活动的部分，可以视为跨境电商范畴。数字经济范畴中通过数字化平台或载体实现商品贸易活动的部分，可以纳入数字贸易范畴，既包括国内数字贸易，也包括跨境数字贸易。数字贸易出现初期的表现形式也可以视为跨境电商范畴，随着自身的发展与演变，其内涵与外延均超出了跨境电商，但又不完全囊括跨境电商。跨境电商强调通过互联网实现跨境商品交易，数字贸易则强调以数字形态实现的跨境商品交易。数字经济的内涵最广，与跨境电商、数字贸易存在较多重合；跨境电商、数字贸易与数字经济不完全重合；三者之间是交互融合、互相影响的关系。

（三）数字经济、跨境电商与数字贸易的演变轨迹

1.从时间维度看数字经济、跨境电商与数字贸易的演变

从出现时间的早晚来说，数字经济是最早出现的，可以追溯到1994年。在数字经济发展初期，业界尝试对其进行界定，其范畴随着时间的推移、实践的检验而不断扩展与丰富。2016年、2017年，对数字经济又有新的解读，例如，Knickrehm等人（2016）将数字经济定义为各类数字化投入带来的全部经济产出；Bukht和Heeks（2017）认为，完全或者主要基于数字产品或服务、数字技术所引起的那部分产出就是数字经济，包括软件制造、信息服务等行业。

在数字经济发展的基础上，跨国经济活动日益频繁，跨国贸易也融入数字化，从而催生了数字贸易。早期数字贸易概念在2010年提出，自出现后到2013年可以界定为数字贸易1.0阶段。2014年对数字贸易的定义出现了修订版本，后续又出现多种新解读。到了2016年和2017年，数字贸易发展进入2.0阶段。跨境电商同样以数字经济发展为基础，其发源于2011年是业内较为认可的观点。2013年被称为中国的跨境电商元年，在该年界定的数字经济定义也提到了电子商务范式，认为电子商务是数字经济的表现方式之一。跨境电商与数字贸易都是在数字经济发展与壮大的情境下出现的，体现了数字经济、跨境电商与数字贸易是一脉相承的，跨境电商与数字贸易都源于数字经济，但又不完全等同于数字经济，三者之间也有一些显著的不同。

2.从内涵维度看数字经济、跨境电商与数字贸易的演变

数字经济出现在20世纪90年代，随着时代发展与技术进步，其内涵与外延不断演化。从互联网到"互联网+"，都可以视作数字经济的演进发展。精准界定数字经济是一个难题。包括计算机、通信设施、电子设备、电信、广播电视、软件与信息技术服务等行

业都是数字经济的基础产业，互联网平台经济、互联网及相关服务行业等依托数字化的行业都可以纳入数字经济范畴。数字经济具备融合性经济特性，即其他行业都因信息技术的应用衔接或关联到数字化转型而带来绩效提升。从整体视角看，数字经济的内涵最广泛，通过内涵与外延的扩散能够覆盖跨境电商与数字贸易。跨境电商与数字贸易都衍生于数字经济，都是数字经济在2010年前后内涵发生演变时出现与发展起来的。跨境电商又被视为数字贸易的初期表征，跨境电商与数字贸易并不等同，数字经济、跨境电商与数字贸易从内涵维度看的逻辑关系如图5-3所示。

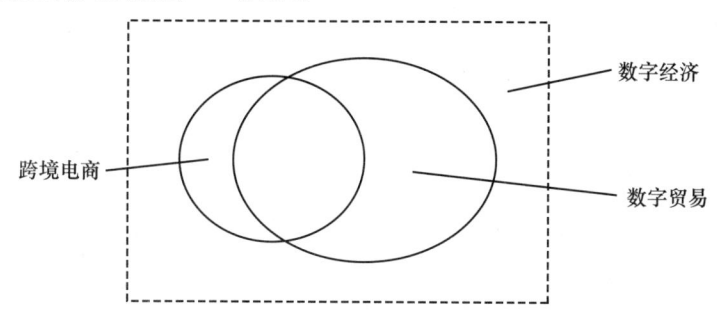

图5-3 数字经济、跨境电商与数字贸易的内涵逻辑

跨境电商同样衍生于数字经济，既是传统国际贸易拥抱数字经济的产物，也是"互联网+传统国际贸易"的结果。跨境电商的内涵与外延从开始到现在未曾发生大的变化，只是涉及的商品类型增多、参与企业和人数增加、跨境电商平台模式发生了新的变化。随着数字化基础及相关技术的发展与变化，跨境电商也会发生一些新的变化，这些变化是否会影响跨境电商内涵或外延的重塑，仍需时间与实践的检验，但就目前的发展情况看，跨境电商只是在经营环境、依存背景、参与方式、具体活动等方面有所变化，其通过跨境电商平台实现商品跨境交易的内涵不会有太大变化。在数字经济时代，通过数字化重构商品贸易的各个环节，从而产生了数字贸易。数字贸易产生之初强调数字产品与服务的形式，其内涵较狭窄，多聚焦数字化带来的商品形式变化。随着数字贸易发展，其内涵与外延同样发生变化，这一变化与数字经济发展密切相关，从内涵与外延看，数字贸易不再单纯聚焦在数字化商品与服务，也扩散到实体货物、数字产品与服务贸易。数字贸易发展到今天，商品贸易形式不是简单地将商品展示在互联网上，也不单单是商品交易主体之间的交易，而是整个商品交易链及相关的物流链、资金链、信息链的数字化重构。

（四）数字经济、跨境电商与数字贸易的发展趋势

1. 平行推进：数字经济、跨境电商与数字贸易各有趋向

数字经济、跨境电商与数字贸易虽有千丝万缕的联系，也具有一定的交集，但是它们并非同一概念，也不具有相同的范畴。其相同之处是，都与互联网、信息通信等存在一定关联，或者可以理解为数字化或拟数字化的基础设施；也都将与5G产生很多关联，随着5G网络的发展迎来新的机遇。数字经济、跨境电商与数字贸易在将来的发展也表现出不同的趋向。数字经济将成为各个国家经济发展的主旋律，成为经济的重要构成，将融入人

们生活的方方面面，更多反映在宏观层面与战略层面，是一种大的行业趋势，是各国未来重点发展领域。

随着电子商务逐渐普及，电子商务交易模式融入人们的日常生活，网店与网商层出不穷，各类电商平台风起云涌。在全球经济一体化、跨国贸易频繁化、传统贸易方式疲软等因素综合作用下，通过电子商务平台实现跨境商品交易，使跨境电商成为经济发展不可忽略的促进因素与重要组成部分，中国跨境电商成为全球跨境电商的重要组成，引领着全球跨境电商市场发展。《中华人民共和国电子商务法》出台后，加强了对跨境电商市场和经营者的规范与约束，使跨境电商更加健康有序发展。跨境电商倒逼传统企业转型与升级，使其积极参与和融入跨境电商商业模式，跨境电商产业集群初具规模。数字贸易源于数字经济，是数字经济与国际贸易相结合的产物。数字贸易发展初期多被作为跨境电商，实则不等同于跨境电商。数字贸易强调依托数字产品、数字载体或数字组织实现跨境商品交易，既包括通过互联网渠道实现商品交易，也包括通过非互联网渠道实现商品交易。数字贸易也不是简单的货物交易活动，更强调数字技术与传统产业融合，推动传统消费模式向数字消费、互联网消费转变，推动传统制造业的数字化、智能化升级。

2. 互融共生：数字经济、跨境电商与数字贸易彼此影响

从演变轨迹看，数字经济、跨境电商与数字贸易存在相互融合、彼此影响的状态，其中又以数字经济为最基础。数字经济表现形式既包括电子商务，也包括跨境电子商务，即数字经济通过互联网络实现跨境商品贸易。从时间维度看，跨境电商与数字贸易前后出现，但数字贸易的热度低于跨境电商，甚至可以认为数字贸易是数字经济与跨境电商的融合体。从内涵维度看，数字经济的内涵与外延最广泛，包含跨境电商与数字贸易；跨境电商与数字贸易存在很大交集，数字贸易出现之初更被视为跨境电商，也有人认为跨境电商是数字贸易的初期表现形式。在各自发展历程中，数字经济、跨境电商与数字贸易存在交互融合的情况。比如，数字经济发展趋向于通过互联网络实现跨境商品交易时，可视为跨境电商范畴；数字经济的跨境商品交易部分不通过互联网载体实现交易时，可视为数字贸易范畴；跨境电商强调通过互联网载体实现跨境商品交易，既包括商品与服务，也包括数字化商品，这又与数字贸易的数字表现形式相重合。

3. 殊途归一：数字经济、跨境电商与数字贸易发展目标相同

数字经济、跨境电商与数字贸易都衍生于数字化基础，数字化基础又依托互联网、信息和通信技术。信息技术掀起了信息革命，推动数字经济出现并不断发展壮大。数字经济、跨境电商与数字贸易的出现除了技术因素刺激以外，更多的是经济与社会发展所需。从宏观层面看，数字经济被视为继农业经济、工业经济、信息经济之后的一种新的经济社会发展形态，与信息经济是交互融合与升级发展的态势。跨境电商与数字贸易同样是在电子商务腾飞、传统国际贸易方式疲软的双重作用下出现与发展起来的，最终目标都是推动经济社会发展与进步。数字经济、跨境电商与数字贸易依托信息技术，都受新兴技术影响。近几年，物联网、大数据、云计算、移动互联网、人工智能、区块链等新兴技术不断

涌现，这些新兴技术的完善与融合发展促进了数字经济、跨境电商与数字贸易的升级。数字经济、跨境电商与数字贸易都需要这些新兴技术，将其有效地应用到自身实践中，成为数字经济、跨境电商与数字贸易发展战略的重要组成。除此之外，超级计算机、无人驾驶、3D打印、生物识别、量子计算、再生能源等技术也不断涌现，这些硬科技是影响未来发展的重要技术，与前文所述的软科技是相互促进作用。硬科技与软科技的不断创新融合，成为数字经济、跨境电商与数字贸易创新发展的助推器，与硬科技、软科技融合发展也是数字经济、跨境电商与数字贸易的发展目标。

（五）区块链技术在数字经济、跨境电商与数字贸易领域的应用

区块链技术在数字经济、跨境电商与数字贸易领域有着广阔的应用前景。

1. 利用区块链技术探索数字经济、跨境电商与数字贸易模式创新

区块链又称分布式账本技术，是一种由多方共同维护，使用密码学确保传输与访问安全，旨在实现数据一致存储、难以篡改的技术。区块链不仅是一门技术，还是一种机制，是一种去中心化、信息共享、共识的新机制。无论从技术上看还是从机制上看，区块链都代表全球前沿科技，将成为我国数字经济、跨境电商与数字贸易发展战略不可或缺的部分。要依托区块链技术构建区块链产业生态，加快区块链与数字经济、跨境电商及数字贸易所依托的互联网、信息技术、大数据、物联网等科技的深度融合，构建"区块链+数字经济、跨境电商、数字贸易"的新商业范式。

2. 利用区块链技术推动我国数字经济、跨境电商与数字贸易引领全球发展

通过强化区块链技术研究，提升原始创新能力，使我国处于区块链研究领域的理论与技术前沿。依托理论与技术领先优势，推动数字经济、跨境电商与数字贸易创新发展，立足我国当前在数字经济、跨境电商与数字贸易的全球重要地位，不断取得产业发展新优势。还要充分利用区块链技术的领先优势，通过新旧动能转化为实体经济赋能，提高我国在数字经济、跨境电商与数字贸易产业制定国际规则的话语权，最终实现引领全球数字经济、跨境电商与数字贸易发展的目标。

3. 利用区块链技术提升数字经济、跨境电商与数字贸易运行效率

依托区块链的集合分布式数据存储、点对点传输、共识机制、加密算法等技术，将区块链与数字经济、跨境电商及数字贸易进行深度融合，充分发挥区块链在促进数据共享、优化业务流程、降低运营成本、提升协同效率、建设可信体系等方面的作用。不仅如此，借助区块链技术的不可篡改、不可逆等特点，可有效地规避数字经济、跨境电商与数字贸易运行中的诸多风险，构建运用区块链技术机制的数字经济、跨境电商与数字贸易运行范式，创造一个便捷高效、公平竞争、稳定透明的数字经济、跨境电商与数字贸易运行环境，有效地提升三者的运行效率。

互联网与信息技术既推动了数字经济、跨境电商与数字贸易的发展，也刺激了区块链技术的出现与应用。数字经济、跨境电商与数字贸易已成为我国经济体系不可或缺的部分，是实现我国高质量发展的重要推动力，它们颠覆了传统经济模式和产业模式，深刻影

响了经济、社会与生活的方方面面。

区块链技术已成为全球科技发展前沿阵地,并覆盖了数字经济、跨境电商与数字贸易等多个领域,我国需要依托区块链技术,推动数字经济、跨境电商与数字贸易的发展,以此抢占新经济制高点,最终实现"弯道超车"。

三、跨境电商平台与跨境物流的合作

合作需要个体从关注自身目标转变为实现共同目的,从单独利益转变为参与者共同利益。从微观来看,合作就是利益相关体通过相互配合完成同一个目标的过程,相关主体之间的交互作用称为"机制"。"机制"被表述为有机体的组成、功能及其关系,后来通俗表达为社会或自然现象的内在组织和运行机理。在社会学中,机制是指在面对有机体各要素存在的基础上,协调各要素之间的关系,以便在具体的运作模式中发挥更好的作用。由此可知,机制是以事物的各个组成部分为基础而产生的,并且依靠各个组成部分之间存在的相互作用而实现的。所以,本研究得出"跨境电商平台与跨境物流合作机制"的含义是:跨境电商平台与跨境物流合作机制是指在跨境电商行业中,相关利益主体之间、与外部相互作用,朝着共同的目标利益,通过有效地配合,对主体起到约束和调控作用,各要素资源协调配置,使得各主体、各要素能够有序、科学地运作发展。

(一)跨境电商平台与跨境物流合作机制的主体

跨境电商平台与跨境物流合作机制的主体是指双方合作运营过程中的各个节点,主体的合作行为是由其在合作中的功能定位、角色、利益目标及需求决定的。结合已有的研究成果,主体主要有两类节点:跨境电商平台和跨境物流。

1. 跨境电商平台

跨境电子商务平台是指融合新兴服务业与传统诸多产业,配置企业在全球范围内的不同资源,使企业快速融入全球价值链中,使得有购物需求的消费者和供给生意的商家在平台上实现业务往来,结合物流等企业交接碎片化、高频的贸易订单,满足客户需求。跨境电商平台的主要职责是支持和完善用户线上交易的服务体系,为各类跨境电商企业建立统一的电商操作规程,使各类企业都能发挥最大的作用,完善资金流、物流、信息流的贸易建设。跨境电子商务平台的主要目标是增加平台和企业的销售额,吸引更多用户入驻平台,增强用户黏性,提升产品服务质量和效率,更好地满足群众消费升级和国内发展需要,稳定外贸进出口业务。按照目前发展的主流种类,可以将跨境电商平台分为平台型、自营型和混合型(平台+自营)三种,除了自营型平台具有自有物流服务外,其他大多数平台都需要第三方物流提供物流服务。跨境电商平台交易的重要支撑是物流,消费者与供应商的距离远、空间跨度大等因素对物流建设提出了更高要求,这就需要改变传统的物流运营模式,利用先进的物流装备和管理技术,建设完备的物流网络,提高市场竞争力。

2. 跨境物流

跨境物流是流通于两个国家的产品贸易活动,把控产品供应、包装、加工、运输、装卸、配送等环节，通过海关监管，不受地理和空间因素的限制，把产品从卖家送至消费者手里。跨境物流是支撑跨境电商运营的服务商，在跨境贸易中起着至关重要的作用。跨境物流的主要职责是构建物流枢纽网络基本框架和重要支撑，各节点全过程跟踪商品物流轨迹，保障各环节有序进展，使产品平安到达客户手中。跨境物流的主要目标是加快世界贸易流通，扩张全球化市场规模，建设对外贸易基础设备，实现仓端到站点各环节精益化监控，搭建集标准、专业、信息于一体的物流体系，实现高效的配送效率，提供定制化物流服务。跨境电商件仍然是跨境物流行业高速增长的主要驱动因素，订单源决定了跨境物流的市场份额，若有巨大稳定的订单来源，就需要与电商平台建立稳定的伙伴关系。跨境电商物流面临的市场更加复杂和不可控，另外，海外仓的建设是进军海外市场的一大切入点，单靠跨境物流来说成本负担太大，需要电商平台共同协助布局海外仓储物流体系建设，不仅可降低运输时效，还可减少商品的二次长途运输。

（二）跨境电商平台与跨境物流的合作因素

跨境电商平台与跨境物流合作由内部因素和外部因素两部分发挥作用。内部因素包括跨境电商平台和跨境物流自身的影响，外部因素来源于跨境电商市场环境、政府政策等。合作因素分析分别从外部和内部两个层面探究，为模型构建和仿真分析提供依据。

1. 内部因素

（1）订单时效

时效性是目前跨境电商市场面临的最大问题，订单时效受海外时段不确定性因素、海关清关速度、手续多等问题的影响，对此消费者要承担较大的风险，响应时间较长，不利于用户对跨境电商平台的消费体验，所以跨境电商平台需要与跨境物流合作解决这个问题。此外，不少跨境物流企业由于费用高，往往会选择统一发货的方式，这就延长了用户的收货时效，并且国际包裹信息共享不充分，使包裹在运输过程中会面临很多问题，在一定层面上增加了电商物流的时效，导致跨境物流要寻求跨境电商平台建立各产业链共享中心，对各个流程进行优化，提升物流网络周转能力。

（2）投入成本

在跨境物流的运送中要经过境内外税务支付、产品清关检查等环节，而环节的增多也会带来不必要的费用，同时会加长包裹运输的时间。另外，海外仓是跨境电商平台扩张产业链的重要一步，但是建设海外仓前期需要投入巨额的资金，经营期间的管理成本也会使平台资金流短缺，尽管可以租赁第三方海外仓，但租金成本也是不小的。跨境电商平台在运输、海外仓等对跨境物流提供资金或运营支持时，将减少配送时效，增加商品种类，控制物流费用，还可以实现国际逆向退换货服务，有效提升消费者体验。

（3）服务水平

退换货困难、包裹损坏甚至丢失、公司不专业、手续繁杂等问题都反映了跨境电商的服务水平。大多退换货的包裹再次到发货地，要再一次经过海关和商检，并且需支付回程费用，许多商家偶尔在遇到产品价值抵不过返程的运输费用时，就会采取直接丢掉产品的行为,削弱了跨境物流服务体验。

此外,每个国家的入境规范、流程与操作都不一样,员工标准也各不相同,国际商品流通会经过海关、税务、工商、商品检验、银行等环节,各机构需要协同运作。另外,各机构尤其是行政机构职责边界模糊,权力衡量不明、利益或监管重叠。跨境电商平台与跨境物流保持良好的合作关系,对消费体验、公司效益、配送效率以及处理异常的敏捷性都会有很大的提升,所以推进合作伙伴关系质量是提高服务水平的有效方案。

2.外部因素

(1)政府政策

在跨境电商发展中,政府通过完善资金和税收等措施,将市场资源流向跨境电商产业,推进企业创新。跨境电商发展缓慢,跨境电商平台与跨境物流是否合作不仅受效率、服务、信息可视性等因素影响,还受成本的作用,想要做到降本增效,只靠企业自身的能力是很困难的,所以政府的调控作用是至关重要的,需要增设针对跨境电商的相关条例和补贴措施。此外,跨境电商贸易中往往会出现违法或不公平竞争的行为,政府要对有侵权行为的企业进行相应的惩罚,维护公平竞争和交易,保障公司的自身效益,不断建立安全防控政策,规范跨境电子商务企业行为,鼓励电商自我管理,支持跨境企业的合作关系。

(2)市场竞争环境

跨境电商市场的复杂性和不确定性越来越高,阻碍了企业的发展,市场竞争愈加强烈,这也在促使企业提高自身的核心竞争力,因而有了更多物流外包的现象。我国跨境电商市场企业小、散、乱,社会化程度低,经营上的无序竞争、效益低下成为常态,导致与发达国家社会物流效率的差距很大。而且大多企业的可替代性很强,只有小部分注重合作绩效的企业,才能在市场中站稳脚跟,实现规范先进的管理,推动无形及有形资源的整合。跨境电商平台与跨境物流建立合作关系,依靠外部资源和能力,共同组成"命运共同体",双方协同合作,发挥自身优势,不断提升生存发展与应对变化的能力,共同应对外界竞争。

(三)跨境电商平台与跨境物流的合作

1.搭建跨境电商平台与跨境物流沟通的基础平台

搭建沟通渠道使参与企业进行有效的资源共享,更准确地实现对数据的把握。此外,搭建双方沟通平台可以更方便、迅速地收到消费者的反馈并不断改进,以增强企业的服务和时效。同时,搭建沟通平台在一定程度上可提高运输速度,也能减少运营费用,提高仓配协同性。所以,搭建双方沟通渠道可以完成信息的整合布局,推进跨境物流与跨境电商平台的创新。政府应主动推进创新驱动战略,扩大对外贸易政策创新、模式创新和服务创新的力度,协助构建跨境电商平台与跨境物流协同平台,重点关注跨境电商产业链中的显著矛盾,使全跨境电商供应链中的资金流、物流、信息流更加快速、畅通、公开、标准、稳定。利用线上全范围信息透明公开、线下各类园区企业、人才聚集基地和资源创新举措,搭建跨境电子商务信息共享系统、金融支付系统、智慧运输系统、信用评估系统、质量安全系统、异常监控系统、风险预判系统。

2. 跨境电商平台与跨境物流加强交流和融合

跨境电商平台和跨境物流企业共享自身资源，创造更多的经济和社会效益。跨境电商平台为物流提供开放、直接对接用户群体的市场，推动物流企业自主创新，积极加强与客户之间的交流，发现消费者的需求和愿望，增强物流运输能力。物流能让平台共享遍布全球的运输配送网络，更好地增强海外端的仓配能力，使消费者获得更好的消费体验。例如，2018年10月，跨境电商领军平台网易考拉与全球航运及物流龙头企业马士基签订国际物流战略合作规划，既可以大规模加强网易考拉全球供应链的确定性、可预测性和可视性，还可以提高旺季高峰仓储配送效率，减少境外快递成本和物流履约时效；而马士基跨境物流也相当于为网易考拉遍布世界超过80个国家的5000多个国内外品牌提供物流服务。

3. 完善政府诚信考核体系

在跨境电商平台和跨境物流合作的帮扶和支持方面，政府需要在原有的基础上继续加大力度和强度，考虑建立专项资金，对其在税收方面给予便利，引导企业的合作行为。同时，对于个别企业单方面停止合作关系的现象，完善诚信考核体系，杜绝其机会主义的想法，避免企业自身的主观判断意愿，从而有效降低合作运营风险，以长久维护合作业务的稳定。另外，政府可出台"信用积分制"制度，对遵守和未遵守合作的企业进行相应的奖惩，从而推动合作效益的提升。

4. 加大政府激励措施

政府设置奖惩措施时，应全方位探讨跨境电商平台和跨境物流的自身需求，制定不同的激励措施。政府不仅要划分跨境电商产业链各环节的权力，建立详细的定性指标并定期考核，也需要有效地分析不同企业支付的费用，并进行相应的奖赏，跨境电商平台和跨境物流合作过程中的基础设施建设，涵盖车辆、网络、技术、仓库、园区等，加上信息软件，在多环节降低成本。

5. 发展"物流园区+跨境电子商务"模式

发展物流园的物流产业集聚优势，更有利于保障双方规范操作，探索匹配各城市不同的跨境电商经营战略，改进涵盖"多式联运、智慧物流、仓配一体"等功能的供应链布局，支持更多企业的海内外仓配一体化建设。电子商务下的跨境贸易综合了信息、资金和物流，物流是其中的核心指标，买家与卖家相隔远、空间跨度大等问题对物流设施提出了更大的挑战。政府需推进相应的基础设施建设，在全球信息化发展下，通过国际间建立条例、彼此互信互通，改善国内传统物流企业的战略部署，引进科学的物流技术和经营理念，创新完善更规范化、信息化、多元化的物流网络布局，搭建互联网下的智慧物流系统。

第四节 金融科技服务设施建设

金融是最容易实现数字化的领域，从某种意义上说，金融的发展就是金融科技的发展。金融科技的发展，一方面体现在信息技术的应用上，将科技赋能金融，提升金融服务实体经济的能力；另一方面则体现在算法技术和数据要素的引入上。在数字化时代，金融科技产品通过数字化平台形成新的金融生态圈。数字平台的场景、数据和技术优势，成为金融科技领域的核心参与者，将互联网禀赋转化为金融业务竞争力。2019年，中国人民银行出台的《金融科技（FinTech）发展规划（2019—2021年）》明确要求，强化金融科技合理应用，以重点突破带动全局发展，规范关键共性技术的选型、能力建设、应用场景以及安全管控，全面提升金融科技应用水平，将金融科技打造成为金融高质量发展的"新引擎"。因此，数字自贸区建设的关键在于金融科技基础设施建设。

一、完善市场机制

要完善市场机制，就应针对目前存在的问题，从政府定位、招标方式和融资平台建设这三个方面入手。随着经济的发展和市场的逐步完善，自贸区要想在基础设施建设方面取得较大进展，就必然要转变政府定位，使其不再作为投资主体，而是引入民间资本，充分调动社会资本的积极性，这样一来，政府就可以逐步从烦琐的日常事务中解脱出来，更多地承担发起者、担保者和监督者的角色。一方面，民间资本弥补了地方财政在基础设施建设中的资金缺口；另一方面，利用企业专业化的管理团队，为项目经营引入先进的管理理念，提高工作效率和工作质量，使公共基础设施更好地为市民服务。具体可以采取以下措施。

第一，地方发改委和财政部门建立一个数据库，分类统计出不同基础设施建设融资方面资本雄厚、信誉良好、建设技术高、经营理念先进的企业，并且完整记录这些企业的注册资本、联系方式、行业地位、成功经验等基本信息，以便政府在招标的时候向这些优势企业及时发出邀请。

第二，提高招标的公开度和透明度，利用前海自贸区政府网和其他网络、电视媒体平台，及时向社会发布公共基础设施融资的招标信息，保证信息的畅通。在不断完善的过程中，建立起完全竞争性的公开招标方式，一方面，可以降低风险、控制成本、引入先进管理理念；另一方面，基础设施大多涉及国计民生，水价、电价、过路费、污水处理费的定价会直接影响居民生活水平，通过比较选择在经营过程中报价较低的企业，也能有效降低居民的生活负担。

第三，自贸区还应搭建并完善基础设施融资平台，这是以政府资金、资源、信用为基础的特殊国有企业，有规模大、涉及行业多的特点，大多以企业集团的形式存在。基础设施融资平台能否发挥预期作用，取决于其组织结构、经营理念和管理方式是否科学。针对前海自贸区的基础设施融资平台存在的缺陷，应及时做出以下改进。

一是要拓宽前海自贸区基础设施融资平台覆盖面，能够覆盖全市的融资平台，使其在自贸区基础设施建设融资中占据核心地位。

二是使现有单一的企业通过控股等方式整合前海自贸区的有利资源，逐步扩展为技术先进、业务范围广的企业集团。

三是要完善法人治理结构，融资平台本质上是一个企业，应该使其内部的机构设置符合企业标准，出资人不仅要聘请职业经理人，为企业引入专业的管理理念，提高企业的整体工作效率，还应完善企业的内部控制制度，建立安全高效的财务制度，并做好内部审计和外部审计工作，保证信息传递顺畅并得到有效监督，从而规避委托代理关系可能带来的风险。

四是积极拓宽融资渠道，目前自贸区基础设施融资平台在融资过程中采取的土地出让融资、发行债券融资、银行贷款融资等方式，对企业信誉有较高要求，不仅融资难度大，融资规模也非常有限，而融资规模又直接影响各项目的规模和进度，因此，积极探索新型融资模式是融资平台得以发展和壮大的重要方式。

五是控制负债规模，以自贸区的经济发展方式和发展水平为标准，保证政府的负债规模不超出财政承受能力，降低偿债风险，同时注重融资平台的信用建设，为融资活动提供良好的信誉保障。

二、健全法律法规

我国法律法规在基础设施融资方面存在的缺陷，会威胁参与项目的各主体之间的利益，影响民间资本和外国资本的投资积极性。要想健全法律法规，可以从以下几个方面着手：一是针对 BOT、BT、TOT 等融资模式，制定和发布标准化的合同范本，比如授权时的特许经营合同和经营期的定价合同、期满后的移交合同等，保证该合同范本公正平等地维护基础设施参与各方的利益，为项目的实施保驾护航，前海自贸区在供排水管道、道路桥梁建设等方面存在较大欠缺，预计未来的融资重点会集中在非经营性基础设施上，因此完善 BT 融资的法律环境，就成为工作的重点所在。二是召开学术会议，对这些新型融资模式的定义、特征和可使用的范围达成一致，便于项目发起人进行科学选择。三是针对不同环节出现的各种风险，明确参与各方的权利义务，本着由最能避免发生该种风险的一方负责的原则，建立科学的风险分摊机制，而对那些难以避免的政策风险、自然风险，在项目发起者、投资者、建设者、经营者之间平均分摊，不仅可以提高责任人控制风险的积极性，也能保证任何一方的权益都不受损害。四是加快我国法律与国际接轨的速度，减少我国法律与国际法律之间的冲突，随着我国市场经济的逐步完善，这一方面有利于增强我国法律的科学性；另一方面有利于为外国企业在我国投资基础设施项目创造良好的法律环境。五是建立经营性基础设施和准经营性基础设施的收费标准和收费期限，这样不仅可以保证此类项目的公益性，也能为政府的监管降低难度。在项目的经营期内，政府应进行跟踪监督，杜绝滥收费现象。六是完善税收法律法规，有针对性地制定税收优惠政策，基础设施项目大多关系民生，盈利空间有限，有些甚至是非经营性项目，对于这些项目，为了吸引企业参与投资，应给予免税或减税的税收优惠，增大经营企业的盈利空间，充分发挥我国税法的宏观调控作用，比如在营业税改增值税全面实施之后，对公共交通服务采取免征增值税、减免企业所得税的优惠政策。另外，在健全法律法规的同时，还应当增强现存相关法律法规的执行力度。

为提高违法成本，地方政府应该严格执行现有的法律法规，加大对类似违法行为的惩处力度，起到威慑作用，从根源上杜绝违法行为。为优化审批程序，政府应为基础设施项目的审批建立快速便捷的通道，有效缩短项目的前期准备时间，具体应做好以下几点：第一，要明确权责分工，加强责任意识，建立政府审批人员的问责机制，科学记录工作内容和工作量，并且把工作效率作为考核的重要指标；第二，要简化审批程序，将审批流程及审批所需材料在政府网站上予以公布，使企业和项目发起人在报送材料的时候有章可循；第三，要培养掌握各种融资模式的专业化人才，开通电话咨询服务，这不仅可以提高审批工作的效率，减少工作失误，还可以随时为项目发起人或企业提供咨询，降低他们的工作难度。

三、丰富融资的多样性

提高融资模式的多样性，要从传统融资模式和新型融资模式这两个方向入手，既要依赖传统融资模式，保证基础设施融资的规模，又要引入新型融资模式，分摊传统融资模式的融资压力，扩大前海自贸区在此类项目上的融资规模。

自贸区采用的传统融资模式有政府财政投资、土地出让融资和发行准市政债券融资，虽然这些融资模式有过度依赖政府、融资能力有限的缺点，但是其在前海自贸区基础设施融资中长期占有较大比例，是基础设施项目的主要资金来源，因此，为了保证前海自贸区基础设施融资规模的稳定性，应使这些传统融资模式继续发挥作用，那些对政府财政依赖较大的非经营性基础设施，传统融资模式就更加重要。但是，应在现有基础上对这些融资模式进行适度改良：一是可以寻求中央政府和省级地方政府补贴；二是寻求政策性银行贷款，因为商业银行的盈利性决定了贷款的期限、金额会受限制，利率也较高，采用政策性银行贷款可以在一定程度上弥补商业银行贷款的劣势；三是确定负债规模的上限，控制政府的偿债风险；四是完善担保制度，设置并完善偿债基金；五是在利用土地资源融资时跟踪监督土地的使用状况；六是严厉禁止政府还贷公路转化为经营性公路，保证政府还贷公路的收费金额符合国家标准，还应杜绝延长收费期限的行为，提高监管力度，保证在贷款还清后及时停止收费。

四、科学选择融资模式

科学选择融资模式，就是要增强各种类型融资模式与不同类型项目之间的匹配性。

首先，应当对几种主要的基础设施项目进行科学分类。对基础设施项目的分类标准有很多种，本文依照项目建成后的盈利能力和现金流，将其分为经营性项目、准经营性项目和非经营性项目。经营性项目是指那些可以向使用者收费，未来经营活动产生的现金流可以收回成本，并产生一定经营利润的基础设施项目，包括收费的桥梁和高速公路、电厂等；准经营性项目也具有收费机制，能够在经营期内带来经营收入，与经营性项目的不同之处在于，该经营收入并不能完全弥补项目建设和运营成本，因此带有部分公益性质，地铁系统就是典型代表；非经营性项目是指那些不向使用者收费，没有经营收入的基础设施，属于纯公共物品，社会成员可无偿使用，包括城市开放道路、绿化等。这三类基础设施项目因为具有不同的盈利能力，在选择融资模式的时候也应进行分类讨论。经营性基础设施项目具有利润空间，可由以营利为目的的企业介入经营，甚至完全将其推入市场，因而此类项目的融资难度最小，融资模式选择范围最广；准经营性基础设施项目入不敷出，因此可以采用市场化经营和政府适当补贴相结合的形式；与前两个类别相比，非经营性基础设施项目受益范围广、无现金流入，不符合企业利益，融资难度最大，融资模式选择范围最窄，因此，目前此类基础设施的融资来源主要依赖政府财政，但是仍应寻求新的融资模式。其次，还应明确各种融资模式的操作方式、特点和适用范围。最后，在确定基础设施分类、各种融资模式的特征和适用范围之后，应对被融资的基础设施和融资模式进行匹配，建立恰当的匹配关系，整个过程主要涉及五个环节。

第一个环节是将项目的盈利能力与融资模式进行匹配。第二个环节是结合盈利能力，将项目存在的风险与各种融资模式对应的投资方风险偏好相匹配。第三个环节是在第二个环节匹配结果的基础上，将项目周期与融资模式的融资期限进行匹配。第四个环节是考虑项目经营期内的经营权归属。在经过上述四个环节的筛选之后，还应考虑前海自贸区的政策、法律环境是否满足备选融资模式的要求，是否能够保证融资的顺利进行，是否建立了针对该项融资模式的担保、评价和监督机制。

总结上述五个环节可知，基础设施项目与融资模式的匹配过程应遵从如下顺序：盈利能力—项目风险—项目周期—经营权归属—融资环境。例如，前海自贸区水系发达，有11座桥正在规划建设。例如，建设一个收费桥梁，首先，从盈利能力看，收费桥梁属于经营性项目，融资难度小，适合依赖市场融资，五种新型融资模式均适用；其次，从风险角度看，收费桥梁在经营期内有稳定的现金流，经营风险不大，但是，桥梁的特许经营期通常为几十年，因此项目周期很长，在五种融资模式中，BOT、BT和ABS三种融资模式的周期较长，选择范围可缩小至这三种融资模式；再次，桥梁的日常维护烦琐，需要专门的团队进行统一管理，经营权应属于项目公司，因此可以确定此项目应采用BOT融资；

最后，考虑前海自贸区的融资环境，已有一些基础设施项目采用过这种融资渠道，政策和法律环境也相对成熟，鉴于此，最终可确定该收费桥梁采用 BOT 融资模式。

值得注意的是，有些大型基础设施项目可能存在项目设计、建设、设备购置、经营等诸多环节，此类基础设施项目难以将各阶段进行综合评价以匹配出一种最优的融资模式，因此在招标的过程中可以先将其分割为几个部分，针对这几个部分分别进行融资，由于这些部分在资金规模、设备需求、管理能力和技术要求等方面存在差距，采用分别招标的方式，可以有效地降低匹配难度，发挥不同行业的企业优势，提高工作效率。但是这种分割招标的方式可能会增加权利归属和责任划分的难度，这就需要政府在整个项目的设计、建设和运营过程中充分发挥调度者和监督者的作用，严格控制项目各部分的验收和移交程序，建立健全问责机制。

五、国外案例启示

（一）国外自由港基础设施建设模式

纵观国外大部分自由港的建设融资情况，各级政府都是主要出资方。而各级政府的出资范围、出资比例以及资金来源则根据自由港的重要性、影响范围以及各个国家相应的财政、管理体制不同而有所区别。

欧洲不同国家自由港港口的建设和维护资金来源情况具体如表 5-3 所示。其中，大部分国家的自由港基础设施都是州政府和地方政府分别承担相应的建设和维护投资，只有瑞典的 Helsingborg 港是由港口企业承担相应的建设和维护投资；此外，英国的费利克斯托港则完全由 Harwich Haven 当局承担相应的建设和维护投资。

表 5-3 欧洲不同国家自由港港口的建设和维护资金来源

国家/地区	自由港	建设投资来源	维护资金来源
比利时	安特卫普	100% 当地政府	100% 当地政府
爱尔兰	都柏林		
法国	马赛	80% 州政府，20% 当地政府	100% 州政府
荷兰	鹿特丹	67% 州政府，33% 当地政府	100% 当地政府
葡萄牙	里斯本	100% 州政府	100% 州政府
瑞典	赫尔辛堡	100% 港口企业	100% 港口企业
英国	多佛	100% 当地政府	100% 当地政府
	费利克斯托	100% Harwich Haven 当局	100% Harwich Haven 当局

归结起来，国外自由港进行基础设施建设管理的模式主要分为三种：政府投资模式、企业融资模式、政府和企业共同投融资模式。从表 5-3 可以得知，大部分国家自由港基础设施建设都由政府主导完成，部分自由港采取的是企业融资和政企共同融资的模式。表 5-4 反映了一些国家或地区自由港基础设施建设的具体资金筹措情况。

表 5-4　一些国家或地区自由港基础设施的具体资金筹措情况

国家或地区	基础设施建设的资金筹措方式
美国	自由港基础设施建设以州政府为主进行投资：50% 由政府的财政收入提供；50% 通过向商业运输船舶征收的燃油税、船舶吨税、各项水运收费等设立的内陆水道信托基金提供
德国	自由港基础设施建设以中央政府投资为主，有关州政府根据其受益程度承担一定比例的投资（比例一般不超过工程总投资的 30%）。主要通过收取航道使用费 9 倍于航道使用费规模的财政（普通税）以直接拨款或财政无息贷款的形式投入
新加坡	港口设施几乎全部由政府负责投资建设
法国	港口基础设施建设维护资金由中央政府负担，重要港口的重大基本建设项目几乎都由国家投资，采取国家财政直接拨款的形式
英国	政府不参与港口设施的投资。港口所有的项目都由港务局自行融资解决，其港口建设资金来源主要有以下几种：港口自身分红后的剩余利润、银行贷款、发行股票和债券，对经济影响较大的港口还可以争取部分政府及欧洲共同体赠款
日本	港口建设由政府、码头公司和船公司共同参与投资。港口的填海造陆工程一般先由地方政府（港湾局）完成，航道和防波堤等码头以外的投资由国家负责
韩国	码头建设除政府投资一部分外，主要采用让船公司直接参与的方式

1. 政府投资模式

自由港除了是国际贸易的节点，起到枢纽的作用外，在社会经济发展中还扮演着重要角色，带动和促进了国家经济和区域经济的发展。因此，政府在投资中具有主导作用，对自由港配套基础设施建设给予了很大的财政支持。

2. 企业融资模式

为了保证自由港经营有良好的经济效益，一些国家和地区自由港的基础设施建设由私营部门或企业投资建设。此种模式可能会因为私营部门投资建设的动力不足导致没有很好的社会效益，因此不利于自由港的持续稳定发展。

3. 政府和企业共同投融资模式

大多数国家和地区自由港基础设施建设都是由政府和企业共同完成资金的筹集，这种模式既能保障社会效益又能保证经济效益。一般说来，单靠政府财政投入远远无法满足公用基础设施资金需求，适当放宽权限引入社会资本，让自由港企业参与基础设施建设，对于解决资金需求问题、促进自由港发展是一种有效的方式。

（二）国外主要自贸区建设融资模式

1. 荷兰鹿特丹自由贸易港

荷兰的鹿特丹港是欧洲第一大港，自由贸易区设立于港口内部，该自贸区的性质和保税区相似。进入阿姆斯特丹港自贸区的商品货物都无须缴纳进口关税，很长一段时间内都处于保税的状态。此外，阿姆斯特丹港自贸区的业务和阿姆斯特丹机场空港的业务紧密合作，进一步促进了自贸区物流的发展。鹿特丹港口建设资金由中央政府、地方政府和私营部门参与融资，港口的公共福利设施主要由各级政府投资建设。根据项目大小和不同位置，在各级政府的建设资金分配比例也不同。一般来说，一个大型项目建设资金由中央政府和地方政府合力承担，而不是由中央政府单独融资，投资成立后的港口资产归地方政府所有。相比之下，中小项目建设资金主要由地方政府承担，但中央政府发展的海上航线将承担一部分融资任务。港口运营基础设施一般由民营企业投资建设。工程建设主体是由企业本身决定的，建设内容必须按照港口规划的要求，接受当地政府的监督。其中，土地的购买由市政府和国家分别补贴三分之一，而港口内部运营设施由企业或私人投资。港口运营商收取地租、码头费用和其他税费。鹿特丹港自贸区实行的是市场化操作模式，尽管中央政府和地方政府一起参与港口投资，但是政府并不直接从事港口业务，港口完全是以市场为运营导向的商业模式。

（1）由港口运营商来决定

政府将港区划分为若干个区域，然后通过市场公开招标的方式，租赁给国内外企业，获得租赁的企业负责港口的建设和终端管理。政府收取租户租金，用来补充建设基金和管理费用。租赁期间，根据市场情况，租金可能会有所改变。

（2）港口和码头的选择

目前出入港口的船只，除了装货港务费由政府收取以外，码头运营商仅收取手续费和存储费用。政府没有统一的收费标准，选择一个码头，由承运人和码头运营商、装卸公司谈判。除此之外，鹿特丹港自贸区还制订了一些计划来吸引港口基础设施建设方面的投资。其中，鹿特丹港制订和实施了一项名为"2020年港口和产业一体化"的港口发展计划，其目的就是推动港口基础设施建设和产业的协同发展。

综上所述，荷兰鹿特丹自由港建设融资模式主要采用由政府和企业共同参与投资建设的模式。需要强调的一点是，欧洲的港口竞争非常激烈，其所面临的形势与我国港口所面临的形势十分相似，因此，鹿特丹自由港建设融资模式对我国自贸区建设融资模式的完善有重要的借鉴意义。

2.阿联酋迪拜港自由港区

迪拜港自由港区于1985年建立，包括港口和自由贸易区，占地面积135平方千米，是目前世界上最大的自由港区。在世界所有的自由贸易区中，迪拜被认为是典型的贸易和工业组合型，且以贸易为主。迪拜港自贸区的主要功能分为港口装卸、仓储物流、贸易和加工制造。主要政策包括：仓储、贸易、加工和生产商品在自由港区内都没有关税和其他税收。海关监管货物随时进行抽查，外国商品从海上出入应当申报海关和港口，该区域内除了转口贸易、加工和制造业务，其他相关中介服务行业也可以进入，除了酒店、医院之外，银行、法律事务、写字楼业等均可进入该区域运营，但所有这样的企业应当为阿拉伯联合酋长国（阿联酋）所有，外资企业不得进驻。阿联酋对港口、自由贸易区、海关实行的是"三位一体"的管理模式，由政府和企业统一管理和经营自由贸易区，其中管理机构是迪拜港董事局，董事会主席由阿联酋皇室指派，对协商事宜具有最终裁定权。

虽然迪拜的地理位置位于湾区，但没有丰富的石油，石油占迪拜GDP的6%，而22

个自由贸易区的总产量约占 GDP 的 33%，因此，自由贸易区对迪拜的经济发展起着非常重要的作用。迪拜自由贸易区建设是想通过自由贸易区促进国内经济向投资驱动，迪拜自由港具有优越的地理位置，在时区和交通方面有很大优势，同时迪拜的基础设施相对完整，税收优惠政策多，因此吸引了许多外资企业在当地投资，充分利用当地的市场机遇，同时大力促进了迪拜的经济发展。

3. 美国纽约港自由贸易区

纽约港自由贸易区成立于 1979 年，作为美国国内最大的自由贸易区，是一个综合性质的自贸区，其主要功能是货物中转、自由贸易，在进入美国之前，国外货物清关不接受任何关税。

纽约港自贸区已采取的主要政策是减税，为了吸引企业投资，纽约港自由贸易区还提出了相当多的优惠政策。纽约港的基础设施建设投融资主要由联邦政府和地方政府共同完成。自贸区港口航道的建设和维护主体是美国联邦政府，而不是直接使用港口泊位和陆上设备来推进投资项目。政府的投资比例一般占项目总投资的 22%，其中联邦政府的投资比例是 7%，地州政府的投资比例为 15%。所有包含在两个级别的政府预算。纽约港在基本工程项目上的建设投资主要是由当地政府的预算和港务局的资产管理来实现的。大部分港口管理机构在行使政府授权范围内的港口行政管理部门的同时，还负责港口的经营和资源的管理。一般来说，纽约港口资产所有权属于纽约市政府，港务局通过租赁港口码头、住房、土地等基础设施来实现稳定的经济收入，同时作为港口基础设施建设的资金来源之一。政府还授权港务局更大范围的管理权限，包括大量的土地、桥梁、隧道、铁路、高速公路等。在某些港口，市政府也在一定范围内给予港务局对于港口自贸区经营业务企业相关征税权力，其稳定的收入也构成了港口日常运作和建设资金的重要来源。

综合来看，纽约港建设资金的融资渠道主要来自以下三个方面：

联邦政府和州政府投资。这部分投资主要用于港区以外进港航道的建设和维护，而不对港口设施进行投资。

港口以自有资金投资。纽约港的建设和营运费原则上由港口收入支付。港务局的收入扣除折旧、贷款等的本息以及其他开支后，所有利润都归港务局所有，用于港口发展或兴办公共福利事业，不向国家和地区政府缴纳所得税。

发行债券。美国的大部分港口都有权发行债券，债券也是纽约港建设资金的重要来源。

综上所述，纽约港建设的融资模式主要采用政府和企业共同参与建设的模式。

（三）国外主要自贸区融资模式的启示

1. 自贸区融资模式中政府仍需发挥重要作用

自贸区往往是一个城市国际经济、金融和贸易中心的重要支撑，对一国的经济发展具有重大意义。同时，自贸区基础设施建设属于一项综合工程，其现金流具有前期投入巨大、投资期限长、收益高等不确定性。自贸区建设涉及公益性项目、经营性基础项目和经营性一般项目三大类，这些项目的资金筹措都需要政府进行协调，因此，政府主导是自贸区建设的根本。基于我国的国情，在未来的几十年内，政府部门仍将作为投资主体参与自贸区的建设。与此同时，政府的主导作用和对自贸区建设的投资形式还将以不同的方式体现出来。例如，政府可以通过在自贸区基础设施中允许营造土地、置换土地和直接划拨土地的方式来增加资金的投入，也可以选择发行建设债券或向企业发放优惠条件的政策性贷款，以及征收特定税种建立自贸区建设发展基金等方式保证政府在自贸区建设融资模式中作用的发挥。

2.充分利用市场条件拓宽融资渠道

从上述国家和地区的港口自贸区基础设施建设投资和融资模式的角度来看，在政府的指导下，吸收社会投资，政府投资基础设施项目，社会投资商业项目，是大多数国际自由贸易区基础设施建设的融资模式。这种模式有利于筹集必要的资金来建立一个自由贸易区，也有利于保持高效的自由贸易区运营模式。

因此，自由贸易区的市场化运作，利用市场状况进一步扩大融资渠道，如可以通过发行股票进行融资，金融租赁融资，利用BOT、TOT等项目融资模式都需要进一步实践。融资性业务项目在加入WTO后为自由贸易区创造了更好的条件来吸引外国投资，但在国民待遇平等的原则下如何更好地利用国内私人资本投资自由贸易区建设，需要进一步研究。这样不仅可以减少自贸区的融资风险，同时对增强国内私人资本的力量具有重要意义。以自由贸易区市场操作为主要融资渠道和投资指南，全面发展各种形式的直接融资。除了使用现有的银行贷款、发行债券、财政拨款等渠道外，还应积极探索新的融资渠道，例如发行特殊债券、信托基金、投资基金、经营权转让等，并建立或收购某个股份有限公司，通过公司上市发行股票来进行融资。

3.注重吸引自贸区战略投资者参与建设和经营

荷兰鹿特丹港、美国纽约港、阿联酋迪拜港等国家和地区自由港建设都有大型港口建设集团和相关企业参与。它们的参与，带来了技术、管理、信息等方面的优势，有利于港口设施的建设和长远发展。

因此，在广泛吸引各方投资者的同时，自贸区自身还应注重吸引并适当选取战略投资者参与自贸区的经营和建设。除此之外，还要做到自贸区建设和自贸区产业相互促进、协调发展，推动自贸区和自贸区产业的协调发展。自贸区的发展也会带动一大批相关产业的发展，甚至影响全市的产业体系。因此，自贸区建设与城市产业发展要充分借鉴国外经验，统筹规划。城市发展规划要体现自贸区因素，自贸区的规划要反映现代服务业用地问题。在自贸区附近要尽量布局与自贸区有关的工业和服务业，以充分发挥自贸区特有的政策优势。

第五节　与大数据采集、存储和交易相关的基础设施建设

赫拉利曾经说过，宇宙由数据流组成，任何现象和实体的价值就在于对数据处理的贡献。随着算法技术向各领域的不断渗透和全社会数字化转型加快发展，大数据在数字经济发展中的作用越来越大，大数据的战略价值引发各国争夺数据资源，世界上一些国家早就制定了大数据国家战略。在这样的大背景下，不论是对一个国家还是对一个地区来说，数据中心作为信息化、数字化和智能化发展的基础性作用都至关重要且不可替代。数字经济使得与数据相关的产业需求旺盛，呈现应用场景多样化、技术要求差异化的特点。随着自贸区建设的差异化程度不断加大，信息技术的快速迭代，大数据、云计算、人工智能、区块链等新技术对数据中心的要求各不相同，目前，国内尚未形成数据中心建设的统一模式和标准。由于政府公共部门、大型互联网平台、制造业、金融业、电力能源以及医疗卫生等不同行业的数据中心建设千差万别，因此，数据中心底层技术和基础设施为适应各行业上层IT设备和应用的要求，出现了众多新的技术发展方向和热点。自贸区要实现贸易自由化、投资便利化和跨境数据流动，就必须综合已有的数据中心建设方案优点，探索并实施与大数据采集、存储和交易相关的大数据综合建设方案。

一、做好应用顶层设计

人类的社会活动分为三大类：政治、经济、文化，其中经济是创造GDP的核心，目前全球GDP近90万亿美元，跨境贸易占三分之一，中国GDP已超过90万亿元人民币，其中跨境贸易进出口占30万亿元人民币，由此可见，发展数字经济的主要"战场"在跨境贸易外贸经济领域。

数字经济与传统的资本经济、互联网经济等经济形态之间，存在本质上的重大区别，即生产力、生产资料、生产关系将发生重大变革。实体经济依托数字经济的"新生产力"方式（互联网、5G、物联网、云技术、人工智能等），创造出"新的生产资料"（生产要素数据），通过区块链模式与技术手段解决了生产要素数据生产资料所有制"确权"的问题，创造出数字经济时代的"新生产关系"。历次生产关系的变革，都会催生时代的重大变革与进步。

中国发展"数字经济"应高度关注在"跨境贸易"领域的顶层设计，跨境贸易主要涵盖"贸易、金融、物流、监管"四大业务流程与环节。中国的数字经济发展，应围绕"一带一路"数字丝绸之路为建设发展主基调，即围绕"一带一路"供应链体系进行数字贸

易、数字金融、数字物流、数字监管、数字口岸为综合性业务流程闭环的顶层设计，以"贸易的畅通性、资金的流动性、物流的便利性、监管的过程性"为综合性视角，摆脱单兵作战、各顾各的思维，用开放性、合作性、协同性、安全性等综合性思维进行全盘顶层设计。

二、DTI 数字贸易基础设施

跨境贸易作为世界经济与中国经济的支柱性产业，面临"贸易、物流、金融、监管"四大环节构成的"跨主体多方参与、业务链条长、业务复杂度高、国际贸易规则、各主体之间利益互斥、跨地域跨时区跨语言环境、信任成本高、沟通成本高、合规成本高"等痛点问题，导致诸多痛点问题存在的核心是"信任关系难以建立，导致数据信息孤岛长期存在"，因此严重制约了跨境贸易自由化、便利化、公平化、诚信化发展。

"DTI 数字贸易基础设施"是数字经济时代面向全球跨境贸易全业务流程、全业务过程、全业务闭环的跨国家、跨机构、跨企业的综合性新型基础设施。

"DTI 数字贸易基础设施"是通过"互联网、5G、物联网、云技术、人工智能"等新生产力方式，为实体外贸经济业务过程提供跨机构之间的"数据产生、信息采集、信息安全、信息交互、信息传输、信息共享、信息存储"等降本增效的数据信息沟通服务，依托"区块链模式与技术"为整体基础设施的逻辑与技术底层，解决跨境贸易业务过程中诞生的数字经济"新生产资料——数据"的"确权"难题，从而构建出跨境贸易在数字经济体系中"生产资料所有制"的确权网络，形成"新的生产关系"。

"DTI 数字贸易基础设施"以区块链模式与技术为核心，创造出数字经济时代下的跨境贸易完整的生产力、生产资料、生产关系体系。其中，充分利用了区块链模式与技术，有别于跨机构之间的"大数据"互联互通，以围绕解决"外贸业务过程中"跨机构之间的"信任机制问题、数据孤岛问题"，围绕解决贸易、金融、物流、监管四方为了提高贸易效率、解决融资难融资贵、银行保险加强风控体系与资金安全性、通关便利化、实现高水平过程监管等各方自身利益与诉求，区块链通过在安全加密的技术体系下实现"业务过程数据"的"互信互享"，从而在"DTI 数字贸易基础设施"平台上实现"互联互通"，进一步实现各利益互斥方"互帮互助、互利互惠"。

三、DTI 数字贸易基础设施的建设路径与思路

"DTI 数字贸易基础设施"的核心逻辑是区块链模式，区块链应用于实体经济中，属于"体系工程"，而非"系统工程"。它的建设方法论是以背景为主导，而非以技术为主导；建设目标是以满足跨境贸易四方的利益需求为目标，而非以最优化为目标；建设关注对象是集成跨境贸易四大领域复杂系统下的业务流转过程的要素数据，而非针对单一复杂系统；建设目的是多元化的，而非单元化的；所解决的问题是不断涌现的，而非固定的；核心是针对跨境贸易的业务过程数据的互信互享，而非针对结果性的大数据互联互通。

"DTI数字贸易基础设施"可以"点、线、面、关、链"为总体建设路径。

点——以发展中国外贸经济发展为着眼点,以高水平的过程监管为切入点,以海关监管需求为撬动点,详细分析海关监管痛点,以"源头可溯、监管可控、责任可纠"为突破点;打造区块链高水平过程精准监管体系与数字清关模式,促进中国与世界各国、各经济体之间跨境贸易"监管互认、执法互助、数据互享",提升中国与多国之间的贸易便利性。同时,可通过"区块链全球关关通、关汇通"将中国国际贸易单一窗口作为功能节点推向海外各国。

线——以"一带一路"为建设路线,以物流为业务线,以区块链模式与技术为核心路线,详细分析梳理跨境贸易全业务流程、全业务过程、全业务闭环的线性方法。

面——通过区块链结合互联网、5G、物联网、云技术、人工智能等高新技术,与全球海外仓进行"链接",尤其是先将中国企业在全球投资的海外仓联结起来,实现全球海外仓储数据的可视化,形成中国面向全球跨境贸易的"全球共享仓",形成"面";将全国自贸区仓储进行"链接",实现海外仓与国内仓的数据可视化,朝着"境外关内"方向发展。

关——以解决海关过程监管、外汇过程监管为DTI数字贸易基础设施的方法论撬动点,通过海关撬动物流上链,通过物流与外汇撬动商业金融上链,监管与物流帮助商业金融将风控臂长延伸至贸易全业务过程,解决金融风控问题,由此可通过金融撬动贸易商上链。

链——以区块链为核心模式与技术手段,以区块链安全加密技术突破跨机构的数据互信、共享,形成多证、他证、可交叉验证的可信环境,建立起区块链跨境贸易体系工程化平台,不对任何单点系统做大规模改造,集成多业务节点上链、集成提炼跨境贸易的业务过程要素数据上链,形成业务流转过程中要素数据的流通新模式,优化业务流程、降本增效、形成"互信互享、互联互通、互帮互助、互惠互利"的数字化营商环境体系。

通过区块链整合贸易、金融、物流、监管四方生态,形成以"点、线、面、关、链"为建设路径,以数字贸易节点、数字金融节点、数字物流节点、数字监管节点、数字口岸节点构成"DTI数字贸易基础设施"生态体系。

"DTI数字贸易基础设施"的"点、线、面、关、链"的建设方案,将有效促进围绕中国跨境贸易外贸体系全业务链条的数据整合,大大促进贸易、金融、物流、监管四方建立起"信任机制",构建出新的数字化、低成本、高效率"沟通方式"。

"DTI数字贸易基础设施"为中国企业"走出去"提供"去中心化"的平台基础设施,为"境外关内"提供了可实现路径,通过区块链对欧亚海外仓的仓储数据可视化,可精准掌握海外仓货物信息,在一定程度上解决中欧班列回程问题。

通过在新疆建立的"DTI中亚欧数字物流联盟",新疆成为欧亚大陆桥数字物流的超级节点,可大力促进发挥新疆对中亚、对欧洲的口岸外贸物流的节点优势。

"DTI数字贸易基础设施"的"点、线、面、关、链"建设路径尤其适合海南自贸港的建设，对海南自贸港"封关运作"后实现"低成本监管投入、高水平过程监管"有重大的应用价值，此外，通过"海南至全球区块链关关通""区块链跨境贸易数字物流平台""海南至全球区块链全球海外数字共享仓"，促进海南自贸港优势政策走向全球及国内自贸区，形成"内循环与外循环"枢纽——信息纽带、贸易纽带、金融纽带，带动海南形成覆盖全球的"产业带"发展格局，最终形成由"数字物流+数字全球共享仓+区块链关汇通"共同构成的海南面向全球的DTI数字贸易基础设施。

通过DTI区块链数字物流模式，对中欧、韩中欧物流体系采取全国区块链监管模式，打通"中欧多式联运快速通道""韩中欧多式联运快速物流通道"，不仅能打通长三角、珠三角前往中亚、欧洲的快速物流通道，还可实现韩国、日本货物借助中国数字物流通道前往中亚、欧洲，从物流意义上将韩国、日本纳入"一带一路"版图，对促进中日韩自贸协定和RCEP协议的落地都具有重大的现实意义。

"DTI数字贸易基础设施"尤其是跨境电商、国际快件、国际邮件长期存在的"违禁品、审价、拆包"等问题可有效解决。在山东，威海市利用与韩国仁川之间的区位优势，建设了"中韩DTI区块链国际寄递业务平台"，有效地促进了韩中欧跨境电商、国际快件、国际邮件业务的"诚信化阳光快速便利化贸易通道"建设，对推动政府间"四港联动"合作具有积极作用。目前，DTI的应用价值与效果已在威海—仁川之间得到实践验证，未来将有效促进中国新业态跨境电商的蓬勃发展。

"DTI数字贸易基础设施"还对加工贸易账册联网监管、边民互市、跨境电商阳光化、疫情后木质包装出口、医疗物资出口可信体系等营商环境场景应用具有积极创新与推动作用，尤其是对大宗商品、一般贸易的大中小企业的供应链金融可信体系的建设，助力中小企业解决"融资难、融资贵"痛点都有重大的现实意义。

四、发展建设DTI数字贸易基础设施的重大意义

"DTI数字贸易基础设施"通过贸易、金融、物流、监管等业务节点的整合，将跨境贸易业务流程全链路打通，整合基于区块链模式与技术的逻辑平台，重构出中国面向全球的外贸经济新生产力、新生产资料、新生产关系的经济体系。这具有划时代的重大意义，尤其是对疫情后的数字化时代，具有促进全球经济数字化新模式发展的重大意义。

"DTI数字贸易基础设施"的建设对国家间行政互助协议、海关间行政互助协议，以及对各项自贸协定，尤其是RCEP自贸协定的签订，都有重大意义。"DTI数字贸易基础设施"依托"技术创新推动模式创新，模式创新推动监管创新，监管创新推动营商环境提升与创新"，有效解决中国与各国之间"监管互认、执法互助、数据互享"的"三互问题"；唯有拥抱监管，建立起"监管可控、源头可溯、责任可纠"的"高水平的过程监管"模式，才能有效地建立起数字经济时代中国面向全球贸易伙伴的"可信数字贸易体系"，实现中国面向全球贸易伙伴的"互信互享、互通互联、互帮互助、互惠互利"的"八互体系"。

"DTI数字贸易基础设施"对我国的"数字经济体系建设、社会信用体系建设、风险防控体系建设、低成本监管投入实现高水平过程监管、跨境金融产业发展、外贸经济发展、自由公平法治的营商环境建设以及海南自贸港数字基础设施建设"等各方面均有提升国际竞争力的重要现实意义。

第六章 数字自贸区建设的典型案例

第一节 上海数字自贸区

2020年8月，上海市政府发布《关于以"五个重要"为统领加快临港新片区建设的行动方案（2020—2022年）》提出，大力发展数字经济。加快建设国际数据港；启动"信息飞鱼"全球数字经济创新岛建设；打造国际领先、国内一流的工业互联网研发和转化平台。上海自贸区临港新城片区的"信息飞鱼"方案包括，探索建设"新型数据监管关口"，推动数据跨境流动"先行先试"。力争2025年实现服务境内外企业机构10万家，支持实现每年EB级别数据的跨境互联、互通和互用。2020年11月，上海市政府发布《上海市全面深化服务贸易创新发展试点实施方案》，提出在临港新城片区开展汽车产业、工业互联网、医疗研究（涉及人类遗传资源的除外）等领域数据跨境流动安全评估试点，推动建立数据保护能力认证、数据流通备份审查、跨境数据流动和交易风险评估等数据安全管理机制。探索参与数字规则国际合作，加大对数据的保护力度。试行允许符合条件的外资金融机构因集团化管理而涉及在境内控股金融机构向境外报送有关数据，特别是涉及内部管理和风险控制类数据。

一、上海数字自由贸易区建立的背景

（一）自由贸易试验区建立的背景

建设中国（上海）自由贸易试验区是党中央、国务院作出的重大决策，是新形势下推进改革开放的重大举措。金融危机之后，在以美国为首的发达国家的主持下，全球贸易投资进入规则重构的谈判周期。这些谈判多以美国等发达国家为核心，企图在WTO全球框架之外另起炉灶，对国际贸易和投资规则进行新一轮的重构，目的是继续掌控经济全球化发展的引领权和话语权。在新规则体系下，许多中国出口企业面临国际需求疲软和贸易壁垒。与此同时，在经济全球化的浪潮中，一个基于专业化的跨国、跨部门和跨行业分工的产业链已经形成。

另外，这些谈判以多边谈判为主，形成一个个具有封闭色彩的"谈判圈"，带有一定的地缘经济—政治意图，将主要新兴市场国家特别是我国阻隔在外（赵晓雷，2010）。除此之外，这些"谈判圈"对中国经贸利益产生了挑战，还对中国形成了"规则压制"。中

国面临着前所未有的严峻形势。中国想要扭转形势，必须在接受现行的世界经贸体系的前提下，以积极的态度融入进去，要利用后发优势实现产业升级和经济可持续发展，参与国际经贸规则的制订，维护我国在经济全球化发展中的合法权利。并且，金融危机后我国经济发展的弊端开始逐渐暴露，产能过剩，产业结构亟须升级（佟家栋，2018）。国内经济下行压力加大，中国经济急需一个"助推器"，助推中国经济复苏，并迈向更高能级的新阶段。中国已进入中等收入国家行列，改革正步入深水区，经济新常态已经显现，新一轮的改革开放需要顶层设计。在此背景下，上海自贸区应运而生。

（二）自由贸易试验区的差异化发展

自上海自贸区挂牌成立以来，自由贸易试验区已成为我国对外开放的新平台和推动国内改革的加速器。截至2020年年底，我国陆续批复了四批共18个自由贸易试验区，分别为上海自由贸易试验区、天津自由贸易试验区、广东自由贸易试验区、福建自由贸易试验区、辽宁自由贸易试验区、浙江自由贸易试验区、河南自由贸易试验区、陕西自由贸易试验区、四川自由贸易试验区、湖北自由贸易试验区、重庆自由贸易试验区、海南自由贸易试验区、山东自由贸易试验区、江苏自由贸易试验区、河北自由贸易试验区、广西自由贸易试验区、黑龙江自由贸易试验区和云南自由贸易试验区。从"一枝独秀"的1.0时代，进入"雁阵齐飞"的4.0时代，由点到线、由线到面初步形成了一个由南到北、由东至西、由沿海到内陆的"雁阵"格局。

打造对外开放新高地是建设自贸区的核心要义，各自贸区秉承着差异化发展理念，根据各自的区位优势和地区特色进行建设，因此，各个自贸区的战略定位并不相同。上海自贸区是推行改革和提高经济水平的"试验田"。天津自贸区和河北自贸区侧重于打造京津冀协同发展的对外开放平台。广东自贸区、福建自贸区分别是为了加强和港澳、中国台湾的合作，建设"21世纪海上丝绸之路"。辽宁自贸区和黑龙江自贸区地处东北老工业基地，设立自贸区是为了推动东北地区的全面振兴，除此之外，黑龙江毗邻俄罗斯，还肩负着加强与俄罗斯和东北亚区域合作的任务。河南自贸区、湖北自贸区、四川自贸区和陕西自贸区都是第二批成立的内陆型自贸区，四川地区、重庆自贸区和陕西自贸区都承接了加大西部门户城市开放的重要任务，努力建设成为内陆开放型经济新高地；河南自贸区地处中原，贯通南北、连接东西，有着便利的交通条件。湖北自贸区和河南自贸区一样也立足中部，但是湖北自贸区倾向于承接产业转移，发展战略性新兴产业和高技术产业。浙江自贸区、海南自贸区、山东自贸区与上海自贸区、福建自贸区、广东自贸区这些先行先试的自贸区一样，都属于沿海型自贸区，但是它们的战略定位和发展目标各不相同，浙江自贸区努力打造东部地区重要海上开放门户示范区；海南自贸区四面环海的地理优势，十分适合发展自由贸易港，而且它面向太平洋和印度洋，是我国对外开放的重要门户之一；山东自贸区则立志发展海洋经济，除此之外，它还和韩国、日本隔海相望，有助于深化中日韩区域经济合作。江苏自贸区地处长三角经济带，着力打造开放型经济发展先行区、实体经济创新发展和产业转型升级示范区，在上海自贸区的带动下共同推进长三角地区新一轮的改革开放。广西自贸区与东盟国家陆海相邻，着力建设面向东盟的国际陆海贸易新通道。云南自贸区是联结南亚和东南亚的重要支点，后期建设会更倾向于形成我国对南亚和东南亚的对外开放窗口。

（三）上海自由贸易试验区的深化改革

中国自由贸易试验区是在制度变迁的道路上形成的，这条道路要求通过地方开放来刺激制度改革，并在试验后得到广泛应用。上海自贸区是中国新一轮改革开放的排头兵，是创新发展的先行者。上海是中国最大的城市，也是中国的金融经济中心，上海自贸区又是我国第一个自由贸易试验区，它先后经历了四次重要改革。根据国务院发布的重要文件，上海自贸区的深化改革过程可分为以下四个阶段：

第一阶段是2013年国务院发布《中国（上海）自由贸易试验区总体方案》，提出建设上海自贸区时，明确了上海自贸区的实施范围和总体目标，开启了上海自贸区1.0版本。探索建立"负面清单管理"模式，将外商投资和对外投资审批制改为备案制。在之后两年内，上海自贸区在金融制度创新、贸易便利化、政府职能转变等方面成就斐然。

第二阶段是2015年4月国务院发布《进一步深化中国（上海）自由贸易试验区改革开放方案》（以下简称《深改方案》），将上海自贸区范围扩大到了陆家嘴、金桥和张江三个片区，并将部分改革试点经验推广至全国，区内吸引外资和制度创新的步伐明显加快。除此之外，《深改方案》还特别强调把企业作为重要主体，转变政府职能，对科技创新企业进行金融支持，并提出了建设具有全球影响力的科技创新中心的方案，包括构建市场导向的科技成果转移转化制度，推动形成创新要素自由流动的开放合作新局面。

第三阶段是2017年3月国务院发布《全面深化中国（上海）自由贸易试验区改革开放方案的通知》（以下简称《全改方案》），重点在金融领域改革，要充分发挥自贸试验区在服务"一带一路"倡议中的辐射带动作用，有序放开跨境融资，探索跨境人民币资金池业务，加强政府职能创新。

第四阶段是2019年8月国务院发布《中国（上海）自由贸易试验区临港新片区总体方案的通知》（以下简称《临港方案》），开启了上海自贸区4.0版本。《临港方案》提出了更高的改革开放要求，进一步开放了临港自贸新片区，坚定了2025年发展目标和2035年发展目标，并且在金融领域首次明确提出"探索资本自由流入流出和自由兑换"表明要在贸易领域"对标国际最强自由贸易园区"。

二、上海数字自贸区建设成就

（一）投资管理制度创新

1. 负面清单管理模式

负面清单是指凡是与外资的国民待遇、最惠国待遇不符的管理措施，或业绩要求、高管要求等方面的管理措施均以清单方式列明，类似于投资领域的"黑名单"。随着上海自贸区的负面清单内容逐步缩减，外来企业所受的限制和束缚大大减少，上海自贸区的新设企业数量开始急速增多，2013年上海自贸区新设企业为3405户，2014年新设企业则超过了1.2万户，到2020年则超过了5万户。

2. 备案制管理模式

上海自贸区为了应对负面清单之外的投资产业领域，采用了内外资一致的原则，即除了国务院采取保留核准的投资项目外，其余所有的外商投资项目都由先前的核准制更新为备案制。备案管理制度减少了审批层级和申请材料，简化了作业流程，将作业办理时间从最初的40个工作日缩减到3个工作日，这大大缩短了境外企业办理入驻的时间。随着境外企业办理入驻时间的减少，外商投资数额大大增加，2013年上海自贸区的外商直接投资合同金额为73.89亿美元，外商直接投资实际到位金额为50.33亿美元；2015年上海自贸区的外商直接投资合同项目为3072个，外商直接投资合同金额为396.26亿美元，外商直接投资实际到位金额为38.21亿美元。三年时间内，上海自贸区的外商投资各项数据均呈现明显的增长。2015年之后，上海自贸区的外商投资数额依旧呈现逐年增长趋势，在上海市外商投资金额中所占的比重越来越大，上海自贸区的对外开放水平得到了显著提升。

（二）贸易制度创新

1. 货物状态分类监管模式

通过货物状态分类监管的创新模式，让货物的流通、分配得到很好的监管。截至2020年，上海自贸区在货物状态分类监管模式改革中取得了一定成就，即自贸区内货物状态分类监管改革试点运作票数达到3.6万票，同比增长36.7%，对应货值达到88.62亿元，同比增长89%。

2. 海关监管模式

上海自贸区在海关监管方面进行了创新，主要以提升产品流通效率、建立更为安全的体系为目的。海关监管方面的创新不仅为产品贸易流通提供了稳定且便捷的通道，而且在很大程度上减轻了烦琐程序给企业带来的影响。上海自贸区在海关监管创新上取得了一定成就，即通关时间大大缩短。

3. 检验检疫监管模式

上海自贸区在检验检疫监管制度方面进行了创新，推出了二十余项检疫管理新制度，且管理经验在全国范围内推广。2017年，上海推出了新的检验检疫监管举措，发布了《中国（上海）自由贸易试验区检验检疫精准服务计划》，对于"证照分离"的改革做了进一步深化，并促使浦东成为进口消费品的集聚地。上海自贸区在检验检疫监管制度的创新上取得了一定成就，以化妆品企业为例：2018年，上海自贸区在审批进口不具有特殊用途化妆品时，其流程仅需5个工作日，而原本的流程则需要3个月。

另外，上海自由贸易区保税区内化妆品占全国进口化妆品总额的比例呈现上升趋势，由2017年的28.8%上升至2019年的38%。

（三）金融领域制度创新

1. 资本项目可自由兑换

这里的资本项目自由兑换主要是指自由贸易账户，自由贸易账户的账户功能和账户数量在一定程度上决定了上海自贸区的开放水平。自由贸易账户体系使得离岸市场与自贸区之间的通道变得更加便捷，进而使自贸区内的企业跨境投融资变得更加便利。

2. 实现跨境人民币结算

跨境人民币结算的实现有利于上海自贸区在金融领域的改革，也有利于加快人民币的国际化进程，更是在中国金融改革部署中具有全局意义。2019年上海市国民经济和社会发展统计公报发布的数据显示，2019年上海自贸区跨境人民币结算总额为38112亿元，同比增长49.4%；跨境人民币境外借款业务累计金额达42.63亿元，同比增长6.9倍。

3. 利率市场化

上海自贸区通过推进利率市场化改革，提高了自贸区内资金的配置效率，也促进了经济发展方式的转变和结构调整。随着利率市场化的完成度越来越高，海外资金与国内金融市场的融合度逐渐增大，自贸区在境内外投资者之间发挥着重要的纽带作用。

（四）行政管理制度创新

自上海自贸区建设以来，行政管理制度上的改革创新一直处于我国领先地位。在推进政府管理事务的过程中，侧重点由先前注重事前审批转向注重事中和事后监管。事中事后监管是上海自贸区制度创新的重要环节。2013年发布的《中国（上海）自由贸易试验区总体方案》明确提出，注重事中事后监管应当作为上海自贸区五大主要任务之一。2016年，上海自贸区开始着手搭建事中事后综合监管平台。同年，上海自贸区又强调探索建立以专业监管为支撑、综合监管为基础的监管体系，构建市场主体自律、业界自治、政府监管、社会监督互为支撑的"四位一体"监管格局。经过几年的不断努力，上海自贸区基本建立了规范有力、透明高效和全程监管的事中事后监管制度，全面形成了信息互联共享的协同监管机制、鼓励企业自律的信用约束机制、社会力量参与的多元监督机制。未来，上海自贸区还将以"四位一体"的事中事后监管体系为实现发展目标而不懈努力。

三、上海数字自贸区的建设经验

数字化是21世纪以来最重要的科技发展方向。在数字化的浪潮下，互联网、移动互联网、物联网、大数据、人工智能等都有了长足发展，并深刻地改变了许多行业。

数字化对全球的投资和贸易产生了巨大影响。企业通过采用数字化的策略改变了未来经济模式。以贸易为例，全球有多达3.5亿商家开始通过数字商务的方式出口产品和服务。这种转变将为全球贸易提供自经济衰退以来首个强劲的助推剂，并带来"投资和贸易的数字革命"。

受全球化经济和技术的快速影响，数字化在中国已经实现井喷式发展，以阿里巴巴带头的BAT企业所构建的数字生态系统，对中国整个商业格局都造成了极大影响。数字化不仅仅让普通消费者受益，对中国企业乃至经济整体也起到巨大的推动作用。我们的生活方式以及企业的生产模式都在数字化变革中迭代、更新。

在中国，不少融合了数字技术和新型商业模式的企业，业务蒸蒸日上，在短时间内，价值超过了历史悠久的传统企业。我们也看到，数字化变革正在构建并推动行业的生态系统。数字化并非暂时的现象，它正在或即将影响甚至颠覆整个行业，传统企业有必要对数字化行为进行由内到外的重新定位。

事实上，所谓传统企业和新兴企业的界限将会越来越模糊，所有企业都要朝数字化方向转型。通过数字化技术，建立以客户为中心的商业模式，增加与生态系统内的所有合作伙伴之间的亲密度，缩短彼此之间的距离，这将会使传统产业产生根本性变化。

在数字化迭代更新的机遇下，一些传统行业即将被颠覆，传统行业必须更加灵敏快速地响应外界变化，很多公司需要克服组织惰性，市场策略和决策需要更加敏捷迅速，通过商业模式创新缩短产品开发周期，以适应市场的快速变化。

（一）上海有条件成为数字领域的世界城市

上海作为国际性大都市，是全球性的金融和航运中心，并且在制造业和贸易领域处于世界领先地位。未来，上海应该成为数字领域的世界城市，使用数字技术为上海的产业、贸易和投资服务。

上海可以在智慧城市、金融科技和云服务方面建立世界级的能力。

1. 运用数字技术建设智慧城市

上海提出2020年初步建成泛在化、融合化、智敏化的智慧城市。所谓智慧城市，就是运用信息和通信技术手段感测、分析、整合城市运行核心系统的各项关键信息，从而对包括民生、环保、公共安全、城市服务、工商业活动在内的各种需求做出智能响应。其实质是利用先进的信息技术，实现城市智慧式管理和运行，进而为城市中的人创造更美好的生活，促进城市的和谐、可持续成长，也为城市的整体投资、贸易的便捷提供保障。智慧城市的建设涉及城市公共安全、智慧交通、智慧环保、智慧医疗等，从而依赖大数据来强化城市的整体竞争力。

2. 金融科技技术将助力金融中心的建立

2020年，上海建成国际金融中心，但与纽约、伦敦等金融中心相比，上海在金融服务水平、金融产业集群、基础设施等方面还有提升和发展的空间。

被认为是继蒸汽机、电力、信息和互联网科技之后最有潜力触发第五轮颠覆性革命浪潮的区块链技术，是采用共识机制、去中心化、分布式的共享账本或数据库，通过密码学加密技术，保证这一账本或数据库的全网公开、透明的一致性，同时是一种安全的、不可篡改的匿名网络技术。

为加强上海金融中心竞争力地位，除了货币政策等方面的改革进程，更需要积极参与前沿技术变革。区块链技术对金融行业产生的重大影响体现在以下几方面，上海应提前为未来金融中心布局。

交易模式的变革：变革现有的交易模式，特别是在清算和结算系统中使用区块链技术，能够降低交易的复杂度，并实现有效监督。区块链技术带来的变革，可能会使纽约和伦敦交易中心地位发生改变，上海应把握时机，鼓励技术创新，加快区块链技术的发展和应用，驱动新型金融交易模式的诞生和发展。

金融机构的变革：传统金融机构的核心地位将被更加开放民主的自由交易市场替代。上海应以更开放的理念营造优化的商业环境，吸引更多金融机构、资本和创新人才。推进与区块链技术公司和金融机构合作，持续扩大区块链研发投入，在全国金融机构中起到引领性作用。

金融的监管：区块链技术可以从根本上改变金融机构的 IT 系统运行模式，并能形成可量化的自我监管平台，有效减少欺诈行为，提高监管效率。上海应积极争取在区块链数据部署上先行先试，逐步开放部分金融数据资料，实时观察读取数据，并作出反应，提供相应的政策，有效防范金融市场中的系统性风险。

3. 积极推进云服务建设

为将上海打造成国际经济、金融、贸易和航运四个中心，提高上海国际化城市核心竞争力，政府应从行业发展和企业自身痛点出发，在未来数字化技术领域提前布局，在适当的时候推出一系列数字化服务，为企业的投资和贸易保驾护航。云服务是其中非常重要的一环。

云服务是未来城市基础建设的一部分，也是上海竞争力的再提升。云服务会大幅度降低企业的数字化成本，并使它们在全球竞争中占得先机。

（二）利用自贸区提供针对投资和贸易的数字化服务

上海借力自贸区，在跨境投资服务平台的支持下，推动国家"一带一路"发展战略，成为投资周边国家的先行者、领跑者。针对投资和贸易可以推出一系列数字化服务来提升便利性。

物流服务在贸易活动中具有重要支撑作用，而作为在中国贸易发展中被寄予厚望的上海自贸区正在推动物流业渐进式发展，在探索建立货物状态分类监管模式中，数字化管理信息系统的作用至关重要。

RFID 管理（电子标签、射频识别），如 RFID 仓储物流系统可选择性用于从采购、存储、生产制造、包装、装卸、运输、流通加工、配送、销售到服务的各个业务环节和流程，能够实时、精确地掌握整个供应链上的商流、物流、信息流和资金流的流向和变化。

针对区内特殊的功能需求，包括 RFID 的数字化管理，可从以下方面提升人与物的高效快捷，提高自贸区物流标准。

分区物流管理：区内港口、海运、空运、仓储 4 种不同区域的特殊功能分类管理。

对口岸单位人、物监管：传统的监管模式被集中、分类、电子化监管替代，从而实现区内人与货物的快捷流动。

在自贸区航运体系管理中，数字化广泛应用于在线订舱、运价查询、提单下载、在线结算及全程跟踪等进出口物流中，同时也为仓储、保险及物流金融提供"一站式"服务。

跨境支付：由多家国内外银行搭建的大宗商品跨境金融服务平台于2016年10月在自贸区启动（新加坡星展银行、马来西亚联昌国际银行和上海银行等国内外主要银行开展试点）。这个创新的支付生态系统平台也是自贸区数字化变革的重要举措。该平台将上海自贸区打造成无现金贸易中心的革命性典范。

无纸化：银行及客户在传统贸易结算方面一直面对烦琐的纸质归档程序的不便。新型平台能将结算流程的数字化和一体化变为现实。

跨境贸易电子商务试点平台的建立有效地联结了境外网站和中国消费者，随之而来的物流仓储平台和跨境支付需要更精准的数字化支持。

四、上海数字自贸区建设的启示

上海自贸区在成立之初就包含"可推广、可复制"的建设目标，因此，在各地自贸区发展进入快速阶段的今天，上海自贸区为这些新成立的自贸区提供了诸多值得借鉴的发展模式和经验。

各地政府简政放权，提升市场的竞争活力。上海自贸区最成功的改革之一是政府职能的转变，从事前审批监管制度创新为事中事后监管制度，放开了政府的监管权限，提升了上海自贸区吸引外资的效率，取得了优异的成绩。新自贸区所在的各地方政府应学习这样的模式，通过各种方式将更多权限赋予市场，处理好政府监管与市场竞争之间的关系，将两者有机结合，合力刺激经济发展。

坚持"负面清单"管理制度，并进一步减少其条款。"负面清单"制度是上海自贸区接轨国际先进自贸区的重要举措，为其发展带来了更多的可能性。最新版本含95条内容的负面清单已经被现阶段所有的11个自贸区所采用，应继续贯彻落实"负面清单"制度。同时，各自贸区应协力明确"负面清单"的主题，并进一步减少其条款，促进发挥其招商引资的功能。

自贸区周边地区应积极配合并融入协调发展。上海自贸区成立4年来，已对其所处的长三角地区经济发展产生了拉动和辐射作用，促进了周边地区的对外开放程度。新成立的自贸区大多地处内陆，对外开放程度达不到上海的标准，所以自贸区的建立是这几个省市难得的扩大开放、拉动经济的机会。自贸区的建设绝不仅仅是规划的那几十上百平方千米区域能够独立完成的，需要周边地区的配合协作，而这样的合作又反作用于周边地区，刺激经济共同增长。

各省市自贸区发展应因地制宜。自贸区复制推广绝不仅仅是简单的"拿来主义"，各地需要找寻自己的开放亮点，这样才不至于邯郸学步。上海在成立自贸区之前有上海保税区作为铺垫，有其建立的基础。而新成立的自贸区在这方面并没有上海的经验，所以在具体实施时需要考虑自身的优势和局限。以新成立的四川自贸区为例，四川地处内陆，与沿海的自贸区相比有先天的劣势，所以四川自贸区的发展就需要从自身优势出发，因地制宜。成都应利用自己在航空运输方面的优势，现阶段成都双流国际机场是中国中西部地区最大最繁忙的航空港，在未来新规划的成都天府新区国际机场落成后，成都的航空运输能力又将得到巨大的提升。

上海自贸区作为自贸区建设的领头羊，在投资监管、金融监管、政府管理等制度方面抓改革、争创新，取得了一定成就。但同时，第一个发展的试点必然存在一些需要改进的问题。新成立的自贸区应该吸取上海自贸区发展过程中的经验和教训，借鉴上海自贸区的优秀成果，避免和解决上海自贸区遇到的困难，并发挥自身优势，发挥自贸区建设的独特优势，促进地区和国家的经济增长。

第二节　福建数字自贸区

福建自贸区以厦门片区数字经济发展为基础，培育数字化产业链条，强化数字产业与数字自贸区建设的发展互动，推进数字自贸区管理服务与提升厦门片区现代化治理水平进一步融合，着力打造全国领先并具有地方特色的智慧自贸园区。厦门片区从发展数字基建、数字产业、数字监管、数字服务四方面着手，加快新旧动能转化，建设数字自贸区。具体将从构建国内一流的数字基础设施、打造国内一流的数字产业发展集聚区、率先探索构建数字监管新模式、提升数字服务能力、落实重点招商项目和典型应用场景五项主要任务出发，形成28项具体措施。在构建数字基础设施方面，方案提出建设5G综合保税区。厦门象屿保税物流园区将推进基础设施数字化升级改造，推进象屿综合保税区5G仓储物流建设，建成5G全覆盖的智慧综合保税区。在打造5G全场景应用智慧港口方面，厦门片区将与华为、中国四维等ICT企业合作，依托中远海运和中国移动合作建立的5G智慧港口实验室，助力厦门数字化港口转型。

一、福建自贸区建设的基本现状

当前关于福建自贸区建设的经验，主要有以下四个方面研究。

（一）自贸区政策效应评估的研究

叶宁等（2020）运用改进熵值法检验了自贸区的创新驱动发展质量，发现自贸区在人才机制、创新投入、区域交流和市场开放等方面存在一定的不足，提出在创新标准的制定和规律方面仍需加强探索。

刘杨等（2021）使用双重差分方法评估自贸区的设立对外商直接投资、出口、要素价格水平的影响，其研究结果表明，自贸区的设立提高了城市利用外资的整体水平，优惠便利政策推动了劳动力要素和资产要素价格水平的上涨；自贸区政策对所在城市出口贸易的短期影响并不显著，长期影响有待进一步观察，当然，自贸区政策对当地固定资产投资并未产生"挤进"或"挤出"效应。

（二）福建自贸区对台合作问题的研究

郑水珠等（2019）针对对台金融合作的问题，提出福建自贸区应积极借鉴上海自贸区离岸金融建设经验，充分结合自身特色，建立以对台为主的离岸金融市场，在推动两岸经济发展的同时，不断推进人民币的国际化进程。

李宝轩等（2019）在研究福建自贸区闽台海洋旅游合作现状的基础上，运用共生理论，分析福建自贸区闽台海洋旅游合作中存在的问题，探索未来产业融合发展的新方向。

陈蓉等（2020）探讨福建自贸区对台产业合作成效与挑战，认为应从拓展产业合作空间、统筹片区对台产业合作布局、创新对台招商引资模式等方面进行探索，深化对台产业合作。

郑会青（2020）认为，应从完善物流配套设施、实现政府职能转型、探索闽台农业产业合作新模式、注重跨境电商平台建设等方面，进一步促进闽台农产品贸易的发展。

（三）福建是否应建设自由港问题的研究

王冠玺（2021）提出借鉴国际上"先立法，后设区（港）"的模式，中国应结合国情与制度，总结现有保税区、保税港区和自贸区的实践经验，尽早制定《自由贸易港管理法》，以响应国家深化改革与开放的需要。

陈春玲（2020）根据中心地理论，提出福州可建设"腹地辐射联动型"自由港，其思路是，近期在福建自贸区福州片区内建设"深化经济改革试验区"，中远期可根据福建自贸区福州和平潭片区的区位优势、要素禀赋、产业基础等进行科学布局，以实现向自由港的转型升级；加强对腹地市场的辐射联动，加强与周边区域的联动融合。

（四）以制度创新推进福建自贸区发展问题的研究

周蓉等（2020）提出，福建自贸区在制度性开放方面做了有效探索，但随着改革步入深水区，自主权不足等体制困境束缚其探索制度创新的问题越发明显，亟须寻找新的突破口，促进开放向制度层面纵深推进。

陶建群等（2020）提出，要以制度创新为福建自贸区高质量发展提供坚实保障，打造产业发展"新引擎"，为其高质量发展提供强劲动力，要开创对台工作"新局面"，为福建自贸区高质量发展提供平台支撑。

蔡勇志（2020）提出，应以市场主体的需求为导向，加快制度创新，加强系统集成，推行"互联网+"改革，主动向上对接、争取承担更多的国家级试验任务。

关琰珠等（2020）以福建自贸区厦门片区为例，认为自贸区制度创新面临问题的原因在于制度创新中的数据壁垒、监管壁垒没有被打破，制度创新的积极性、协同性有待加强等，提出加强改革的系统集成及顶层设计、立法赋予自贸区更多的改革自主权、建设智慧型数字自贸区等政策建议。

上述研究或突出福建自贸区的对台经验，或分析大形势大背景下福建自贸区的发展质量，或强调自贸区发展的典型经验等，但总体而言，缺乏对福建自贸区制度创新的整体分析，未将制度创新放在多区叠加背景及福建特点优势相结合的角度来考察。

二、福建自贸区发展的制度创新经验

福建自贸区自 2014 年 12 月成立以来，借鉴世界各国自贸区发展经验，打破体制性障碍，主动创新，形成了一批制度创新的典型经验。

（一）探索对台工作先行先试的制度创新

福建自贸区能加强对台经贸合作，这是一大特色。但自蔡英文上台以来，台当局拒不承认"九二共识"，两岸政治关系恶化，这一情况影响了自贸区对台经贸合作的进展。因此，福建自贸区对台工作在制度层面进行了一些方式方法创新，找新抓手，在企业双赢、文化交流和心灵契合等方面取得新进展、新突破。

一是进一步扩大对台开放，推动《两岸货物贸易协定》《两岸服务贸易协定》等协定在自贸区内单方面实施。

二是进一步深化对台金融合作，自贸区内率先试点台资企业资本项目管理便利化政策，建立新台币结算中心。自贸区支持融资信贷业务，允许近百家金融机构开通我国台湾地区信用报告查询业务，促进金融信用发展。

三是自贸区对台证券业先行先试。福建积极出台政策，推进海峡股权交易中心"台资板"金融平台建设，帮助台资企业融资。2020 年 2 月成立的金圆统一证券正式落户厦门，这是全国首家两岸合资的证券公司，标志着福建自贸区对台证券业发展到新的高度。

四是进一步深化两岸产业对接，设立两岸冷链物流示范区，建设我国台湾文化园基地，成立两岸合资影视后期制作企业等。

五是在合作对象上，既重视"三中一青"（中小企业、中低收入、中南部以及青年），又吸引更多"一代一线"（年青一代、基层一线）台胞来自贸区创业发展。通过落实台胞在劳动就业、参加社会保险、享受公共服务等方面获得同等待遇的政策，增强台胞在福建自贸区发展的信心。

（二）大力抓好优化营商环境的制度创新

良好的营商环境是市场经济发展的基础。福建自贸区成立 7 年多来，营商环境得到了较大的改善，经验就在于抓好自贸区内制度创新的集成改革。

1. 推进商事登记制度集成创新改革

福建自贸区推进从企业设立直至注销退出的全链条改革，推进"三证合一、一照一码"，简化登记注册手续，缩短企业创办时间，提高工作效率，进一步鼓励了企业投资兴业。

2. 推进投资体制"四个一"改革

将投资建设项目从招商对接到竣工验收涉及的所有行政审批事项由 116 项精简至 26

项,将办理流程整合为规划选址与用地、项目审批与核准备案、设计审查与施工许可、统一竣工验收四个阶段,破解项目投资"审批慢、落地难"困局。

3.深化贸易及金融监管系统集成改革

福建自贸区做到"一线放开",扩大国际贸易单一窗口使用范围,促进海关、检验检疫、海事等部门的功能协同、执法联动、信息共享,力求最大限度减少通关时间与成本。在自贸区金融发展方面,推行信用风险分类监管,构建企业守规、行业自律、中介服务优质、政府监管到位的新"四位一体"市场监管体系。

4.创新引入用人机制

福建自贸区通过增设"双创"产业园等引智载体,吸引并留住电子信息、智能制造等高端行业的优秀海外留学人员、国内优秀人才,营造良好的人才发展环境。

(三)用好用足多区叠加政策的制度创新

福建三个自贸片区均具有多区叠加的政策优势,总体上表现为"'一带一路'核心自贸区""闽台深度融合自贸区""多区叠加示范区""绿色发展自贸区"等特殊功能载体。福建的做法是打通体制界限,整合多区叠加政策。其具体做法有以下三点:

一是围绕产业导向、项目导向进行资源优化整合,通过盘点各特殊功能区的政策、资金、产业链及其他要素资源,推行资金打包、要素打包、政策打包。

二是以建成现代化经济体系为发展方向,打造各具资源特色的自贸片区。福州片区重点发展高端制造、研发产业和绿色产业;平潭片区发展现代服务业、现代农渔业和健康产业等;厦门片区发展高端服务业、绿色产业和金融业等。

三是三个自贸片区协同发挥好海上丝绸之路核心区功能。福建省三个自贸片区通过共享信息平台、共建产业链条,共同开辟"21世纪海上丝绸之路"沿线国家和地区市场,进行产业链合作、环境生态合作、金融合作、技术创新合作等,促进了各自贸片区的发展,提升了对外经济合作整体水平。

三、福建自贸区制度创新的制约

制度创新是自贸区供给侧结构性改革的核心内容。按照新制度经济学的观点,当旧制度体系严重滞后时,就会产生创新制度供给的迫切需求,这是生产力发展到一定程度时对生产关系变革提出的要求。当前,福建自贸区制度创新存在五个方面的问题。

(一)营商环境的制度创新无法满足发展需要

以制度创新优化福建自贸区的营商环境,才能增强企业的获得感。当前,福建自贸区在制度创新方面存在三个方面的问题。

一是系统集成改革有待进一步深化,自贸区制度创新的整体性和协同性有待加强。不同自贸片区制度创新的推进程度存在差异,多规合一等事项未做到全覆盖,贸易便利化有待提高,商品通关时间较长,行政审批还存在多头检验现象,"放管服"改革有待深化,

"证照分离"改革试点有待升级。

二是新型政商关系制度创新有待进一步加强。部分自贸区职能改革存在"换汤不换药"的问题，有的职能部门简政放权之后存在"懒政"现象，这些问题的破解在于加强激励约束机制的建设。

三是自贸区内的法治环境有待进一步优化。虽然福建自贸区法治建设取得了较大进步，但对中小企业的保护力度较弱。优化自贸区内知识产权制度环境，加强对自贸区内中小企业的知识产权保护，尤其是数字型、科技型优质中小企业，避免出现因部分企业员工将企业研发成果带走而损害企业利益的现象。

（二）非公有制经济与自贸区结合的制度创新不足

在福建自贸区内，非公有制经济占有重要的地位，对自贸区发展水平与质量的提升具有重要作用。当前，自贸区的制度创新需要融合非公有制经济的特点。目前存在四个方面的问题。

一是自贸区内科技型中小企业占比偏低，一些中小企业对自贸区政策的掌握与利用不够充分，存续期较短，发展不稳定，原因在于自贸区缺乏促进非公有制经济发展的长效机制。

二是部分企业活力不足，融资方式单一，持观望态度的企业较多且投资效率不高，甚至存在企业空壳运行的情况。

三是自贸区内部分企业属于初创的中小型、数字型、平台型企业，在自贸区层面缺乏促进这些企业协同发展、降低物流及运营成本的措施。

四是自贸区管理体制有待优化，应正确处理好有效监管、慎重监管与服务企业发展等深层次问题。

（三）促进自贸区差异化发展的制度创新偏少

截至2020年9月，我国已经建成21个自由贸易试验区，形成了覆盖东西南北中的高水平开放格局，但各个自贸区之间在贸易对象、产品市场、产业发展、技术创新和政策支撑等方面存在一定的同质化倾向，在争取资金投入、争夺优秀企业、寻找国家政策支持等方面的竞争日趋激烈。按照中央对自贸区改革"首创性"探索的要求，福建自贸区需要深入挖掘福建自贸区与台港澳之间的经济贸易特色、位于"21世纪海上丝绸之路"核心区的地缘优势特色、海洋及港口资源丰富的特色，以及在"双循环"新发展格局中的特色，实行不同于其他自贸区的差异化发展道路。但在实践中，基于福建特色及优势的制度创新不平衡，体现为对我国台湾地区的政策较为完善，如在闽台产业合作机制、通关合作模式、闽台金融合作、落实台企台胞同等待遇、实施"一区两标"等方面取得了较好的成果，但对我国香港、澳门地区及东南亚等区域的合作政策较为抽象、笼统，没有针对这些区域的产业优势、地理优势、华侨人脉资源、自然资源禀赋、经济贸易特点等制定具体的合作发展政策。另外，福建自贸区在企业数量与质量、对区域经济的影响力与带动力、"21世纪海上丝绸之路"核心区优势的发挥等方面，与邻近的上海自贸区、广东自贸区之间也存在一定的差距。

（四）自贸区金融创新存在体制机制的制约

自贸区金融创新的本质在于促进金融业务的开展，促进贸易便利化及企业生产与创新。对于福建自贸区而言，金融创新要有利于吸引台港澳资本及外资进入，有利于吸引优质企业进驻，有利于促进贸易增长及创新发展。当前，福建自贸区在吸引更多台资进入自贸区方面还存在一些体制障碍，如台资金融机构类型偏少，银行数量较少，经营业务较为单一，陆资与台资金融机构在征信体系、融资体系、担保体系的对接以及信息资源的共享等方面还有待加强。在吸引我国台湾地区企业进驻方面，自贸区金融机构对企业的金融支持没有考虑重点及先后顺序，个性化不突出，针对性不够强。自贸区内中小企业仍然存在融资难等问题。自贸区目前的金融创新和最初的金融创新规划相比仍有较大差距，自贸区对外资银行、类金融、期货交易等金融业务的监管标准过高，金融机构的数量与质量有待提升，自贸区金融机构的境外融资功能有待加强。促进福建自贸区技术创新以及实现21个自贸区新型科技金融的整体发展，是一个很有前途的领域，但目前的创新进展还不能满足现实的需要。

（五）对中央提出的自贸区发展新战略的制度准备不足

福建自贸区具有扩大自主权、探索建立自由贸易港的基础与现实需求。

首先，探索福建自贸区发展需要什么样的自主权，中央能够给予福建多大的自主权。针对这些问题，福建需要考虑当前国际经贸形势的新变化和以美国为首的西方国家对中国崛起的打压等因素给福建外向型经济发展带来的不确定性，在贸易范围、开放深度、贸易规制和经贸模式等方面先行先试，主动开放、主动创新。同时，福建对东南亚经济、对台经济交流非常活跃，发展空间巨大，自贸区贸易便利化、投资自由化、金融国际化等都需要扩大福建自贸区的开放自主权。

其次，探索能否建设自由港的问题。自2017年以来，厦门集装箱吞吐量稳居国际第14位、国内第7位，发展活跃程度较高，具备建立自由贸易港的条件，福州港、泉州港发展潜力也较好。但要建立的自由贸易港类型、监管新体制及法律支撑等问题，都需要先进行制度创新探索。

四、福建自贸区建设的改进措施

自贸区发展质量、发展成效如何，关键在于制度创新成果。接下来福建自贸区的改革发展，应以制度创新增强自贸区活力，以制度创新打破制度性障碍，凸显改革红利，为自贸区高质量发展增创体制机制新优势。

（一）进一步紧抓营商环境的制度创新

新福建自贸区应将创建更优质的营商环境放在突出位置，以制度创新打破自贸区体制机制"瓶颈"，构建具有中国特色的法治化营商环境。

1. 继续深化商事登记系统集成改革

福建自贸区可借鉴我国香港地区及新加坡的商事登记制度，继续扩大"多证合一"涵盖事项范围，完善企业从市场准入到退出的全链条改革，扩大新措施的复制与推广范围，将企业生命周期电子化管理落到实处。

2. 深化贸易监管系统集成改革

进一步对标我国香港地区及新加坡的国际贸易单一窗口，结合福建港口实际，打造贸易物流综合信息平台，扩大国际贸易单一窗口使用范围，实现企业一次性完结通关业务，进一步压缩通关时间，提升贸易便利化水平。

3. 优化行政审批系统集成改革

结合国家大部制建设项目审批制度改革试点，在当前"多规合一"并联审批系统基础上，进一步减少评估、检验、检测、认定和认证等事项，将更多单项审查改为综合审查，完善"多评一表""多图一审"服务体系制度，提高福建营商环境的法治化、国际化水平。

4. 进一步细化自贸区"放管服"改革

深化新型政商关系制度改革，完善政府权力清单和市场主体负面清单制度改革，健全透明性担保制度、防护性保障体系，厘清政府与市场的边界、政府与社会的范围、权力与权利的界限，创新事中、事后监督机制。

（二）突出抓好非公经济市场主体活力的制度创新

能否激发自贸区市场主体活力，是检验自贸区改革成效的关键因素。福建省自贸区应在激励各种所有制形式市场主体发展的基础上，领会民营企业发展的重要精神，以制度创新激发自贸区非公经济市场主体的活力。

一是制定吸引中小型外资项目的政策措施和招商目录，积极引进科技研发机构和科技型中小企业，通过引进中小型外资项目进一步激活科技创新和产业创新。

二是发挥民营企业发展灵活、信息资源来源广泛、行动快速的特点，以培育战略性新兴产业、发展高端制造业的技术支撑为重点，着力催生自贸区民营企业的产业创新、产品创新及业态创新。

三是在政策上鼓励民营企业与科技型外资企业合作，促进技术协同创新、产品创新与商务模式创新，增强企业的创新自信。

四是制定自贸区民营企业的帮扶政策标准。对于存在股权质押平仓风险的上市企业，为了避免企业所有权转移，可采取政府基金、私募基金、保险资金和财务投资等方式，纾解公司平仓风险。对于陷入金融风险的非上市企业，要鼓励银行敢于为其发放贷款。

五是充分激发企业家创新创业精神，进一步加大对无形资产特别是知识产权的保护力度，创建新型政商关系，保护企业财产安全。

（三）以制度创新促进自贸区差异化发展

在国内自贸区发展竞争日趋"白热化"的情况下，福建自贸区要结合地方特点，突出对我国台湾地区和东南亚国家的区域优势，将自贸区建设与区域经济发展相结合，善于挖掘"利基市场"（niche market），以加强"微创新"的积累为策略，实现差异化发展，推动形成更高层次的开放型经济新格局。

一是进一步发挥自贸区的惠台政策，贯彻国台办惠台31条措施和福建省惠台66条措施，在对台方面，推进在智能制造、高端研发、文化创意、健康养老、教育医疗和金融产业等领域的新突破。

二是提出简化认证办法与就业安置办法，扩大台胞在自贸区的就业范围，鼓励他们在自贸区就业、创业与创新，构建两岸融合示范经济社区，进一步推行台胞担任经济社区干部试点工作。

三是推进福建自贸区与多个"21世纪海上丝绸之路"沿线国家和地区构建交流合作机制，根据这些国家和地区的产业优势、资源禀赋、经济贸易特点等，制定具体的合作发展政策，用好用活"双循环"新发展格局的有关政策，繁荣海丝工业园区、海洋经济贸易、海丝文化等，促进国际商务和海洋经济的新发展。

四是对扩大市场化运作的厦欧、榕欧海铁联运模式提供制度保证，打造以福州、厦门自贸区为主体主导的海陆空"三位一体"的国际枢纽。

（四）推进金融体制改革的制度创新

福建自贸区应以制度创新探索自贸区金融市场的创新发展，解决好企业融资难、融资贵的问题。当前，自贸区应率先落实2018年10月国务院金融稳定发展委员会专题会议精神，出台实施细则，抓好金融制度创新。

一是鼓励金融机构设立高规格的普惠金融事业分部，加大对自贸区内中小微企业的金融支持力度。鼓励、引导对我国台湾地区生物、医疗、电子等领域的企业进行债券融资，协调省级金融机构下放区内分支机构的信贷审批权限，提高商业银行对企业授信业务的考核权重，健全银行尽职免责和容错纠错机制，处理不合理贷款条件、人为拉长融资链条等问题，尽量降低企业融资成本。

二是争取金融业对外资开放的项目率先在自贸区落地。要推动金融机构与我国台湾地区银行之间的金融创新，丰富同业往来账户，办理多种形式结算业务。引进海峡金融产权交易中心，努力拓宽境内外金融市场特别是对台金融的合作领域。

三是进一步创新金融体制，积极发展自贸区科技金融，促进全国自贸区新兴科技金融的整体发展。

四是创新对离岸金融的支持政策，发展离岸金融业务，在探索人民币跨境使用、深化外汇管理改革等方面进行重点突破，探索推行境外股权投资，尽快形成一些可复制、可推广的金融创新经验。

（五）为获得更大改革自主权开展制度创新

面对当前国际政治经济出现的新变化，福建自贸区应争取更大的改革自主权，结合本地特点，进行四个方面的前期探索，引进技术、资本和人才等要素并创建要素的密集区，建成自贸区制度创新高地。

一是研究自贸区内可进一步缩小的负面清单范围。除少数敏感产业之外，推动一般制造业全面放开，提高服务业自由化竞争程度，加大开放力度。

二是分析美国、欧盟等西方发达国家和地区最新的高标准经贸规则，在国有企业、政府采购、知识产权等领域向非公经济进一步开放。

三是探索形成福建三大自贸区共建共享共赢机制，发挥自贸区技术、政策的外溢效应，提升福建自贸区整体发展水平。

四是建立新业态发展的激励机制。制定自贸区高端研发政策，打造先进制造业技术服务平台，实施互联网、物联网、大数据、人工智能与实体经济深度融合的发展规划，促进自贸区经济高质量发展。

（六）为探索建设自由贸易港奠定制度基础

建设自由贸易港是比自贸区更高层次的开放策略，能否抓住这一改革契机，对福建经济发展影响巨大。福建自贸区需要创造条件，在制度创新上先行一步，夯实底子，营造自由贸易港的政策环境，围绕自由贸易港的航运相关标准和内容展开，突出自由贸易港的扩大开放、国际化和体制机制创新。在制度设计上，要具有区域特色、能提高行政效率和维护国家安全，具体而言，要做好三个方面的基础制度设计。

1. 明确自由贸易港的类型

从交往对象、贸易内容和可行性等方面来看，福建可先选择厦门建设自由贸易港，考虑将其建成"综合性自由贸易港"，而非某类单一商品或者服务产业的自由贸易港。

2. 从监管体制上看

不能采取新加坡、我国香港地区等自由贸易港实行的完全的自由流动制度，而应结合福建港口特点、区域经济特征与发展水平，实行最低限度的监管机制，通过进一步丰富、完善"境内关外"的内涵，进一步创新"一线放开、二线安全高效管住、区内自由、关税趋零化"的制度。

3. 发挥厦门经济特区具有立法权的职能

针对发展福建自由贸易港的"境内关外""境内要素流动"以及消费者权益保护等领域展开立法预研，建立健全自由贸易港法律制度体系等内容，营造公平、高效、透明、稳定的法治环境。

五、福建数字自贸区的建设成效

福建省深入贯彻落实中央"数字中国"建设相关精神，围绕"数字福建"的部署要求，发挥产业优势和"自贸+"的改革创新优势，加速打造数字自贸试验区。以厦门市为例，取得了以下建设成效。

（一）数字基建筑路

无人自动驾驶集装箱卡车在码头自如穿梭，按照控制中心的指令精准完成交箱装船与卸船接箱等系列操作。2020年，全国首个5G全场景应用智慧港口在厦门自贸片区海沧园区投产，借助5G网络等技术，港口作业不仅呈现满满的科技感，也更加智能高效。

推动"数字港口"建设的同时，片区还加快智慧物流应用。依托戴尔科技集团、嘉里大通共建智能物流体系，启用以人工智能和机器人为基础的智能仓储物流系统，通过人工智能算法保障物流作业的准确性和时效性，纸张使用节约90%，叉车推车等搬运设备减少95%。

厦门片区率先建设集装箱智慧物流平台，实现全港物流信息无缝联结、便捷共享、动态跟踪和无纸化交接，码头闸口通过时间压缩2/3，每年为企业节约1.56亿元，港口物流全面进入无纸化时代。

坚持基建先行，厦门自贸片区正构建起数字化"高速车道"。目前，片区协调三大通信运营商加快建设5G网络，已建成249个5G基站，实现厦门片区公共区域5G网络全覆盖，建设5G综合保税区，并结合大数据、云计算、人工智能等新一代信息技术建立智慧园区，建设国内一流的数字基础设施。

（二）数字产业蓄力

数字基建筑起高速路，数字产业则提速领跑。紧紧围绕数字产业化、产业数字化，厦门自贸片区积极发展数字优势产业。

一方面，大力推进"平台+互联网"深度融合，以数字化赋能厦门片区14个重点产业平台做大做强，引领运用新一代数字技术推动主要供应链企业的数字化，打造集成电路全流程服务模式，建成全国首条涵盖集成电路设计全产业链公共技术服务体系；另一方面，深挖数字贸易潜力，深化跨境电子商务平台建设，象屿跨境电商产业园成功入选国家电子商务示范基地，2020年厦门跨境电商进出口总额达27.83亿元。

不仅如此，片区还出台了促进供应链创新发展若干办法，以数字赋能供应链发展。2020年，区内排名前50的重点供应链企业销售额达4825亿元，同比增长48.7%。

以数字经济赋能自贸试验区创新发展，优质产业项目成为源源不断的动力。2020年，人工智能物联网领军企业涂鸦智能、蚂蚁开放联盟链（厦门）创新基地、布比区块链项目等落户厦门片区，同时，探索建设"一带一路数字商务产业园"暨两岸网红电商直播基地，上线"海运费境内外汇划转支付场景"。聚焦数字创新重点领域，结合厦门数字自贸试验区战略发展规划，厦门自贸片区生成60个重点数字经济发展项目，总投资约150亿元。

（三）数字监管提效

2020年12月，厦门国际贸易"单一窗口"出口航空电子货运平台上线。该平台在全国率先实现空运出口"一单多报"和"安检验讫放行电子化"，简化空运出口环节企业信息的重复录入，减少6种纸面单证，可使货站收运作业效率提升90%以上（现场作业时间除外），货代外勤工作量减少70%以上。

大胆闯、大胆试，厦门自贸片区持续在数字监管模式上创新，推动智慧监管。疫情防控期间，厦门海事局率先在厦门自贸片区国际贸易"单一窗口"建成启用"海事国际航行船舶疫情防控监管平台"，统筹集成船舶、船员、疫情大数据信息，自动比对生成防疫风险标识，以信息化手段代替人工盯防排查的管控模式。

此外，片区依托"单一窗口"平台在建海关特殊监管区域辅助管理系统，对海关监管流程进行优化，实现"先进区、后报关"的业务流程改造，大幅简化企业办事手续。2020年10月，国家口岸办将厦门列为开展国家"单一窗口"标准版航空物流公共信息平台验证试点地区。

以监管提效为企业降本，厦门自贸片区创新集成电路保税监管模式，上线运行海关信息化（ERP）系统，2020年全年完成对外付汇1627.63万美元。自试点工作开展以来，截至2020年年底，累计完成对外付汇1696.33万美元。

（四）数字服务增色

2020年年底，中国（厦门）国际贸易"单一窗口"全国第三方银行函证与巡查数字化服务平台和全国跨境法人身份识别体系（LEI）平台正式上线。两大平台由厦门自贸片区管委会与中国金融认证中心（CFCA）和布比（北京）网络技术有限公司共同策划设计，将有效助力厦门数字金融服务创新试点。

片区率先在全国上线中金金融"全国第三方函证与巡查数字化服务平台"，推动银行函证和企业会计报表的真实性线上认证。建成厦门片区空间信息数字化平台，统筹建筑空间、房屋安全、市政管线、可招商空间等资源。

让海量的数据资源突破共享壁垒，真正发挥效用，厦门自贸片区着力建设大数据服务中心，以厦门国际贸易"单一窗口"平台为基础载体，运用云计算、大数据、区块链等现代化信息技术手段，推动各类数据汇聚互联和共享应用。目前，已对接5个中央垂管部门和22个地方政府部门，亚太示范电子口岸网络（APMEN）、国际航空电讯（SITA）、船讯网等机构及近百家企业，汇集数据逾10亿条。实现"单一窗口"、口岸通关、智慧港口、"一带一路"、对台交流合作、跨境电商这六大主题板块数据的统计分析和可视化展示。

第三节 浙江数字自贸区

浙江自贸试验区，是国务院批准的第三批自贸试验区之一，目前是我国大陆唯一一个在海岛建设的自贸试验区，是国家层面上建立的利用港口带动经济转型升级的自贸试验区。这意味着浙江自贸试验区将成为浙江省海洋经济对外开放发展的试金石，能对我国海洋经济领域参与全球贸易竞争起到示范作用，同时，通过浙江自贸试验区的建设，能主动服务长三角地区，积极支撑长三角经济的稳步增长，服务长江经济带发展和"一带一路"

等重大战略。

一、浙江自贸试验区实施基础

在舟山建立自贸试验区，首先应该分析舟山的区位优势和产业优势，更好地把握舟山在长三角经济发展中的地位和作用，同时应分析舟山建立自贸试验区的劣势，为自贸试验区建设打下基础。

舟山是我国最大的群岛城市，拥有1390个岛屿和2.08万平方千米海域面积。舟山地处长江经济带与我国南北沿海运输大通道的T字形交汇处，是长江三角洲和我国东部经济对外开放的海上门户，地缘优势明显。舟山是我国对外运输贸易的一个重要支点，国际航线密集，航路通畅，与韩国、日本、中国香港、中国台湾等地的港口之间的航线在1000海里之内，与美洲、大洋洲、波斯湾、东非等地的港口之间的距离均在5000海里。

舟山拥有丰富的深水海岸线资源，海岸线和深水岸线长度分别占全国的7.6%和18.4%，拥有世界上最深、最好的港口资源，港域辽阔，可开发深水港长279千米，约占全国的1/5，可通航15万吨级船舶航道达13条，锚泊作业面积有390平方千米，建设港口条件十分优越。

近些年，宁波舟山港发展迅猛，目前已开通国际航线240条，连通世界100余个国家的600余个港口。舟山海域航线繁忙，每年有两万多艘船舶在舟山海域航行。舟山港区港口建设势头好，已逐步形成定海港区、老唐山港区、金塘港区、马岙港区、沈家门港区、六横港区、高亭港区、衢山港区、泗礁港区、绿华山港区和洋山港区11个港区，拥有40余个万吨级码头泊位。舟山已是我国石油、铁矿砂、煤炭、粮油等大宗商品货物转运、仓储、加工、贸易的重要基地，在长江三角洲经济带建设中发挥着越来越重要的作用。

二、浙江自贸试验区发展定位

舟山是我国东部地区重要的海上门户，对长江经济带发展具有突出作用。从舟山的产业优势来看，舟山的港口业、船舶修造业优势明显，舟山已成为我国重要的油品、金属矿石、煤炭等大宗商品储运、中转、加工基地。浙江舟山群岛新区、舟山江海联运服务中心等相继被纳入国家战略，为浙江自贸试验区的建设打下了良好的基础，也为浙江自贸试验区建设明确了方向。

（一）功能定位

浙江自由贸易试验区建设在舟山，根据舟山地理位置和港区分布，浙江自贸试验区分为三个片区，总面积119.95平方千米。三个片区分别为舟山离岛片区（含舟山港综合保税区）、舟山岛北部片区（含舟山港综合保税区）和舟山岛南部片区。根据每个片区现有产业基础和优势，设置不同的建设目标和功能定位，总体来说，主要是利用港口产业优势发展石油等大宗商品储运、中转、加工和贸易等功能。

1. 离岛片区

舟山的离岛片区（包含舟山港综合保税区），包含鱼山、鼠浪湖、马迹山、黄泽山、双子山、衢山、小衢山和秀山等岛屿。

加强石油的储存功能，在黄泽山岛和鱼山岛建设石油储存基地。在黄泽山岛建设油品储存基地，进一步提升油品储存，加快推进油品全产业链的便利化、贸易自由化。鱼山岛主要建设国际绿色石化基地，鱼山岛与衢山岛之间有很好的航线，是一个仓储石油的最佳地理位置，可以利用的总面积达到41平方千米，可以建设绿色石化储存基地。

增强石油加工、贸易功能，在鱼山岛建设绿色石化加工基地。在此基础上，将进口原油分配到区内企业，进行多个品种的油品加工，主要包括船用油、航空用油、液化气等加工。

加强大宗商品运输功能，主要在衢山岛、双子岛、鼠浪湖岛、马迹山岛、六横岛建设中转码头。在衢山岛、双子岛建设石油转运码头，服务于鱼山岛国际绿色石化基地。马迹山港、鼠浪湖港建设矿石中转码头，服务于长三角地区的铁矿石进口需求。利用深水海岸线和鼠浪湖40万吨码头的优势，进口以铁矿石为主的矿石资源。在六横岛建设集煤炭储存、中转于一体的码头。该区域内煤炭通货能力达到3000万吨、使用岸线长1500米。陆域的后方还有1718亩堆场用地，总堆货能力达到了310万吨。

增加海事服务功能，在秀山岛建设海洋锚地，对外来船只提供海事服务，包括加注燃料油、船舶维修等。积极推进海洋服务业，推动现代服务业的转型。

2. 本岛区域

本岛区域，分为本岛的北部片区（包含舟山港综合保税区）和南部片区，在布局和功能上都有不同定位。

（1）本岛北部片区

增加大宗商品贸易功能，建设大宗商品贸易中心。该区主要进行以油品为主的大宗商品贸易，允许国际企业入驻，进行大宗商品贸易并允许企业进离岸交易。增加保税燃料油供应功能，建设海洋锚地。完善自贸试验区的石油企业，允许在区内进行船只燃料油调和，建设海洋锚地，吸引更多的国外船只挂靠，提高国际影响力。允许国外船只上的人到区内购置生活必需品、备品备料和国内特色商品，并制定相关的保税优惠政策，以吸引更多的船只挂靠。提升配套服务功能，在区内建设相关的配套行业。包括发展近海船舶维修、货物代理、淡水河物资补给等现代航运服务业。另外，还包括政府建设的公共服务行业，例如医疗、交通；物流服务行业，例如国际物流公司；金融服务，例如大中小型的租赁公司，以及人员交流中心。

（2）本岛南部片区

明确大宗商品定价功能，建设大宗商品定价信息平台。政府建设大宗商品定价中心，根据国际油价浮动和金融波动，确定大宗商品的实时价格。为企业提供即时信息，提高大宗商品交易效率。提升国际航运服务功能，建设航空工业园。加大航空产品的研发设计和制造。提供航空零件物流，根据舟山的旅游环境推进航空、空中旅游观光、商贸。

（二）建设思路

1. 建设理念

通过对舟山实施基础分析，结合我国的现阶段经济格局发展，笔者认为，浙江自贸试验区以"创新、协调、绿色、开放、共享"为发展理念。这种理念可以具体细化为：创新管理体制，协调发展产业。根据中外自贸区发展经验，需对浙江自贸试验区的管理体制进行创新，创新的管理体制，既要适应浙江自贸试验区的实际，又要有前瞻性，能对产业发展产生积极影响。同时，应分析上海、宁波等周边地区产业经济优势，扬长避短，发挥舟山区位优势，发展特色产业，促进舟山经济协调发展。坚持可持续发展理念，打造绿色经济环境。油品、金属矿石和煤炭等大宗商品的储运、中转、加工会产生环境问题，因此，必须坚持绿色发展理念，加强安全环保技术应用和管理，积极打造"绿色"的自贸区环境。政策开放，资源共享。制定自贸试验区的引资政策、税收政策、优惠政策等，尽可能扩大区内政策、监管的开放度和自由度，吸引国内外投资。与周边地区加强战略合作，实施资源共享，积极推进自贸试验区的建设。

2. 建设思路分析

从国内外自贸区建设经验来看，浙江自贸试验区应从以下几个方面加强建设。

一是改革管理体制，简政放权、提升服务水平，建立市场准入和监管制度，实施国民待遇和负面清单管理制度，积极吸引外资。

二是加强基础建设，优化产业结构，建设高标准国际油品储运基地、绿色石化基地、国际油品交易中心、国际矿石中转基地以及国际海事服务基地等，并出台相关优惠政策，推动自贸试验区优势产业的发展。

三是构建与浙江自贸试验区相适应的金融管理体系，培育金融服务业、开拓融资租赁与保险业务，出台特别优惠政策，提升自贸试验区的经济活力。

四是建立与完善法规制度，保障自贸试验区的健康发展。

3. 信息平台功能定位

加强浙江自贸试验区综合信息平台建设，具体内容可包括舟山市公共信息服务平台、本市相关行业组织信息平台、公共信用信息平台。通过建设现代化综合信息平台，提供多样化的服务，加快各政府部门之间、政企之间、企业之间的信息交流，促进浙江自贸试验区内部信息机制的建立。

该综合信息平台的具体功能定位如下：

（1）舟山市公共信息服务平台

建立满足浙江自贸试验区数据交换所需的基础设施及通信网络，制定电子数据交换通信协议的具体标准。同时，建立与各相关行业或政府部门（铁路、公路、航空、保险、税务、海关、出入境检疫局等）电子数据交换接口，实现数据信息的双向传递和共享，为报备监管创造条件。

（2）本市相关行业组织信息平台

首先要满足浙江自贸试验区内企业和政府部门的通信需要；其次要具有支持物流运输车载系统与物流企业运输高度中心的无线通信功能，实现物流运输工具的跟踪及调度等功能；最后要支持海关等部门无线通信调度，实现实时监控管理功能。

（3）公共信用信息平台

自贸试验区内的海关、监管、政府和企业等机构部门共同设立，凡是违反区内常用规范的企业和船舶公司，将行为输入公共信用平台，列入黑名单。在建设浙江自贸试验区综合信息平台的基础上，建立浙江自贸试验区大数据平台，如图6-1所示。设立大数据平台，便于浙江自贸试验区发展中管理、监管、统一发展和协作共赢。在平台内，基于浙江自贸试验区基础设施、信息流通及战略合作；政府宏观调控贸易和基础保障，监管机制境内关外的性质和负面清单的监管，加强与上海自贸区合作、与洋山港区物流合作、与宁波港区域一体化。

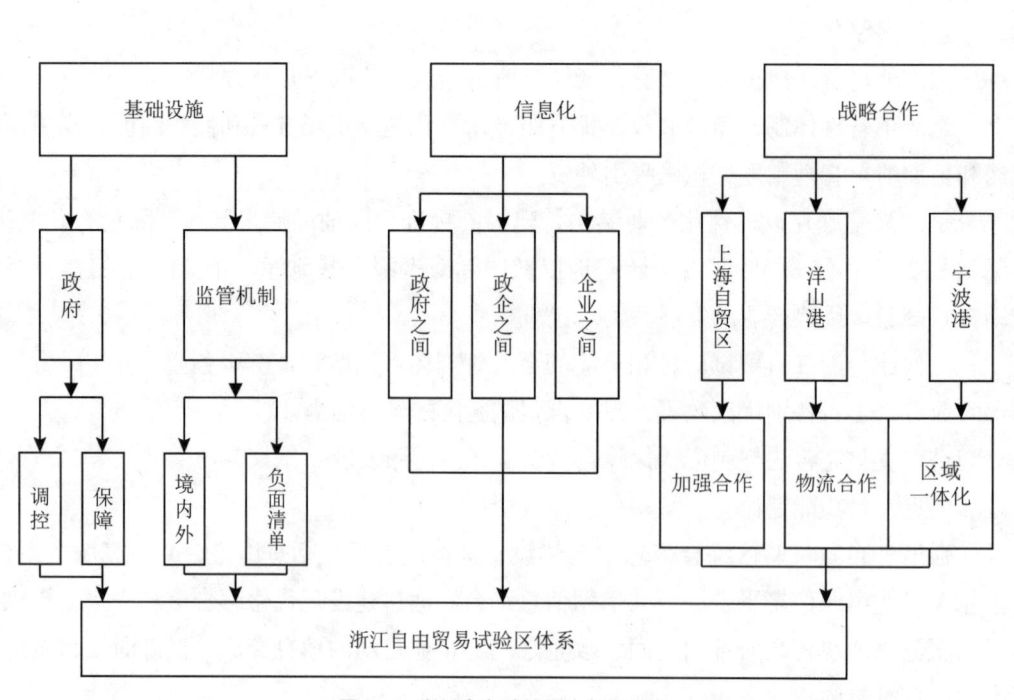

图6-1 浙江自贸试验区大数据平台

4. 建设目标

根据舟山产业经济优势，浙江自贸试验区将重点发展石油、金属矿石、煤炭等大宗商品的进口、储运、中转、加工和贸易等产业，通过自贸试验区的建设，力争将浙江自贸试验区打造成国际大宗商品中转中心和国际航运服务中心，着重提升以油品为核心的大宗商品全球配置能力，基本建成与国际通行标准相近的自贸港区。

浙江自贸试验区建设近期目标为：在将来的3~5年里，基本全面实现营商环境法治化、外资贸易便利化、辐射带动区域化，提升以油品为核心的大宗商品全球配置能力，基本建成与国际通行标准相近的自贸区。

浙江自贸试验区建设长期目标为：在将来的8~10年里，全面实现营商环境自由化、金融体系国际化、经济发展国际化，成为国家战略物资国际转口中心，成为东部地区重要海上开放门户示范区，基本建立国际航运领域重要枢纽地位，基本建成自由港。

三、浙江自贸试验区发展建议

（一）发展策略

1.加强基础建设

根据实施基础以及港口吞吐量的预测，浙江自贸试验区内的港口、油罐、码头等基本设施将不能满足需求，会造成区内产业增长受限、发展速度变慢、国际影响降低等不良连锁反应，因此，要加强完善基础设施。

（1）加快运输体系建设

浙江自贸试验区运输体系建设，首先应该加快海陆空联运。现阶段，舟山运输体系比较单一，主要依赖航运运输。航空运输基础条件比较薄弱，加强机场的基础设施建设，增加国内主要干线和国际航班；陆运基本条件单一，通往上海的跨海大桥正在建设中，甬舟铁路建设在2020年初步建成全面运输体系。

（2）升级港口模式

升级完善舟山港口的硬件设施，例如设计更加大型化、深水化的航道，增强码头设施的专业化，引进先进装卸设备，设计直通全球的国际型干线，加速港口专业化和现代信息化建设。建设第四代港口，或者更高级的港口模式，与港区实业相结合，由政府主导建设，区内企业联合设计，金融机构发行债券，共同确定建设方案，建设现代化综合型港口。

（3）码头一体化

岛屿之间的交通，依靠桥梁的可行性不大，主要还是依靠班轮来解决。浙江自贸试验区内岛屿之间直达航班比较少，一般都是先到本岛，再转乘另外航班。在岛屿之间建立直达航班，使区内基本交通便捷。码头设有绿色通道，每天有3~5艘船停滞，以备不时之需。另外，还要实现码头之间的信息一体化，利用信息平台，随时可以查找即时信息。

2.培育金融体系

浙江自贸试验区刚刚起步，金融方面的建设还需要逐渐培育。现阶段，浙江自贸试验区可以依赖上海国际金融中心进行离岸贸易。但作为自贸区，有必要在区内逐渐培育适应浙江自贸试验区发展的金融体系。浙江自贸试验区金融服务体系发展可以从以下几个方面着手。

（1）制定相对宽松的金融政策

积极开放浙江自贸试验区的金融市场，对于境内外资金一律实行国民待遇，鼓励民资在区内建设民营银行，形成公平的竞争环境。政府根据国家银行法，制定区内的金融市场规则，使资金流动更便利，在资金管理相对自由的基础上，做好资金流向监控，防范金融风险的发生。

（2）确定金融服务业的功能

按照功能来确定自贸区金融服务业务的功能，将银行分为商业银行和商人银行。其中，商人银行根据企业的需求提供个性化功能，例如商人银行提供的企业融资中介服务，可以代理股票、债券、承销和交易，并且商人银行在企业中有各种功能。商业银行按照业务功能来定位，可以分为全能银行、限制性银行和离岸银行。通过完善金融服务业，提高对外资的吸引力，稳固自身经济地位，避免恶性竞争造成的金融动荡。

（3）形成高效多层次的监管机制

建立人民银行、银监会、证监会和保监会等金融监管主体，形成多层次监管。减少行政模式监管干预，形成功能性监管。明确监管职责与边界，不能因监管而抑制金融发展与金融创新，监管不是以抑制金融发展与禁止金融创新为目的的，而是"监"与"管"的有机结合。

3. 优化产业结构

与周边的港口城市上海、宁波、江苏等相比，舟山产业基础单薄。舟山的产业主要是大宗商品运输、石油的转运加工、船舶工业等。港口作为舟山市对外交通的重要资源，承担着实现舟山国际物流枢纽的重任。浙江自贸试验区实现以石油为主大宗商品的储运、中转、加工、贸易等功能，能对本地区经济增长产生长远的影响，带动本地的经济和产业走向更高层次。浙江产业大多以工业制造业和低端服务业为主，通过浙江自贸试验区的建设和体制机制创新，以港口运输带动仓储、加工、贸易为突破口，是浙江全省对外开放、实现经济转型的重大契机。

石油等大宗商品储运、加工、贸易的发展，能够满足长三角和长江经济带的基本需求，为长江经济带积极增长的经济范畴提供支撑。长三角所在地区是目前我国经济最为发达的三大经济区之一，随着城市化进程的不断加速，大量的物资运输需要利用港口完成，特别是长三角和长江中上游地区的资源比较匮乏，石油化工、冶金等企业所需战略资源，都依赖大量的进口。浙江自贸试验区的建立，缓解了国家战略资源的急需，又优化了浙江省的产业结构。

4. 加强战略合作

（1）加强与上海自贸试验区的合作

浙江自贸试验区与上海自贸试验区相邻，都位于长江经济带和"一带一路"T形的黄金结合点。两个自贸试验区的发展息息相关，因此，浙江自贸试验区的发展需要与上海自贸试验区实现合作共赢。

浙江自贸试验区应积极吸取、推广上海自贸试验区的成果经验，在管理制度、优惠措施、政策法规等领域快速形成相应的体系。同时，浙江自贸试验区在金融和人才方面可以依靠上海国际大都市的资源和要素。浙江自贸试验区与上海自贸试验区应错位发展，上海自贸试验区大多是进行集装箱的交易和物流配套服务，而浙江自贸试验区主要承接大宗商品、石油和铁砂矿的交易运输。浙江自贸试验区建设的大宗商品交易中心，通过对海洋制造业和海洋服务业的聚集，对接了上海有关产业的转移，有利于在上海实现新型海上产业体系的目标。另外，浙江自贸试验区和上海自贸试验区可以加强在海关、边检、海事等领域的合作。

（2）与洋山港开展航运物流领域合作

洋山港区地处舟山，主要从事国际集装箱运输，目前，洋山港集装箱吞吐量居世界第一。随着1.8万TEU及更大集装箱船舶的投入使用，洋山港的港口水深显得不足，而舟山港区深水岸线丰富，可以建造满足大型集装箱船靠泊的新型港口，解决上海集装箱港口发展的"瓶颈"问题。浙江自贸试验区和上海自贸试验区在功能和定位上各有侧重，在物流业务上虽有部分竞争，但更多的是相互补充，完全可以在航运物流方面加强合作，特别是在集装箱的中转运输方面加强合作。

（3）与宁波区域一体化，统筹发展

舟山与宁波同在浙江省，为充分发挥舟山的港口优势，2006年组建了宁波—舟山港，2016年舟山江海联运服务中心获国务院批复，它包含了宁波市的部分地区，近段时间，又成立了宁波—舟山港集团，这些举措，就是为了更好地加强两地合作，通过共享资源，促进两地经济的发展。虽然浙江自贸试验区建在舟山，但两地在港口建设上已经高度合作，因此，在自贸试验区建设上应该加强全方位的合作，弥补舟山腹地小、经济弱、人才少等不足，通过全方位合作，实现共赢发展。

5.提升服务能力

提升服务能力，是增强浙江自贸试验区竞争力的重要举措。

（1）提高港口供油服务能力

根据浙江自贸试验区的建设思路和建设目标，明确在衢山岛、嵊泗岛等地建设保税供油港口服务基地和抛锚区，为挂靠的国内外船只提供保税燃料油的加注。为了更好地实现该功能，政府应建设完善公共服务设施，例如供油港口、储油罐、加注抛锚地点等，布局海上的加注区域。制订国际航行船舶保税油管理办法，吸引保税燃料油供应商开展供油服务，支持国内外油品企业入驻，鼓励生产保税燃料油，并开展各种税号油品混兑调和。对于挂靠加油的船舶，开通绿色通道，简化或者免除手续，方便船舶进出，积极建成东北亚保税燃料油加注中心。

（2）提升海事服务能力

积极拓展国际船舶管理服务，培育外轮供应企业，为国内外船舶提供物料、备品备件、生活用品、工程服务和代理服务等。发挥舟山船舶修造业优势，建设舟山港船舶配件交易市场，出台保税优惠政策，为国内国际船舶提供高质量的船舶修造业务。加强航运安全监管，积极服务液货危险品运输企业。

（二）保障措施

1. 创新管理机制

为了保障浙江自贸试验区的高效运行，创新区内管理体制，可以从以下几个方面进行拓展。

（1）政府管理

浙江自贸试验区政府管理，主要体现在政府的宏观调控上，简化政府职能，加快区内高效运作。例如投资方面，浙江自贸试验区实行负面清单管理模式，对外商投资实行准入前国民待遇和负面清单管理制度，如图6-2所示，形成高效严密的监管体系。管理部门使用备案制，按照内外资一致原则，对负面清单以外领域的外商投资项目核准和企业合同章程进行审批。外资企业登记方面，简化登记流程，实行"一个部门、一个窗口"受理外资企业的登记与准入，以提高注册效率。

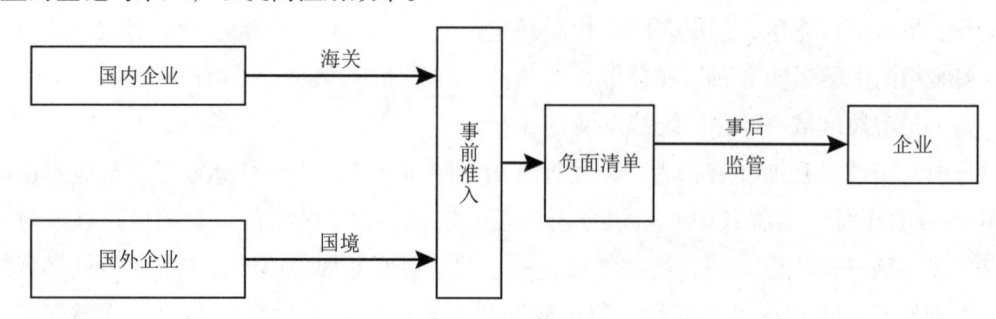

图6-2 浙江自贸试验区负面清单模式

（2）监管机构

进出境监管的职责由海关承担，因此，海关决定了自贸试验区"境内关外"的性质。浙江自贸试验区内的海关监管制度，可以借鉴上海自贸试验区采取的"境内关外"，即"一线开放，二线管住"，如图6-3所示。在浙江自贸试验区的海关范围，"一线"是指区域边界与境外的通道；"二线"是指自易区域进入本国内的通道。根据浙江自贸试验区的功能定位，"一线开放"是指大宗商品或者其他贸易商品，进入自贸试验区不需要海关监管，也可以自由地进行贸易、运出境外；"二线管住"是指通过有关商品保税和免税的政策，贸易商品从浙江自贸试验区内进入我国。

图6-3 浙江自贸试验区海关监管流向

同时，浙江自贸试验区布局在各个岛屿之间，需要一个统一的监管机构进行监管。加强各区域之间联络和信息共享，减少各个岛屿之间的运行落差，包括运费、政策、运输现实情况，以避免出现不规范行为。还要加强岛屿之间的监管，以保证在自贸试验区内的每一个机构都能高效运行。建设行政监管制度,有利于区内机构和企业贸易有序进行,避免同行之间的恶意竞争。

(3)对外贸易

关于对外贸易方面,浙江自贸试验区在区内实行"单一贸易窗口"。单一贸易窗口是指通过很多部门的相互配合,由一个机构来处理所有业务。通过浙江自贸试验区的海关、边防检查、检验、检疫、税收、检查等监管部门相互协调,简化程序,提高效益,推进自贸试验区内各区域之间实现通关一体化。在浙江自贸试验区实行"单一贸易窗口",提高通关效率,等同于节约了时间,省去了交易中的时间和资金成本,营造了便利化营商环境。

2. 优化政策体制

浙江自贸试验区建设实施不久,各种政策还在试行中。根据浙江自贸试验区总体方案,结合我国国情,从税收、政府减少干预、人员出入自由等方面出发,优化政策体制。

(1)税收政策

在税收政策方面,浙江自贸试验区可以从保税、轻税收和免税角度进行。在保税方面,对国外进口的原材料、零件进行进口保税,给予境外船只提供保税燃料油和其他的生活用品、代理服务等。在轻税收方面,减少税收,吸引更多外资企业入驻和更多贸易商进行贸易。在免税方面,主要是针对船舶管理方面的税收,只要是船公司与自贸试验区建立长期合作,有条件对相关费用减免税收;企业建设所需的从境外进入的机械、设备和基建物资也可以减免税。浙江自贸试验区的优惠政策还包括发展基金、政府补贴等优惠政策。

(2)政府减少干预政策

政府跟企业分开管理,政府减少干预企业经营内容,企业遵守政府的宏观管理,营造公平的营商环境。政府支持国内外企业入驻区内,在政策上一视同仁。政府便利化手续办理,加快实行效率。为了在浙江自贸试验区内营造公平竞争的环境,政府直接建立及管理大型服务型实业,如港口管理。

(3)人员出入自由政策

浙江自贸试验区内人员出入政策,主要是与国际上其他国家签订免除签证协议,这些国家的居民在出入自贸区时可以免除签证手续。即使不属于这些国家的居民出入境,手续也要简化。

3. 完善法律法规

构建合理法治体系一直以来都是我国自贸试验区改革与创新的关键性因素。浙江自贸试验区已经获批,目前有关自贸试验区的法律法规尚未建立健全,亟须研究。笔者建议根据浙江自贸试验区的政策基础和发展战略,在区内制定一套适合自身发展的法律条例,通过构建法治体系,提升浙江自贸试验区整体的营商环境。

四、案例分析

中国（浙江）自由贸易试验区杭州片区建设推进大会于2020年12月24日召开，进一步明确了杭州片区的建设方向、时间进度和任务清单，吹响了自由贸易试验区建设的集结号。

设立自贸区杭州片区，是杭州市改革开放进程中具有里程碑意义的一件大事。杭州将以自由贸易试验区建设为契机，着力打造全国领先的新一代人工智能创新发展试验区、国家金融科技创新发展试验区和全球一流的跨境电商示范中心，建设数字经济高质量发展示范区，把杭州片区建设成为联结国内大循环和联通国内国际双循环、服务构建新发展格局的重要平台。

（一）更强改革动能

杭州数字经济蓬勃发展，已成为推动杭州高质量发展的强劲引擎，特别是在电子商务服务、云计算能力、第三方支付能力等方面领先全球，数字发展、数字治理指数在全国城市中居首位。如何形成持续发展动能，始终保持数字经济的领先态势，成为杭州当前极为重要的使命。

浙江自贸区杭州片区的设立和建设，将着眼于彰显数字经济优势，加速数字产业化、产业数字化、城市数字化，创新数字生活新服务，将实施5方面、23条任务措施，差异化探索建设贸易投资便利、创新活力强劲、高端产业集聚、金融服务完善、监管安全高效的数字自由贸易试验区，为"全国数字经济第一城"的打造提供高水平开放和制度创新方面的支撑和保障。

以数字贸易为核心，打造贸易创新发展先行区。聚焦"贸易自由化便利化"，加快传统外贸数字化升级，完善国际贸易全链条数字化生态。到2025年，力争新型国际贸易占比超过1/3，成为引领贸易高质量发展的硬核力量。以数字产业为引擎，打造新制造重要基地。聚焦"高质量建设现代化开放型经济体系"，充分激发数字技术、数据资源、数字人才等要素活力，加快数字贸易和数字制造融合，建设全球数字产业基地。到2025年，力争实现全市数字经济核心产业主营业务收入超过2万亿元。

以数字金融为特色，打造金融科技创新发展高地。聚焦"金融服务实体经济"，创新金融科技应用，增加有效金融服务供给，有序推进自贸试验区与境外资金自由便利流动。力争到2025年，全市跨境人民币结算量超过6000亿元。

以数字物流为支撑，打造亚太重要门户。聚焦"四港联动"，以空港为特色、以信息港为纽带，打通海陆空物流通道。力争到2025年，杭州空港航空货运量达到百万吨级，成为辐射全球的航空货运重要节点。

以数字治理为重点，营造国际一流营商环境。聚焦"整体智治"，推进数字赋能，深化改革扩权，完善制度供给，着力建设与数字全产业链发展相适应的治理体系。

（二）更优制度红利

制度创新是自贸区建设的核心任务，也是检验成效的重要标志。自贸区是对标国际高水平贸易投资规则，探索制度型开放的重要载体，杭州片区将突出系统集成化和要素市场化改革，重点推进申办全球数字贸易博览会、创新发展跨境电商、探索制定数字贸易领域国际标准和规则、数字经济与制造业融合发展、生物医药与健康产业创新发展、高端制造全产业链保税制度试点、提升空港能级、创新发展跨境支付、金融科技应用创新和探索数字特区建设这十个方面突破，在对外开放压力测试、探索国际经贸新规则等方面先行先试，在消除政策壁垒、简化程序、减少干预、放开准入上形成制度创新优势，着力营造国际化、法治化、便利化和公平、稳定、透明、可预期的一流营商环境。

贸易更加自由便利。杭州片区将着力探索"数据多跑路、人为少干预、货物快速通关、退换更便捷"的新型监管模式，放宽现代服务业从业限制，争取允许具有境外职业资格的金融、建筑、规划、设计等领域中符合条件的专业人才经备案后在区内提供服务，探索以高端服务为先导的"数字+服务"新业态新模式，推进服务贸易自由。

投资更加自由便利。杭州片区将加快数字政府建设、推进营商环境集成改革、落实外资准入和市场准入两张"负面清单"，实现企业经营和市场竞争自由，建立国际投资"单一窗口"，进一步减少或取消外商投资准入限制，扩大数字经济、互联网、人工智能、生命健康领域开放。

跨境资金流动更加自由便利。杭州片区将支持外国客商在境内便利使用移动支付，支持海外客商在线进行国内供应商款项跨境支付的便利化试点，探索开展本外币合一账户和合格境外有限合伙人试点，打造数字经济时代服务小额化、交易高频次的跨境支付中心。

国际运输往来更加自由便利。杭州片区将探索简化航空公司开辟至"一带一路"航权开放国家国际航线的经营许可审批手续，支持开通第五航权航线，支持建设公务机服务中心，支持杭州保税物流中心（B型）与萧山机场东区国际货站整合升级为杭州空港综合保税区，探索开展飞机"保税+融资租赁"、飞机保税维修、保税再制造等创新业务。

人员进出更加自由便利。杭州片区将用足用好境外人员、出入境、永久居留等便利政策，探索实施更加开放的人才停居留政策，为境外专业人才就业创业提供自由便利，让各类人才在自贸区留下来、扎下根，竞相展现创新创造的才华与活力。

数据安全有序流动。杭州片区将率先承接《区域全面经济伙伴关系协定》（RCEP）带来的经贸规则红利，探索建设数字特区，争取数据分类监管等政策，开展商务数据跨境流动试点，为数字经济、人工智能、智能制造等提供跨境数据有序流动的便利。

自贸试验区的建设不仅会给企业带来新的机遇，还将进一步提升群众的生活品质。在跨境电商方面，杭州片区将创新新业态新模式，试点非处方药品及家用医疗器械跨境零售进口，探索跨境零售进口商品"线上下单、线下展示、定点配送"模式，试点开展免税店进口商品与网购保税进口商品相互转化，市民在家门口就可以购买到全球大牌商品。

在国际会展方面，杭州片区将争取申办全球数字贸易博览会，创新办会模式，体现时代精神和数字特色，打造国家级的全球数字贸易交流平台和中国数字经济展示窗口，市民在杭州就能参加全球一流的高端展会。

在国际医疗方面，杭州片区将争取逐步放开对境外资本在区内设立外资健康医疗、保险机构、健康管理等专业医疗机构的限制，市民在家门口就能享受到全球一流的高端医疗服务。

在国际教育方面，杭州片区鼓励引进国内外优质高等教育资源建设中外合作教育项目，开展若干国际化社区建设试点，市民不出国门就能体验到国际一流的教育服务。

（三）更高水平开放

自贸区杭州片区为国务院扩区方案确定的37.51平方千米范围，包括钱塘、萧山、滨江三个区块。联动创新区为省政府批复的浙江自贸试验区杭州联动创新区，面积为118.08平方千米，包括主城片区、钱塘片区、临空片区、余杭片区。辐射带动区包括杭州全市域，为杭州片区功能拓展、项目落地、产业辐射的区域。

一体化发展的格局下，杭州将裂变出怎样的能量？在自贸区杭州片区建设推进大会上，萧山区、钱塘新区和滨江区负责人对比做了解读。

萧山区块的目标是打造成为临空经济高质量发展标杆区、数字制造创新发展示范区和跨境电商创新发展先行区。在制度创新方面，萧山区块将通过推动杭州空港综保区尽快获批、探索跨境人民币使用、加快政府数字化转型等举措，不断提升贸易投资自由化、金融服务便利化、营商环境高效化。在产业方面，推动自贸区与产业场景深度融合，加快数字制造、跨境电商、临空服务、生物医药、科创金融等高质量发展。在保障上，引导推动资金、人才、土地、能耗等资源要素向自贸区块集聚。

钱塘区块将加快推进自贸区赋能，奋力在全省自贸区建设新征程中率先突破、走在前列。下一步，钱塘区块将通过建设eWTP全球示范区、推进新世界工厂新业务模式、推进跨境药械保税进口试点、推进"保税+实体新零售"模式、推进保税艺术品展示拍卖交易等系列举措，打造数字贸易先行示范区；以生物医药产业为特色，建设生物医药创新中心、跨境生物示范园、国际健康产业基地，打造跨境生物医药产业创新高地；充分发挥自贸区要素跨境流动便利优势，深化中新合作，拓展中日合作，谋划对欧合作，推进对美合作，加强中非合作，打造国际合作创新实践地；推动城市货站建设，创新海关监管模式，谋划推进临空服务，打造数字化综合保税区。

滨江区块抓住"改革、创新、开放"三个关键词，目标是打造成为引领开放型经济高质量发展的先行区。在改革方面，滨江区块将以经济领域的市场化运行制度创新，改出更高效配置，以公民个人和企业法人全生命周期建设"一件事"系统变革，改出更便利环境，以政府全面数字化转型，改出更智慧的治理能力；在创新方面，推进数字贸易新技术、新业态、新模式先行先试，推进世界电子贸易平台（eWTP）全球布局，通过国内平台国际化多元化海外布局的先行先试，推动"区港联动"模式，数字化智能口岸监管先行先试；在开放方面，区域协作破解要素制约，紧抓双循环、亚运会、长三角发展机遇，坚持数字经济与新制造双引擎驱动，加强跨领域、跨区域、多主体协作，以区域协作破解要素制约，以跨界融合破解产业"瓶颈"，以联合创新破解循环堵点。

（四）更快发展节奏

牢牢把握制度创新这个核心要求，杭州片区已有6条创新举措先行先试。试点跨境电商新零售，创新"线上下单、线下展示、定点配送"业务流程，实现保税商品秒级在线通关并配送；开展贸易外汇收支便利化试点，推动贸易外汇收支由银行事前单证审核转向事后审核；在全国率先实施寄递渠道进口个人物品数字清关模式；探索"保税加工、保税研发"新业务，创新"保税进口+深度加工+对内销售"的新模式，药明生物保税研发基地落户杭州综保区；提升国际航空货运能力，萧山机场新国际快件（跨境电商）中心全面投运，杭州2020年新开辟全货机国际航线8条；公共质保平台守护跨境进口商品公共质量安全。

自贸试验区是国家目前最高能级的开放平台，自获批设立以来，杭州片区新注册企业已达2007家，一大批企业正在享受自贸区带来的红利。2020年11~12月，杭州片区钱塘、萧山、滨江三个区块分别举行了项目签约或集中开工活动。以自贸区杭州片区获批为契机，钱塘、萧山、滨江三个区块实施新一轮开放发展，深入开展"比学赶超"，聚焦数字经济、跨境电商、科创金融、人工智能、智能制造、生命健康等重点领域，用实际行动书写新时代的高质量发展答卷。日新月异的自贸区杭州片区，未来将为世界带来更多的惊喜与机遇。

第四节　海南自贸港数据跨境

2019年11月，工信部印发《支持海南建设自由贸易试验区和中国特色自由贸易港的实施方案》，该方案提出，建设数字海南。从支持洋浦开发区打造"数字自贸港"、支持发展区块链产业等17个项目着手，支持海南自贸区、自贸港建设。建设海南互联网国际合作试验区，探索国际服务外包等跨境业务，重点发展跨境电商、国际金融科技、数字文创等业态，打造枢纽型国际化数字自由贸易港。支持洋浦开发区打造"数字自贸港"，支持洋浦加快建设航运产业信息平台，打造洋浦跨境电子商务综合试验区，打通贸易、物流、银行、外管、税务、海关等数据壁垒，创新出口电商监管模式，探索出口电商境外利润便利回流机制。应用大数据、移动物联网和区块链等现代信息技术，指导洋浦开发跨境供应链公共服务系统、离岸贸易外汇辅助监管系统，创新外汇资金和人民币跨境监管方式。

一、海南数字自贸港建设的背景

要明确新发展格局下海南自贸港的战略定位和发展方向，就要先对海南自贸港建设所面临的国际环境、国内环境，以及海南自身发展条件有充分的认识和深刻的把握。

国际环境方面，全球正进入产业格局重构、政治博弈加剧、经济版图调整的动荡期，这既给海南自贸港建设带来了重大挑战，也带来了重大发展机遇。

首先，产业格局重构成为时代发展主线，新一轮科技革兴技术决定了一个国家的未来产业实力与经济发展前景。其次，全球治理体系面临变革，以中国为代表的新兴大国与以美国为代表的守成大国之间的博弈将进一步加剧，贸易摩擦将成为常态化行为，全球范围内配置资本、人才、技术等要素的难度也将增大。除此之外，世界经济版图面临大幅调整，随着全球经济"东快西慢、南升北降"格局的持续演进，全球发展不平衡，区域间势力角逐呈白热化，逐渐演变为以美国为主导的北美经济圈、以法德为支柱的欧盟经济圈及以东亚为核心的亚洲经济圈"三足鼎立"格局。海南自贸港建设的国际战略环境面临重大变化，但机遇与挑战并存。外部压力虽然导致中国攀升全球价值链难度增加、出口导向模式难以为继、关键技术"卡脖子"等问题，但也为中国带来了参与全球价值链重构、影响甚至主导国际经贸规则制定、实现重点产业技术弯道超车的机遇，推进海南自贸港建设，正是我国"于危机中育新机、于变局中开新局"的战略抉择。建设海南自贸港，就是要以新一轮对外开放支持和推动经济全球化，为维护全球自由贸易、完善全球治理体系、加快世界经济复苏注入新的动力，就是要主动适应国际经贸规则重构等新趋势，加快推进与高水平经贸规则、管理、标准等对接，探索形成具有国际竞争力的开放制度体系，走出一条制度型开放新路子。

国内环境方面，我国已经进入高质量发展阶段，亟须更深层次的改革、更高水平的开放，海南自贸港的建设初衷与我国改革开放再出发的战略需求是一致的。当前，我国工业化进入深度提升后期，城镇化进入高质量转型后半场，国内战略面临重大转变，党的十九届五中全会提出，全面建成小康社会、实现第一个百年奋斗目标之后，我们要乘势而上，开启全面建设社会主义现代化国家新征程、向第二个百年奋斗目标进军，这标志着我国进入了一个新发展阶段。一方面，新发展阶段呼唤更深层次的改革，为了打通国内大循环堵点、补上断点，就要破除妨碍生产要素市场化配置和商品服务流通的体制机制障碍，就需要进一步深化"放管服"改革，推动有效市场和有为政府更好结合。另一方面，新发展阶段呼唤更高水平的对外开放，这就意味着要在制造业基本开放的基础上，进一步扩大服务业的开放，也意味着资本流动不但要"引进来"，还要"走出去"，最终要形成陆海内外联动、东西双向互济的全面开放格局。建设海南自贸港正是在此背景下党中央、国务院为全面深化改革和扩大开放作出的重要战略举措。海南自贸港的建设目标、产业特色与精神理念，与国家发展紧密结合在一起：海南自贸港优化营商环境、便利进出口和投融资的目标，与新发展格局打通双循环堵点、补上断点、促进要素自由流动的目标在本质上是一致的；海南自贸港着力打造的现代服务业、高新技术产业，正是新发展格局下我国提升产业链供应链现代化水平的关键环节；海南自贸港建设所坚持的"敢闯敢试、敢为人先、埋头苦干"的精神，与我国在改革开放实践、探索和发展中国特色社会主义事业实践中形成的"开辟创新、勇于担当、开放包容、兼容并蓄"精神是一脉相承的。

海南自身发展条件方面，毗邻东南亚的地理优势、自然环境优美的生态优势、中央政策支持的制度优势，都为海南自贸港建设与发展奠定了良好的基础。

第一，海南在与东南亚国家的经贸合作和人文交流上具有先天优势，随着我国与东盟国家的贸易规模急剧扩大、合作交流日益频繁，海南自由贸易港是中国与东盟国家要素中转、交易、配置大平台的首选之地。

第二，海南生态环境质量得到广泛认可，随着"绿水青山就是金山银山"的发展理念不断深入人心，企业越来越重视绿色生产、绿色经营，人民群众对空气质量、自然环境、食品健康的关注度越来越高，海南岛的自然生态价值便凸显出来，成为海南自贸港吸引企业、人才入驻的重要因素。近年来，海南的知名度不断提升，旅游岛、教育岛、医疗岛的品牌效应逐渐打响，产业发展优势初步显现，低能耗、高附加值、环境友好的现代化产业体系正在形成。

第三，海南自贸港建设得到了前所未有的政策支持，在明确海南"全面深化改革开放试验区、国家生态文明试验区、国际旅游消费中心、国家重大战略服务保障区"的定位基础上，2018年10月国务院印发了《海南自由贸易港建设总体方案》（以下简称《总体方案》），绘制了海南自贸港建设与发展的总蓝图。为提升自由贸易港建设法治保障水平，自2021年6月10日起《中华人民共和国海南自由贸易港法》开始实施，这是除我国香港、澳门外，中央层面首次为一个地区单独立法，且海南自贸港法被赋予史无前例的变通权，允许地方在体制机制改革方面"大胆试、大胆闯、自主改"，以达到真正的制度创新、自主改革。

二、海南数字自贸港建设与发展的战略目标和任务

为了有效服务和推动构建新发展格局，成为引领我国新时代对外开放的鲜明旗帜和重要开放门户，海南自贸港的定位与担当，应当从根本上符合构建"双循环"新发展格局的内在逻辑。新发展格局的关键逻辑在于，以国内大循环与国际大循环的全面联通为基础，形成以国内大循环为主体、国内国际双循环相互促进的局面。为此，海南自贸港在新发展格局下的目标和任务，需要从三个方面进行解读：一是在参与国内大循环中的目标和任务；二是在国内循环与国际循环之间的目标和任务；三是在全球大循环中的目标和任务。

（一）海南自贸港要成为国内大循环中消费升级的重要承接地

构建"双循环"新发展格局，需要以国内大循环为主体，把满足国内需求作为发展的出发点和落脚点，才能让发展成果更好地为全体人民所共享。实现国内大循环的重要前提是依靠内需形成强大的国内市场，而扩大内需重在提升消费，增强消费对经济发展的基础

性作用，注重需求侧管理。海南自贸港依托良好的生态环境和独特的政策支持，积极推进"旅游岛""医疗岛""教育岛"建设，有望成为国内消费需求的重要承接地。

一方面，海南岛有较强的游客承载能力，2019年海南全省接待游客8311.2万人次，是同期新加坡接待过境游客数量的5.6倍，是同期日本接待过境游客数量的2.6倍，加之自2020年起受疫情等因素影响大量境外旅游消费需求转移到国内，海南已成为旅游消费回流的热门首选地。

另一方面，培育以旅游业为代表的现代服务业，符合我国居民收入水平不断提升、消费需求不断升级的趋势，《海南自由贸易港建设总体方案》将离岛免税购物额度放宽至每年每人10万元，离岛免税商品种类由38种增至45种，而国内其他口岸进出境免税店购物额度最高只有每人8000元。2021年5月，首届中国国际消费品博览会在海南举办，一系列政策支持大大提升了海南自贸港的对外吸引力。海南要抓住国家培育完整内需体系的战略契机，牢牢把握现代服务业的发展方向，继续通过离岛免税政策吸引境外高端商品消费回流，通过博鳌乐城国际医疗旅游先行区吸引境外医疗消费回流，通过国际教育岛建设吸引境外教育消费回流，适应全国居民消费结构升级趋势，适应高新技术、数字经济发展的趋势，依托我国超大规模市场优势，发挥内需释放对畅通国内大循环的重要推动作用。

（二）海南自贸港要成为联结国内国际双循环的关键枢纽

新发展格局下的"双循环"不是封闭的国内循环，而是开放的国内国际双循环，是更好利用国内国际两个市场、两种资源，实现国内经济更加强劲可持续发展的同时为世界发展创造更多机遇的发展模式。从空间格局看，国内循环和国际循环的形态如同数字"8"，海南自贸港恰好位于数字"8"的交汇点上。海南自贸港通过建设面向太平洋、印度洋的重要开放门户，既可以成为中国西南、华南地区乃至内地更大范围货物出海主通道，又可以成为东南亚、非洲、欧洲和大洋洲等地区资源要素进入内地的主要窗口，辐射整个祖国内地市场，可谓中国在南部边境上扩大对外开放、加强对外沟通的桥头堡。加之海南岛物理空间上与外界是分割开的，这为商品、资金、人员自由进出特殊功能区域先行先试提供了得天独厚的条件。

因此，海南自贸港在国内国际双循环中的枢纽意义在于，一方面，海南自贸港是国内企业走出国门、参与全球竞争的重要跳板；另一方面，海南自贸港是外商外资进入中国市场、搭乘中国发展机遇的重要渠道。此外，政策优势也有助于海南自贸港成为沟通国内循环和国际循环的关键枢纽：海南自贸港实行15%企业所得税优惠税率、进口日用消费品和药品药械"零关税"、外汇结算可自主决定审核交易单证的种类、国际贸易企业落户入驻＋工商注册＋税收征管＋财政扶持"一站式"服务机制，一系列政策优惠有助于吸引国内外企业和人才落户海南，进而带动资金、技术等各类生产要素进入，成为中国吸引国际商品和要素资源的巨大引力场。总体而言，海南自贸港要在探索和推进更高水平开放、联通国内国际双循环上发挥示范引领作用，把自贸港建设成为国内市场主体"走出去"参与国际竞争、境外资本人才"引进来"共享发展机遇的重要交汇点。

（三）海南自贸港要成为中国参与全球大循环的战略支点

随着中国经济实力不断增强、全球价值链地位不断提升，中国在全球大循环中扮演的角色日益重要，在以国内大循环为主的前提下参与全球大循环，是新发展格局下中国"既立足自我又贡献世界""既受惠于外又不受制于外"的开放发展新思路。

建立海南自贸港正是新发展格局下对外开放的重大战略决策，通过特殊立法、特殊监管、政策优先等一系列措施，打造对外开放的前沿平台，逐渐发挥中国参与全球大循环的战略支点作用。

首先，参与全球大循环的前提是规则对接、标准对接。在数字经济时代，更高水平的开放不仅意味着以贸易投资为核心的市场开放，更意味着向全球知识、技术和人才的开放，主动学习世界上一切先进知识、技术与理念，这就迫切需要制度规则的顺畅对接和营商环境的国际化、法治化、便利化。海南自贸港致力于打造资本、知识、技术、管理、数据等全球优质生产要素聚集区，成为优化营商环境、深化体制改革的排头兵，较高的政策自由度有助于其打破现有的观念束缚和政策障碍，发挥更高水平开放和更深层次改革的联动效应。

其次，参与全球大循环的有效途径是融入全球产业体系。从产业方面看，海南自贸港大力推进生物医药、港航物流、商贸服务、数字经济、离岸结算等高技术产业和新兴业务，有助于适应全球产业链、供应链变革新趋势，与国际产业发展方向、国际贸易新规则实现有效对接。

最后，参与全球大循环不仅要着眼经济层面，也要关注地缘政治与领土安全。海南自贸港所在的南海地区，发展环境错综复杂，在当前急剧变化的国际政治、经济与安全环境下，海南适合成为国家管控南海、深耕南海的桥头堡和最前沿基地，当前和今后一个时期，海南的经济发展、交通便利、社会安定水平直接影响我国维护南海秩序、保障南海权益的能力和水平，因此，海南自贸港的成功建设，有助于维护好国家在南海的领土主权，保障中国在全球大循环中的核心利益。

三、海南数字自贸港建设与发展的战略着力点

（一）深化区域经济合作

海南与东盟国家地理位置相近、航运交通便利，是中国全面对接RCEP《（区域全面经济伙伴关系协定》）的前沿窗口，笔者建议海南借此契机，拓展与东盟国家合作的广度、深度，发挥自由贸易港和RCEP的叠加效应。

在地理方位上，海南自贸港一方面可作为国内其他地区企业前往东盟开拓市场、开展对外贸易的中转基地，另一方面又是东盟企业进入内地广阔市场的重要通道。在产业结构调整转型上，海南应在保持服务业领先优势的同时，筑牢产业基础，促进三次产业协调发展：在农业方面，建议加快农业产业链延伸，开发特色农产品加工、乡村休闲旅游等项目，加强与周边国家在农作物培育、农产品流通、农业科学技术等领域的交流，同时配合

搭建面向国内和国际市场的农业电商服务平台，促进农业全产业链的协调优化；在工业方面，建议积极推进新型工业化，以洋浦经济开发区、海口江东新区、三亚崖州湾科技城等 11 个重点园区为载体，重点打造新能源汽车制造、绿色食品、医药产业、低碳制造业等新型特色工业，推动行业骨干企业向园区集聚，同时，抓住国家南海资源开发战略，推动油气开发及加工产业转型升级；在服务业方面，建议以旅游业为龙头，以服务贸易为主导，发挥热带滨海休闲旅游品牌效应，积极开拓与东北亚、东南亚、港澳台地区往来的区域性和国际性邮轮航线，促进医疗康养、会展服务、文旅演出、体育赛事、创意文化等服务项目积极与国际接轨，形成产业开放新优势。

除了全面对接 RCEP 外，笔者建议海南自贸港主动融入粤港澳大湾区和"北部湾经济区"。东北方向上，实现与大湾区有机融合、错位发展，增强两地发展协调性、形成整体合力；西北方向上，与"广西北部湾经济区"共同承担起中国—东盟开放合作的物流基地、商贸基地、加工制造基地等职能，成为中国联系东盟的桥头堡。

（二）全面提升海南岛与大陆的交通一体化水平

启动琼州海峡跨海通道工程建设是促进海南自贸港实现联通国内国际双循环战略目标的重要举措，也是破解制约海南经济社会发展"咽喉瓶颈"、高标准高质量建设海南自贸港的关键举措。建设琼州海峡跨海通道，有助于将长三角、珠三角的产能和物流以低成本通过铁路、公路抵达海南，相比海运可以大大缩短时间、降低成本。琼州海峡跨海通道建设越早提上日程，海南自贸港畅通国内国际循环的交通网络就越早建成。

在实施过程中，笔者建议把琼州海峡跨海通道建设的具体权限下放给地方政府，实行以琼粤为主、交通部为辅的格局，探索跨行政区域专项管理的新模式，充分发挥地方政府积极性，加快通道建设。建设过程中可借鉴杭州湾大桥的融资模式，放手社会资本建设，通过成立项目总公司，吸纳社会资本采取 BOT 方式广泛参与，也有利于缓解琼粤交通体制不对接的问题。

（三）有效发挥人才"虹吸效应"

人才是海南自贸港建设的关键因素，只有为人才自由流动提供便利，逐步形成人才聚集效应，自贸港才能获得源源不断的发展动力。目前海南已经推出"海南省 515 人才工程"和"南海系列"等育才计划，在此基础上需要进一步加大培养投入，同时制订适用于不同类型人才的培养计划，使更多人才受益。为此，笔者建议学习欧美国家"教育产业化"的做法，引进和培育一批高水平的科研、教育机构为海南自贸港建设培养大批高素质人才，并创立各类高科技创意园、物流园区以吸纳外来高层次人才创业发展。与此同时，建议为高层次人才的居留制定优惠政策，尤其是为高端紧缺人才提供税收减免政策，配合提供教育、医疗和养老支持，真正解决人才落户的后顾之忧，以一流的保障服务和宜居的生活环境留住人才。

（四）构建服务海南自贸港发展的现代化金融体系

金融作为现代经济的核心和血液，在海南自贸港建设过程中起到方向引领、资金支持和托底保障作用。基于海南金融组织单一、金融产品创新不足的现实，笔者建议从以下几方面进行提升。

第一，港内逐步实行自由化外汇管理制度，实行资本项目可兑换，建立以人民币为本位币、本外币合一、基于自由贸易港离岸金融规则的账户体系，可以借鉴新加坡经验，通过渐进式放松资本项目，将在岸金融与离岸金融相互隔离监管，然后在防控风险前提下，鼓励金融创新。

第二，逐步取消金融行业市场准入限制，支持国外金融机构在港内独资设立银行、证券、保险、基金等金融机构。

第三，进一步提高自贸港金融审慎监管能力，运用大数据、人工智能、区块链等技术手段创新金融监管方式，提高海南自由贸易港的金融风险识别能力和系统性风险防范能力。

（五）创造海南数字服务贸易国际竞争新优势

为了促进国内外要素市场循环，除了建立和完善传统的土地、劳动力、资本、技术这四个要素市场，更要重视建立和发展第五个要素市场——数据要素市场。

由于自贸港在建立高度自由化、贸易便利化的制度环境方面拥有独特优势，为信息传输及数据的有序安全流动提供了更加便利的环境，因而海南自贸港在数据要素流动、数字服务贸易发展方面具有独特优势。为此，笔者建议海南自贸港借助国内大数据、云计算技术全球领先的契机，瞄准数字产业，打造数字经济集聚区，在集聚区内打造包含基础设施、协同平台、应用开发等在内的多层次数字产业生态系统，引导多市场主体参与集聚区共建，培育数字经济龙头企业。

同时，制定数据开放政策，促进社会大数据的融合，明确数据共享、开放和业务协同的法规准则，以及数据的公开范围和标准。加快形成数字服务贸易国际竞争新优势，采取多种形式建立数字贸易网络，加快数字服务贸易协定谈判，最终形成关于跨境数据流动、数据本地化、消费者保护等一系列相关配套协定，推动服务贸易制度的系统集成，最终提升在全球服务贸易规则制定中的话语权。

（六）加快实现海南绿色高质量发展

在"创新、协调、绿色、开放、共享"理念的指引下，新发展格局下的海南自贸港建设，应当是尊重自然、顺应自然、保护自然的建设。海南拥有全国最好的生态环境，全省森林覆盖率高达62.1%，9个重点旅游度假区空气质量优良天数比例为95.8%～100%，这是其他省区无法与之相比的优势。在保护好生态环境的同时实现经济持续健康发展，让绿水青山源源不断带来金山银山，是海南自贸港建设的使命所在。

为此，海南要始终走在可持续发展的前沿，将生态优势和开放优势相融合，深入推进国家生态文明试验区建设，全面建立资源高效利用制度。笔者建议在以下方面重点推进：

统筹山水林田湖草系统治理，开展海南热带雨林国家公园管理体制和运营机制创新；探索建立政府主导、企业和社会参与、市场化运作、可持续的生态保护补偿机制；推进低碳能源利用，探索开展低碳农业、低碳交通、低碳旅游和近零碳排放建筑或区域试点；努力打造生态宜居、生活富裕的美丽乡村的同时，进一步提高中心城市和城市群综合承载和资源优化配置能力。海南生态文明建设要为全国提供高质量发展典型示范，努力成为生态环境世界一流的自由贸易港和展示美丽中国建设的亮丽名片。

（七）提升海南自贸港商事制度国际化、市场化、法治化水平

海南推进国际一流自贸港建设需要以一流的营商环境为依托，营商环境的持续优化将成为海南自贸港吸引国内外资源、留住优质企业和客户、提升国际影响力的不竭动力。

一方面，海南自贸港应积极对标世界银行营商环境评价指标，主动向新加坡、中国香港、阿联酋迪拜等国际自贸港的营商环境标准看齐，例如，学习新加坡经验，利用电子数据交换系统全面打通海关、税务、安全等与进出口贸易相关的所有部门，只需向不同监管部门提供一份电子文件，就将通关时间缩短至几分钟，极大提升港口服务效率。

另一方面，要依据海南自贸港自身的特点，围绕核心产业需求，有针对性地优化营商环境。具体而言，在货物贸易上，笔者建议进一步降低关税总水平，取消或简化非关税措施，持续提高货物贸易自由化程度；在服务贸易上，按照《海南自由贸易港跨境服务贸易特别管理措施（负面清单）》，全面推行极简审批投资制度和市场准入承诺即入制，同时加快与跨境服务贸易相配套的资金支付与转移制度建设，提高结算便利化水平。

此外，营商环境的优化离不开法治保障和政府治理能力提升，建议加快制定公平竞争条例、商事注销条例等法规，加大对知识产权侵权行为的惩处力度，建立知识产权协同保护机制，保护投资者的合法权益；笔者建议进一步推进政府采购和政府投资工程招标投标等活动更加公开透明、公平公正，建立对中小微企业的扶持发展机制。

（八）让自贸港发展成果更好惠及海南人民

海南自贸港建设的最终目的是增进民生福祉，要让全体海南人民在自贸港建设发展中有更多获得感，实现人民共享发展成果、共同富裕。

首先，扩大海南免税政策覆盖面，降低进口日用品经营的门槛，让日用免税品的经营能够进入"寻常百姓家"，让海南城乡居民也能从"免税品"经营中获利，促进城乡居民增收。海南在引进国内外优质教育和医疗资源的同时，要让岛上居民同样享受进口优质教育资源、医疗资源的红利，提升公立学校的师资水平和办学水平，深化医药卫生体制改革，突出公立医院公益性，办好人民满意的医药卫生和教育事业，提升公共服务均等化水平，实现"家门口上好学"和"小病不进城、大病不出岛"。

其次，要平抑资本流动和全岛商业化运营带来的价格波动，尤其要稳定岛上菜价物价，加快建设安居型商品住房，保障岛上居民的生活稳定和衣食住行便利。

最后，需尽快解决城乡发展不平衡的问题，推动城市里的人才、资金、技术等要素向农村流动，笔者建议因地制宜发展乡村旅游，积极开发特色民宿，把绿水青山变为百姓增

收致富的金山银山,将农村建设成为风景宜人、生活富足的社会主义新乡村。通过持续提升人民群众的获得感、幸福感、安全感,努力建成全体人民共同富裕的自由贸易港。

四、海南自贸港数字产业发展之数据合规的重点

数字产业作为海南自贸港建设的重点领域,伴随着建设方案的深化,我们期待数字经济在海南的区域发展将进一步推进数据的资产化和海南省经济结构的优化升级,提升数字化服务效能,实现海南自贸港数字经济的智能化,建立并巩固海南自贸港作为数字经济飞地的地位,促进全球数字经济合作,推动各国数字经济主体互利共赢。

(一)海南发展数字产业的优势

1. 得天独厚的地理优势

1988年,海南从广东省独立,同时建立经济特区,海南就此成为我国最大的、唯一的省级经济特区。其内接大陆,外拥东南亚多国,海南伴随着发展中的中国在全球格局中逐渐摆脱边缘化,成为新中国改革开放联结东盟十国的重要战略布局窗口。

目前,东南亚区域内基于互联网的新经济蓬勃发展,对于云计算、人工智能等新技术需求不断攀升,是世界上增长最快的网络市场之一。截至2019年,东南亚地区目前有约3.6亿互联网用户,互联网经济值首次飙升至1000亿美元,由于电子商务、顺风车、网络媒体、在线旅游业的持续发力,互联网经济有望于2025年增长至3000亿美元。根据Google、Temasek和Bain & Company联合发布的《2019东南亚数字经济报告》披露的公开数据,马来西亚、泰国、新加坡和菲律宾的物联网经济值每年均增长20%~30%,且无暂缓迹象,但东南亚区域的两个领跑者是印度尼西亚和越南,这两个国家以每年超过40%的增长速度领先。

由于周边区域国家的互联网经济正处于飞速发展阶段,海南自贸港可以借助自身的地理位置优势,大力发展其数字产业同时推进运用数字技术提升和改造传统特色行业,与周边东南亚区域国家建立长期数据业务交流机制,开展互联网及数据业务的合作。

2. 基于税收减免的成本优势

税收在数字产业的发展过程中所占成本比例不可小觑,选择有税收优惠的地区,可以减轻企业负担。根据2020年6月中共中央国务院印发的《海南自由贸易港建设总体方案》(以下简称《总体方案》),2025年前海南自贸港的重点任务之一包括"优化税收政策安排",从方案发布之日起,对在海南自由贸易港注册并实质性运营的鼓励类产业企业,按15%征收企业所得税;对在海南自由贸易港设立的旅游业、现代服务业、高新技术产业企业,其在2025年之前新增境外直接投资取得的所得,免征企业所得税;对企业符合条件的资本性支出,允许在支出发生当期一次性税前扣除或加速折旧和摊销;在海南自由贸易港工作的高端人才和紧缺人才,其个人所得税实际税负超过15%的部分,予以免征。海南自贸港的上述特殊税收制度安排,无论是对标国内还是国际,其减税程度都具有相当强的竞争力。

此外，海南自贸港的税收优惠政策稳定性和连续性也有所保证，数字产业的未来运营环境整体向好。根据《总体方案》，海南将于2025—2035年的第二阶段进一步优化完善开放政策和相关制度安排，推进税收制度，还将授权海南自主减征、免征、缓征政府性基金。整体而言，将扩大地方自主税收管理的范围，也将进一步增强海南自由贸易港的财力。

在税收减免的政策环境下，数据行业相关实体可以切实降低运营所需成本，专注于高科技、人工智能的研发。同时，海南自贸港的低税率制度安排将吸引海内外高科技企业及相关人才落户海南，进出口关税的减免政策也将进一步促进海南自贸港的对外数据业务合作趋势，从而带动数字产业发展。

3.受益于国家政策的大力支持

早在1997年，海南省委、省政府就已提出建设"信息智能岛"的发展目标，推动了全省信息化的发展。并于1999年颁布《海南省"信息智能岛"规划纲要》（以下简称《规划纲要》），进一步明确了海南的发展目标。此后，海南省政府依据《2006—2020年国家信息化发展战略》对《规划纲要》进行了全面修订，于2010年6月颁布了《海南省"信息智能岛"规划》（以下简称《规划》），提出海南省将努力实现在全国领先的"五个突破"，并提出为建设"信息智能岛"需要完成的"九大主要任务"，实现以软件业、信息服务业为重点的信息产业，成为海南经济的支柱产业，同时完成传统产业的基本信息化改造，使海南初步实现从传统经济向信息经济的转变。

2019年9月海南省人大常委会颁布《海南省大数据开发应用条例》（以下简称《条例》），《条例》在大数据共享、开放和安全保障的基础上，立足建设中国特色自由贸易港的时代要求，突出大数据开发、应用和产业促进，特别是将区块链等新技术应用纳入《条例》之中，着力打造安全可信的数据交易环境，为数据资产化奠定坚实的法规基础。

另外，2020年8月颁布的《总体方案》，在以下几个方面对海南自贸港数字产业提出了规划及要求：

在确保数据流动安全可控的前提下，扩大数据领域开放，创新安全制度设计，实现数据充分汇聚，培育发展数字经济。

充分发挥"互联网+"、大数据、区块链等现代信息技术作用，加强数据有序共享，提升政府服务和治理水平。

在国家数据跨境传输安全管理制度框架下，开展数据跨境传输安全管理试点，探索形成既能便利数据流动又能保障安全的机制。

依法有序推进人工智能、大数据、云计算等在金融科技领域的研究成果在海南自由贸易港率先落地。

落实网络安全和数据安全风险防控要求，深入贯彻实施网络安全等级保护制度，重点保障关键信息基础设施和数据安全，建立健全数据出境安全管理制度体系，健全数据流动风险管控措施。

海南自贸港作为国家高标准开放的试验田，具有实施全面深化改革和试验最高水平开放政策的独特优势，国家针对其发展提供了多方面支持，出台了多种优惠政策。其数据行业政策也走在国际前列，有关数据共享、数据跨境的政策规定，已受到行业内人员的充分关注，为了享受国家政策优待，诸多企业在海南设立了分/子公司或数据中心。针对海南自贸港的有关政策依旧继续，其在互联网及大数据行业领域的优势也越发凸显，成为真正的"信息智能岛"指日可待。

（二）海南数字产业发展的主要合规关注点

1. 智慧城市建设过程中的数据融合问题

根据《智慧海南总体方案（2020—2025年）》规划，海南省将建立可持续运营支撑体系工程，加大对海南智慧城市建设项目的市场准入化和开发运营研究。

数据融合是智慧城市建设的核心问题。从数据的开发利用来看，智慧城市建设中涉及的数据不仅包括公共政务数据，还包括海量的个人信息。因此，从个人信息保护的角度出发，智慧城市建设需关注两大问题：第一，数据融合与交换的必要性评估与建立；第二，个人信息主体的合法授权。

就以上两个问题，首先，城市管理者应当在保障个人信息主体对其个人信息权益的基础上，衡量现有法律法规对部分数据公开共享限制性或禁止性条款，（例如，《医疗机构病历管理规定》中要求除为患者提供诊疗服务的医务人员，以及经卫生计生行政部门、中医药管理部门或者医疗机构授权负责病案管理、医疗管理的部门或者人员外，其他任何机构和个人不得擅自查阅患者病历），确定数据融合范围，搭建不同数据源数据交换与融合的顶层架构，打造城市大脑，突出政企合作、企企联合，提高创新供给能力，进一步扩大智慧城市市场开放的广度和深度，从而促进更多主体参与智慧城市建设。而对于地方智慧城市大数据平台的建设，科学合理的顶层设计需要结合地方实际需求，统筹考虑平台目标、数据主权、关键技术、法治环境、实现功能等各个方面的内容。

其次，考虑到传感器在智慧城市建设中的广泛应用，在智慧城市的背景下，城市管理者同样应当就何时、何地以及如何获得个人信息主体的合理有效授权进行全面的流程设计与布局。对于智慧城市的建设，个人信息主体作为城市居民是否意味着该主体已经有合理期待，并且应当基于政府的公共管理职能让渡部分权利仍有待探讨。

2. 智慧城市的大数据治理问题

数据治理是高层次的、规划性的数据管理制度活动，其关键管理活动包括制定数据战略、完善数据政策、建立数据架构等，注重数据的使用者、使用方式、使用权限等合规性制定，强调开展数据资产全生命周期管理前的基础工作，关注数据资产管理中的相关保障措施。从范围来讲，数据治理将分散、多样化的数据通过汇集、标准化、清洗等操作对数据的质量进行全面的提升和监控，形成城市大数据的管理和控制机制，并提供"一站式"数据治理体系。

实现大数据治理，城市管理者需要首先明确数据采集边界，界定数据所有权、使用权、收益权等权属，通过做好对数据本身治理的方式，保证数据质量。其次，做好大数据治理，还需要发展智慧城市的灵活性，打造开放、协作、共享的大数据生态，赋能数据的大批量传输与流动，完成海量数据的计算。最后，大数据治理还有赖于充分发挥各方力量，完善整体数据治理的顶层制度，充分发挥保障机制的导向和支撑作用，共促智慧城市治理。

3. 大数据开发之数据交易规范问题

就数据流通控制而言，应当顺应自贸港趋势，逐步建立并遵循数据确权、数据交易、数据安全和区块链金融等规则。具体而言，城市管理者应当明确资源交易的要求，完善和建立配套合规体系，同时借鉴其他大数据交易平台（例如上海数据交易中心、贵阳大数据交易所）和数据管理中心的成功模式，提供数据流通的合规解决方案。

4. 飞地展望——数据跨境问题

根据《关于海南自由贸易港法的建议稿》的倡议，海南自由贸易港将实行更加便利的个人信息出境管理制度，开展个人信息入境制度性对接，有序加入区域性国际数据跨境流动制度安排，提升数据传输便利。同时，海南自由贸易港建立数据跨境传输安全管理制度，促进数据安全便利流动。

参考新加坡、欧盟地区以及其他数据保护水平较高地区的数据立法，海南自贸港的数据出境安全管理制度建设可考虑在综合评定我国以及区域内的数据保护发展水平的基础上，建立诸如白名单、认证的标准合同条款等制度。另外，为进一步赋能数据的自由流动，海南自贸港的区域数据出具安全管理制度建设还可以参照新加坡《个人数据保护条例》的规定，针对"传输中的数据"（data in transit）设置传输限制义务的例外情形，以巩固海南的数据节点地位。

第五节　北京数字自贸区

《中国（北京）自由贸易试验区总体方案》提出，加强跨境数据保护规制合作，促进数字证书和电子签名的国际互认。探索制定信息技术安全、数据隐私保护、跨境数据流动等重点领域规则；支持人民银行数字货币研究所设立金融科技中心，建设法定数字货币试验区和数字金融体系，依托人民银行贸易金融区块链平台，形成贸易金融区块链标准体系，加强监管创新。北京自贸区已制定了包括数字经济创新发展、数字贸易、数据跨境流动安全管理试点、大数据交易所等数字经济发展政策；并围绕基础设施建设、数字产业化、产业数字化、数字化治理、数据价值化和数字贸易发展等任务，出台了一系列政策。其中，《北京市促进数字经济创新发展行动纲要（2020—2022年）》提出打造"数据跨境流动安全管理试点工程"；《北京市关于打造数字贸易试验区的实施方案》将"探索试验区内跨境数据安全有序流动的发展路径"列为方案中五大重点任务之一;《北京国际大数据交易所设立工作实施方案》列出了协议转让、挂牌、应用竞赛数据三种数据产品跨境交易模式,建立北京国际大数据交易所;《北京市数据跨境流动安全管理试点》将重点推进探索数据跨境流动安全管理试点工作。北京自贸区还将构建高带宽、广覆盖的空天地一体化网络体系,建设国际领先的新一代超算中心、新型数据中心、云边端设施等数据智能基础设施,不断完善支撑跨境数据流动、数据交易等领域的安全防护基础设施,探索数字经济发展的新路径和突破口。

一、北京数字自贸区的四大亮点与特色

新出台的北京自由贸易试验区总体方案的亮点和特色,可以归纳为以下四个方面。

首先,助力打造全球影响力的科技创新中心。

北京集聚了4000多家地区总部和研发中心,风险投资累计金额在全球仅次于硅谷,拥有全国超四成的独角兽企业,具备打造有全球影响力的科技创新中心的良好基础。

其次,助力建设国家服务业扩大开放综合示范区。北京自2015年开展服务业扩大开放综合试点以来,形成了120余项全国首创的突破性政策或创新制度安排,推广了6批、25项创新经验和案例。2019年服务业增加值占全市GDP比重为83.5%,这一比重比全国高近30个百分点,北京服务贸易规模占全国20%左右。

第三,着力打造数字经济试验区。北京市副市长介绍,北京是全球信息服务业最发达的城市之一,拥有完善的数字经济产业生态和庞大的市场应用基础。2019年数字经济增加值占全市GDP比重超过50%,居全国首位。云计算、大数据、人工智能、区块链等产业发展水平领先,入选"软件百强""互联网百强"等国内重要榜单的企业数量最多。

第四,着力服务京津冀协同发展国家战略。北京市副市长指出,北京自由贸易试验区将主动融入和服务京津冀协同发展战略,不断深化京津冀产业链协同发展。发挥大兴国际机场的辐射带动作用,高标准建设北京城市副中心。鼓励京津冀三地自由贸易试验区抱团参与"一带一路"建设,坚持稳妥有序原则,共建、共享境内外合作园区。以京津冀三地自贸试验区的联动创新助力京津冀协同发展。

二、打造信息产业和数字贸易港

首先,北京将分解落实北京自由贸易试验区在数字经济领域的改革试点任务。聚焦数字经济和数字贸易的发展,北京将抓紧把包括数字经济领域在内的试点任务进行逐项分解,逐项制定落实措施,进一步明确时间表、路线图,打造具有国际竞争力的信息产业和数字贸易港,进一步努力推进规则探索、创新政策举措、破解制度瓶颈,夯实数字经济的发展基础。

其次,落实好促进数字经济发展政策文件。北京已制定发布了包括数字经济创新发展、数字贸易试验区、数据跨境流动安全管理试点、大数据交易所等数字经济发展政策,

围绕基础设施建设、数字产业化、产业数字化、数字化治理、数据价值化和数字贸易发展等任务出台了一系列政策。

服贸会期间，北京数字经济"1+3"政策包正式亮相。北京正式发布了《北京市促进数字经济创新发展行动纲要（2020—2022年）》《北京市关于打造数字贸易试验区的实施方案》《北京国际大数据交易所设立工作实施方案》，此外，国务院还批复了《深化北京市新一轮服务业扩大开放综合试点建设国家服务业扩大开放综合示范区工作方案》。

未来，北京将立足自由贸易试验区开展高水平数字经济和数字贸易先行先试改革，构建高带宽、广覆盖的空天地一体化网络体系，建设国际领先的新一代超算中心、新型数据中心、云边端设施等数据智能基础设施，不断完善支撑跨境数据流动、数据交易等领域的安全防护基础设施，通过先行先试探索数字经济发展的新路径和突破口，形成点面结合、重点突破、牵引带动的数字经济发展良好局面。

最后，进一步加大政策倾斜和资金支持力度。未来将在特定区域开展技术转让所得税优惠政策试点，适当放宽享受税收优惠的技术转让范围和条件。鼓励数字龙头企业、产业联盟等牵头成立相关领域发展基金，加强对规则制定、研发设计、海外并购、知识产权等关键环节的资金投入，引导国内外数字经济和数字贸易领域高端团队和原始创新项目在京落地转化和发展。

此外，北京还将探索构建包含专利、商标、版权等知识产权要素的基础资产组合，研究推动知识产权证券化，降低单个企业融资成本。鼓励和支持相关新技术新产品积极在北京市重点建设工程项目中应用。健全国际人才全流程服务体系，综合运用人才引进、积分落户、居住证、住房、子女入学等相关政策，吸引国内外数字领域优秀人才集聚。

三、案例分析——大兴机场自贸片区

大兴机场自贸片区将成为北京市数字贸易试验区，规划建设数字产业园，试点开展数据跨境传输安全管理，打造数字经济和数字贸易开放格局。

作为北京唯一的自贸区、国际创新资源接驳地，大兴机场自贸片区将全力打造创新型全球数字贸易示范港、中国数字贸易引领基地，着力发展跨境电商、数字医疗、智慧物流等数字服务和数字贸易领域，在跨境金融服务、电子认证、在线消费者权益维护等领域，参与构建引领全球的跨境电商规则体系。

在基础建设方面，积极搭建开放的数字运营体系，构建数字贸易应用场景，战略布局网络通信基础设施与运营机制，更好地助力数字经济发展。在平台搭建方面，规划建设数字产业园，搭建数字贸易交易展示平台、数字贸易公共服务平台、跨境数据监测及安全管理平台，为数字经济发展提供载体和服务。在创新政策方面，大兴机场临空经济区集自贸区、北京服务业扩大开放、综合保税区、中关村政策于一体，是发展数字经济的有力孵化器。目前，自贸区第一批81项政策创新清单已对外发布，包括赋予大兴机场片区更多改革自主权、推动高端高新产业集聚发展、完善财税金融支持政策、打造具有吸引力的人才

发展环境和推动京津冀协同发展这五大类。

  大兴机场自贸片区现正在研提第二批制度创新措施。围绕数字经济领域，将积极探索制定一批具有动力源作用的创新政策，试点开展数据跨境传输安全管理工作，为国家相关政策提供压力测试。

参考文献

[1] 樊星.新型贸易业态的现状、问题与对策[J].科学发展,2013(12):38-48.

[2] 刘晓华.RCEP签署协议过程中我国的角色定位与未来发展应对[J].对外经贸事务,2020(5):53-56.

[3] 王冠凤.上海自贸区新型贸易业态发展及服务功能的拓展——基于平台经济视角[J].现代经济探讨,2015(2):68-72.

[4] 王思语,张开翼,郑乐凯.我国自由贸易试验区数字贸易禀赋与提升路径研究[J].上海经济,2020(5):22-36.

[5] 熊鸿儒,马源,陈红娜,等.数字贸易规则:关键议题、现实挑战与构建策略[J].改革,2021(1):65-73.

[6] 杨娜.全球经济治理机制的革新与探索——以RCEP的构建为例[J].国际经贸探索,2020,36(12):67-81.

[7] 胡加祥.全球主义与区域主义角力下的中国突围之策——以自贸区建设为切入点[J].山西大学学报(哲学社会科学版),2016,39(5):98-107.

[8] 杨帆.上海自贸区意义究竟何在[J].南方经济,2014(4):94-98.

[9] 杨帅.新型贸易保护主义与自贸区建设的应对[J].贵州财经大学学报,2017(5):69-78.

[10] 陈爱贞,刘志彪.自贸区:中国开放型经济"第二季"[J].学术月刊,2014,46(1):20-28.

[11] 李朝阳.自贸区:中国参与国际规则制定新路径[J].国际经济合作,2016(3):22-25.

[12] 孙久文,唐泽地.我国内陆沿边地区建设自贸区的路径探讨[J].上海经济研究,2016(10):100-107,115.

[13] 白桦,谭德庆.内陆国家级中心城市经济发展路径研究——基于内陆自贸区视角[J].经济问题探索,2018(10):115-121.

[14] 方磊,宗刚,初旭新.我国内陆地区自贸区建设模式研究[J].中州学刊,2016(1):31-35.

[15] 何芳.《外商投资法》实施与云南自贸区制度建设研究[J].创造,2019(10):50-52.

[16] 李青.负面清单制度:缘起、特征与我国实践[J].国际公关,2019(10):203.

[17] 刘怡琳.自贸区建设中负面清单管理制度推进的法律保障[J].新余学院学报,2019,24(6):67-71.

[18] 郭永泉.自由贸易试验区的税收制度：建设进程、创新成效和深化改革[J].税收经济研究，2019，24（1）：8-16.

[19] 李光春.中国自贸区启运港退税制度的思考[J].中国海商法研究，2015，26（1）：71-76.

[20] 李爽，赵亚南.自由贸易试验区背景下的服务型海关构建——基于上海自由贸易试验区的启示[J].沈阳大学学报（社会科学版），2018，20（6）：696-699.

[21] 张灿.海关对促进贸易便利化的措施探讨——以重庆自贸区为例[J].对外经贸事务，2018（12）：41-44.

[22] 艾德州.中国自贸区行政管理体制改革探索[J].中国行政管理，2017（10）：36-39.

[23] 蔡莉丽，李晓刚.基于"多规合一"的建设项目审批制度改革探索——以厦门自贸区为例[J].城市规划学刊，2018（S1）：47-52.

[24] 刘祺，马长俊.自贸区"放管服"改革的成效、困境及对策——以上海、广东、福建、天津自贸区为分析蓝本[J].新视野，2020（1）：37-42.

[25] 马佳铮.政府绩效第三方评估模式的实践探索与优化路径——以中国（上海）自贸区为例[J].上海行政学院学报，2016，17（4）：17-25.

[26] 毕玉江，唐海燕，殷德生.上海自贸区贸易转型面临的制约因素与对策[J].经济纵横，2014（8）：8-12.

[27] 凌一文.自贸区建设面临的瓶颈及进路[J].新疆师范大学学报（哲学社会科学版），2018，39（6）：145-150.

[28] 宋潇，柳明.自贸区是抵御国际资本市场冲击的有力防线吗[J].统计研究，2016，33（10）：46-56.

[29] 刘秉镰，吕程.自贸区对地区经济影响的差异性分析——基于合成控制法的比较研究[J].国际贸易问题，2018（3）：51-66.

[30] 殷华，高维和.自由贸易试验区产生了"制度红利"效应吗——来自上海自贸区的证据[J].财经研究，2017，43（2）：48-59.

[31] 王玮，朱安祺.我国自贸区的税收政策：问题与优化路径[J].湖北社会科学，2019（3）：73-79.

[32] 中共珠海市委党校2019年春季学期中青一班第三课题组，徐留根，胡明.珠海横琴自贸区探索党建新路径的问题与对策[J].中共珠海市委党校珠海市行政学院学报，2019（6）：62-70.

[33] 张湧.自贸试验区核心使命：处理好政府与市场的关系[J].广东经济，2018（12）：44-51.

[34] 赵伟杰，王馨.辽宁自贸区建设的人才集聚问题研究[J].现代商业，2020（1）：170-172.

[35] 詹姆斯·N.罗西瑙.没有政府的治理——世界政治中的秩序与变革[M].张胜军，刘小

林, 等译. 南昌: 江西人民出版社, 2001.

[36] 格里·斯托克. 作为理论的治理: 五个论点 [J]. 国际社会科学杂志（中文版）, 1999（1）.

[37] 毛寿龙, 李梅, 陈幽泓. 西方政府的治道变革 [M]. 北京: 中国人民大学出版社, 1998.

[38] 燕继荣. 中国社会治理的理论探索与实践创新 [J]. 教学与研究, 2017（9）.

[39] 郑杭生, 邵占鹏. 治理理论的适用性、本土化与国际化 [J]. 社会学评论, 2015（2）.

[40] 陈刚. 治理理论的中国适用性及中国式善治的实践方略 [J]. 湖北社会科学, 2015（2）.

[41] 迟福林. 加快建立海南自由贸易港开放型经济新体制 [J]. 行政管理改革, 2020（8）: 4-9.

[42] 刘元春. 深入理解新发展格局的丰富内涵 [J]. 山东经济战略研究, 2020（10）: 30-33.

[43] 王一鸣. 百年大变局、高质量发展与构建新发展格局 [J]. 管理世界, 2020, 36（12）: 1-13.

[44] 徐洪才. 关于尽快补齐海南自贸港金融短板的建议——海南自贸港建设调研报告 [R]. 北京: 中国政策科学研究会课题组, 2021.

[45] 林毅夫. 比较优势运用与我国信息产业发展 [J]. 上海经济研究, 2000（9）: 8-12, 17.

[46] 陆明涛, 袁富华, 张平. 经济增长的结构性冲击与增长效率: 国际比较的启示 [J]. 世界经济, 2016（1）: 24-51.

[47] 牛志伟, 邹昭晞. 比较优势动态转换与产业升级——基于中国制造业发展指标的国际比较 [J]. 改革, 2020（2）: 71-88.

[48] 曲玥. 制造业产业结构变迁的路径分析——基于劳动力成本优势和全要素生产率的测算 [J]. 世界经济文汇, 2010（6）: 66-78.

[49] 田俊峰, 王彬燕, 王士君, 程利莎. 中国东北地区数字经济发展空间分异及成因 [J]. 地域研究与开发, 2019, 38（6）.

[50] 王思瑶. 数字经济的统计界定及行业分类研究 [J]. 调研世界, 2020（1）.

[51] 温珺, 阎志军, 程愚. 数字经济与区域创新能力的提升 [J]. 经济问题探索, 2019（11）.

[52] 徐冬林. 中国产业结构变迁与经济增长的实证分析 [J]. 中南财经政法大学学报, 2004（2）: 49-54, 143.

[53] 徐清源, 单志广, 马潮江. 国内外数字经济测度指标体系研究综述 [J]. 调研世界, 2018（11）.

[54] 薛继亮. 技术选择与产业结构转型升级 [J]. 产业经济研究, 2013（6）: 29-37.

[55] 张伯超, 沈开艳. "一带一路" 沿线国家数字经济发展就绪度定量评估与特征分析 [J]. 上海经济研究, 2018（1）.

[56] 张其仔.比较优势的演化与中国产业升级路径的选择[J].中国工业经济,2008(9):58-68.

[57] 张森,温军,刘红.数字经济创新探究:一个综合视角[J].经济学家,2020(2):80-87.

[58] 张维迎,林毅夫.政府的边界[M].北京:民主与建设出版社,2017.

[59] 张夏恒.共生抑或迭代:再议跨境电子商务与全球数字贸易[J/OL].当代经济管理:1-15.

[60] 张雪玲,吴恬恬.中国省域数字经济发展空间分化格局研究[J].调研世界,2019,(10).

[61] 王思语,张开翼,郑乐凯.我国自由贸易试验区数字贸易禀赋与提升研究[J].上海经济,2020(5).

[62] 段伟伦,韩晓露.全球数字经济战略博弈下的5G供应链安全研究[J].信息安全研究,2020,6(1):46-51.

[63] 许丹丹,王晓霞,崔羽飞,等.运营商在5G时代数字经济的机遇和挑战[J].信息通信技术,2020,14(1):46-52.